Barbara Schlüter

Rhetorik für Frauen

Barbara Schlüter

Rhetorik für Frauen

Selbstbewusst und richtig vorbereitet
jede Gesprächssituation meistern

mit Zeichnungen von
Margaretha Ganseforth

4. Auflage

REDLINE WIRTSCHAFT
bei verlag moderne industrie

Bibliografische Information Der Deutschen Bibliothek
Die Deutsche Bibliothek verzeichnet diese Publikation in der Deutschen Nationalbibliografie; detaillierte bibliografische Daten sind im Internet über http://dnb.ddb.de abrufbar.

4. Auflage 2003
3. Auflage 2002

Internet: www.redline-wirtschaft.de

Umschlaggestaltung: Gruber & König, Augsburg
Illustrationen: Margaretha Ganseforth, Hannover
Satz: mi, Doris Ott
Druck- und Bindearbeiten: Ebner & Spiegel, Ulm
Printed in Germany 81305/010301
ISBN 3-478-81305-0

»Selbstbewusste Männer
haben keine Angst vor emanzipierten Frauen.«
Julia Dingwort-Nussek

Inhaltsverzeichnis

Vorbemerkung 11

Körpersprache 13
Sitzen Sie richtig? 15
Stehen Sie mit beiden Beinen fest auf der Erde! 20
Gestik 23
Exkurs: Historische Entwicklung der Körpersprache 28
Blickkontakt 30
Vielschichtige Signale: Lächeln und Lachen 35
Werden Sie leicht rot? 40
Stimmführung 42
– Machen Sie genügend Pausen? 45
– Schwerwiegende Stimmprobleme 46
– Sprechen Sie mit Dialekteinfärbung? 47
– Exkurs: Sprechen mit Mikrofon 48
– Fazit Körpersprache 48

Sprache und Sprachverhalten 51
Sprechen Frauen anders? 51
Wenn zwei das Gleiche sagen, ist es noch lange nicht dasselbe! . . . 53
Zum Gesprächsstil von Frauen 59
Was können wir tun, um den »Männerbonus« abzubauen? 63
– Verschiedene Ebenen der Kommunikation 63
– Häufige Gesprächsmuster zwischen Männern und Frauen – und was dahintersteckt 65
Alle Menschen werden Schwestern … Über den Zusammenhalt von Sprache, Denken und gesellschaftlichen HERRSCHAFTSverhältnissen 75

Selbstsicherheit 81
Ein Modell zur positiven Selbstverstärkung 88

Redeangst, Hemmungen, Lampenfieber 95

Gesprächsführung 99
Gesprächsvorbereitung 99
Strukturiert argumentieren 105

– Exkurs: Die Problemlösungsgliederung 107
Die Auswahl der Argumente 112
Gesprächseinleitung 114
Überzeugen – aber wie? 116
Fragen als Mittel der Gesprächsführung 118
Vier wichtige Fragetypen 120
Sich überzeugend ausdrücken 124
– Formulieren Sie konfliktfrei! 124
– Verständlich sprechen 125
Eigene Gegenargumente personenorientiert formulieren 128
Wichtige Aspekte während des Gespräches 131
Die Abschlussphase des Gespräches 134

Zuhören und Verstehen 139
Reflektierendes Zuhören 145

Empfehlungen für schwierige Gesprächssituationen 153
– Gehaltserhöhung 153
1. Vorbereitung 155
2. Zur Durchführung des Gehaltserhöhungsgespräches 161

Der Umgang mit Kritik und Lob 165
1. Schwierigkeiten und ihre Ursachen 165
2. Die Zwillingsschwester der Kritik: das Lob 166
3. Unterschiede zwischen den Herangehensweisen bei Frauen und Männern 169
4. Sie wollen ein Kritikgespräch führen – Vorüberlegungen 172
5. Empfehlungen für Kritikgespräche 174
6. Sie werden kritisiert – und lassen die Welt nicht untergehen 175
1.) Umgang mit zutreffender Kritik 176
2.) Umgang mit ungerechtfertigter Kritik 177
3.) Umgang mit kränkender und verletzender Kritik 177
7. Ein Weg zum besseren Verständnis – bitten Sie gezielt um Kritik! 178

Wie Sie mit Beschwerden umgehen können 181
Der Ablauf eines Beschwerdegespräches 182

Manipulationen erkennen und gegensteuern 187

Hinweise zur Vortragstechnik 205

Stufengang der Vorbereitung 207
Stoffsammlung 210
Stoffauswahl 212
Redezeit 215
Stichwortkarten 217
Handhabung von Stichwortkarten 219
Zur Manuskriptrede 220
Wichtiges für Einleitung und Schluss 223
Was tun bei Versprechern? 231
Stecken bleiben – gar nicht so schlimm! 232
Umgang mit Zwischenfragen und Zwischenrufen 236
Zwischenrufe! 240

Kleider machen Leute – was trägt frau im Beruf? 243

Zu guter Letzt: Wie tanken Sie auf? 255

Ausklang 259
Übung: Negativ besetzte Ausdrücke durch positive ersetzen 261

Benutzte und weiterführende Literatur 263

Stichwortverzeichnis 267

Vorbemerkung

Dies ist ein spezielles Buch. Es wendet sich an Frauen, ist von einer Frau für Frauen geschrieben. Sind damit Männer automatisch nicht angesprochen? Nein, dieses Buch ist zwar speziell an die Leserin adressiert, richtet sich aber auch an die Männer, die an einer besseren Verständigung mit Frauen interessiert sind. An solche Männer, die bereit sind, sich mit ihrem eigenen Sprachverhalten und dem von Frauen auseinander zu setzen. Von beidem wird hier die Rede sein. Gewidmet ist dieses Buch vor allem den Teilnehmerinnen an meinen Seminaren. Einige werden sich, selbstverständlich mit völlig veränderten Personalien, wiederfinden. Die Ergebnisse von Diskussionen und offenem Erfahrungsaustausch in den Seminaren – oft bis weit über die offizielle Seminarzeit hinaus – sind in diese Arbeit mit eingeflossen. Dieses Buch stellt zugleich einen Versuch dar, in der Frauensprache, der Sprache der Verständigung, zu schreiben.
Einerseits durch das Bemühen, Frauen immer bewusst zu benennen und sie nicht im Vorwort damit abzuspeisen, dass z. B. aus stilistischen Gründen durchgehend das männliche Pronomen »er« für die dritte Person Singular benutzt werde. Sie werden sich also, liebe Leserin, nicht beim »er« automatisch mitgemeint fühlen müssen, sondern ich habe Wert darauf gelegt, uns Frauen auch in der Wortwahl sichtbar zu machen.
Andererseits war ich bestrebt, einen möglichst persönlichen Dialog mit Ihnen zu führen. So sind neben Beispielen und Erfahrungen von Seminarteilnehmerinnen auch einige eigene von mir aufgenommen. Damit hoffe ich, mich möglichst wenig hinter Abstraktionen zu verstecken etwas von der vertrauensvollen Atmosphäre widerzuspiegeln und weiterzugeben, die Frauenseminare besonders kennzeichnet.

Hilde, Marianne und Ulla danke ich für die sorgfältige Durchsicht des Manuskripts.

Mein Dank gilt außerdem den Frauen und einigen Männer, die mir durch Gespräche, Erfahrungsaustausch und nicht zuletzt Auseinandersetzung mit dem Manuskript halfen und/oder mir moralische Unterstützung gaben, durchzuhalten, bei der Stange zu bleiben.

Körpersprache

Der Körper spricht. Oft spricht er Bände. Gibt mehr über einen Menschen preis als das, was in Worten gesagt wird. Oft ist Körpersprache auch verräterisch. Dann steht sie nicht im Einklang mit dem gesprochenen Wort. Dies kann bei Gesprächspartnerinnen und Gesprächspartnern Irritation hervorrufen, den Eindruck von Unsicherheit und Unglaubwürdigkeit erwecken. Das bewusste Achten auf Körpersprache und deren Analyse haben die meisten von uns verlernt, weil von Kindesbeinen an unser Interesse auf das Wort gelenkt wurde. So entsteht der Widersinn bezüglich der Körpersprache: Sie wird von uns allen gesprochen – aber die wenigsten von uns verstehen sie.

Mit Körpersprache oder nonverbaler Kommunikation sind neben Mimik, Gestik, Körperhaltung und -bewegungen z. B. auch Tonfall, Stimmhöhe, passendes oder unangemessenes Lachen usw. gemeint.

Nach einer Schätzung von Wissenschaftlerinnen und Wissenschaftlern laufen nur 35 % der menschlichen Kontakte verbal – über die Sprache – ab und 65 % nonverbal. Nach einer anderen Untersuchung sollen die nonverbalen Mitteilungen in sozialen Situationen viermal so viel Gewicht haben wie die verbalen Mitteilungen. Die Körpersprache spielt also in der Kommunikation eine sehr gewichtige Rolle. Sie kann von Gesprächspartnerinnen und Gesprächspartnern bewusst oder unbewusst als stimmig, dominant, unsicher usw. empfunden werden.

Ein großer Teil der körpersprachlichen Signale läuft unbewusst, teilweise unbeabsichtigt ab. Mehr Klarheit über die eigene Körpersprache, mehr Sensibilität für die Körpersprache von Gesprächspartnerinnen und Gesprächspartnern verhilft zu mehr Selbsterkenntnis und damit Selbstsicherheit, verbessert die Menschenkenntnis und das Verständnis der gesamten Kommunikation.

Nicht nur das gesprochene Wort, auch der Tonfall, die Körperhaltung drücken aus, in welcher Beziehung ein Mensch zu seinen Gegenübern steht. Es äußert sich z. B., ob es sich um gleichberechtigte Partnerinnen und Partner oder um solche mit unterschiedlichem Status handelt.

Wenn sich also in der Körpersprache auch Dominanz und Macht dokumentieren können, ist zu fragen, ob es zwischen Frau und Mann unterschiedliche »Machtgesten« gibt und wie sich diese auswirken.

In den vergangenen Jahren ist eine ganze Reihe von Veröffentlichungen zur Körpersprache erschienen. In diesen wird kaum, gar nicht oder sehr speziell (Molcho) berücksichtigt, dass es neben vielen Gemeinsamkeiten auch signifikante Unterschiede in der Körpersprache von Frauen und Männern gibt (Ausnahme Wex).

Vieles an unserer Körpersprache ist nicht angeboren, sondern seit Kindesbeinen antrainiert. Und genau wie in der Erziehung von Mädchen und Jungen Unterschiede gemacht werden, so gibt es auch unterschiedliche elterliche Hinweise die Körperhaltung betreffend.

Sitzen Sie richtig?

Vor weiteren Überlegungen eine kleine Probe aufs Exempel:
Bitte, liebe Leserin, setzen Sie sich wie folgt hin:
Den Po auf der vorderen Hälfte der Sitzfläche des Stuhles, das rechte Bein über das linke Bein verschränkt, die Beine etwas nach links versetzt; den Rücken gerade, die Arme sind eng am Körper, die Hände liegen locker auf dem Schoß.
(Bei vielen von Ihnen werden jetzt Erinnerungen auftauchen in der Richtung: »Wie sitzt die elegante Dame« …)
Jetzt spüren Sie bitte ihrem Körpergefühl nach:
Wie sicher fühlen Sie sich in dieser Körperhaltung?
Wie viel Platz beanspruchen Sie auf Ihrem Stuhl?
Können Sie so optimal atmen?
Überlegen Sie, wie Sie selber üblicherweise sitzen. Vor allem:
WIE SITZEN SIE IN STRESSSITUATIONEN?
In Seminaren wie im Alltag beobachte ich häufig, dass Frauen in angespannten Situationen diese Körperhaltung einnehmen. Kennzeichnend für diese Art zu sitzen ist es, dass diese Haltung:
- sehr beengend ist,
- wenig Halt und damit Sicherheitsgefühl gibt,
- die Atmung beeinträchtigen kann, z. B. bei sehr eng an den Körper angelegten Armen oder stark verkrampften Händen.

Nach Samy Molcho ist ein Mensch, der nur auf dem halben Stuhl sitzt, als wolle er noch einem anderen genügend Platz lassen, jemand, dem einiges an Selbstbewusstsein fehlt. »Diese Menschen opfern sich für die anderen und sehen ihre Existenzberechtigung darin, ihnen zu dienen. Dabei sind sie dauernd von Schuldgefühlen geplagt.« Dem aufmerksamen Beobachter Molcho ist nicht entgangen, dass Frauen sich häufig am Rand eines Stuhls oder Sessels niederlassen. »Frauen GEWINNEN damit die Möglichkeit, die Beine seitlich parallel aufeinander zu kreuzen und damit die Beinlinie noch zu verlängern. Das wirkt als erotisches Signal und gibt außerdem ein ästhetisches Bild … Ein weiterer VORZUG: Die seitlich weggestreckten Beine bieten der KÖRPERBALANCE KEINE STÜTZE, so dass der Oberkörper aufrecht gehalten werden muss – und das hebt einige weibliche Attribute sehr VORTEILHAFT hervor« (103, Hervorhebungen von mir). Nun, liebe Leserin, passt das nicht überzeugend zusammen: mangelndes Selbstbewusstsein, Existenzberechtigung im Dienen, keine Stütze in der Körperbalance, erotisches Signal = typische weibliche Körperhaltung im Sitzen.

Und jetzt probieren Sie bitte folgende Sitzhaltung aus:

Nutzen Sie mit Po und Oberschenkeln die Sitzfläche des Stuhles aus, die Oberschenkel auseinander, Füße fest auf dem Boden, die Fußspitzen nach außen, ein Arm auf der Seitenlehne, die Hand stützt den anderen Arm auf dem Oberschenkel ab.

Und spüren Sie jetzt wieder Ihrem Körpergefühl nach:

Wie sicher fühlen Sie sich in dieser Körperhaltung?

Wie viel Platz beanspruchen Sie auf Ihrem Stuhl?

Können Sie optimal atmen?

Zur Ausnutzung der Sitzfläche noch einmal Samy Molcho (103):

»Postiert sich einer mit seinem vollen Körpergewicht auf der ganzen Sitzfläche, so erklärt er damit: Mir steht das hier zu, ich bleibe eine Weile und lasse mich nicht so leicht abservieren.«

Schon diese ersten Betrachtungen zeigen, dass »weibliche« und »männliche« Körpersprache nicht nur unterschiedlich, sondern ungleichwertig ist. Gegenüber den Frauen haben Männer Verhaltensprivilegien: Dominanz- und Machtgesten sind bei ihnen ungleich häufiger zu finden.

Das »weibliche« Spektrum der Körpersprache ist eingeschränkter. Zudem sorgen unsere gesellschaftlichen Spielregeln dafür, dass Aktivität und Initiative meistens vom Mann ausgehen bzw. auszugehen haben. Zwar gibt es auch hier je nach Land Unterschiede (z. B. Aufforderung zum Tanz), aber viele Gesten würden bei einem Rollentausch als mehr oder weniger skandalös bzw. als unpassend empfunden werden:

- Eine Frau, die einem Mann fröhlich den Po tätschelt.
- Eine Frau, die einem Mann freundlich herablassend auf die Schulter oder gar auf den Schenkel klopft.
- Eine Frau, die besitzergreifend den Mann umfasst.

Nicht umsonst werden Männer – z. B. im Film – mit »weiblichem« Verhalten dargestellt, wenn sie besonders albern, unterlegen und trottelig wirken sollen.

So bei den immer noch so beliebten (!) Figuren Dick und Doof: Stan Laurel als »Doof« signalisiert sein Doofsein durch eng an den Körper gehaltenen Arme, die Hände liegen im Schoß, die Knie sind aneinander gespresst, die Fußspitzen zeigen nach innen. Doof spricht leise, senkt schamhaft die Augen, lächelt viel, wirkt ängstlich … (Wex).

Dass wir Frauen so selten in der typischen Männerhaltung sitzen, liegt eher an anerzogenen Rollenklischees als an der »Rock/Hose-Frage«. Auch hier liegt ein psychologischer Doppelstandard vor:
Wenn zwei dasselbe tun, ist es noch lange nicht das Gleiche. Nicht umsonst werden Frauen mit gespreizten Schenkeln in den Medien so

überwiegend als in »Anbietpose« dargestellt. Die offene Beinhaltung der Frau gilt als einladende Geste. Und frau bekommt von klein auf beigebracht, dass sie so nicht sitzen soll. Denn dies wirke burschikos, wenn nicht gar ordinär.
Bei Kindern sind die Bewegungen noch weit weniger unterschiedlich als bei erwachsenen Frauen und Männern. Etwa ab dem zehnten Lebensjahr jedoch lassen sich die typischen Ausformungen prägnanter feststellen.
Das Resultat des Erziehungsprozesses sieht dann so aus (Wex):
Die Körperhaltung der Frauen ist überwiegend schmal und in sich geschlossen. Frauen sitzen z. B. meist mit eng zusammengehaltenen Beinen (egal ob sie gerade eine Hose oder einen Rock anhaben) und halten die Arme eng am Körper. Die Hände liegen oft brav im Schoß.
Männer beanspruchen in ihrer Körperhaltung Platz: breite Beinhaltung, nach außen gerichtete Fußspitzen, die Arme weg vom Körper.
Diese unterschiedlichen Körperhaltungen verstärken sich noch in Gruppen. Frauen werden im Beisein von Männern noch geschlossener und »enger« in ihrer Körpersprache. Männer hingegen vermitteln in der Gruppe einen noch offeneren, raumgreifenderen Körperausdruck, wobei es keine Rolle spielt, ob Frauen oder Männer anwesend sind.
Mein persönlicher Eindruck aus meinen Frauen-Seminaren ist, dass Frauen sich untereinander oft mehr Spielraum in der Körperhaltung »gönnen«. Unter Frauen können kaum Missverständnisse »Anbietposen« betreffend entstehen. So kann die Sitzhaltung locker, unverkrampft und bequem sein, die Gestik das Gesagte angemessen unterstreichen.
Allerdings: wie viel Raum eine Frau zu beanspruchen hat – da haben auch Frauen untereinander die Machtspielregeln (unbewusst) gut gelernt. So wurde eine Bewerberin nach einem Vorstellungsgespräch von der einstellenden Vorgesetzten abgelehnt, weil diese die Bewerberin als »zu selbstsicher« empfand. Das Gespräch hatte in der Besucherecke auf zwei im rechten Winkel zueinander stehenden Sofas stattgefunden. Die Bewerberin hatte, der Gesprächspartnerin zugewandt, oft mit einem lang auf der Sofalehne ausgestreckten Arm, gesessen …

Fazit für die Praxis: KÖRPERHALTUNG IM SITZEN
Nutzen Sie die Sicherheit, die ein Stuhl Ihnen geben kann. D. h.: mit dem Po bis an die Rückenlehne, die Lehne als sicheren Halt nutzen. (Hier gibt es für kleinere Frauen aufgrund der Konstruktion vieler Stühle Schwierigkeiten: Sie können dann die Füße nicht standfest auf dem Boden

haben. In diesem Fall: Sitzfläche so weit wie möglich nutzen, sicheren Fußkontakt zum Fußboden suchen.)
Probieren Sie aus, wie Sie persönlich sich wohl und sicher fühlen: ob mit übereinander geschlagenen Beinen oder mit beiden Füßen auf dem Boden. Wenn Sie mit übereinander geschlagenen Beinen sitzen, achten Sie darauf, dass sich evtl. Nervosität nicht in verräterischer Fußarbeit äußert. Um die Stuhlbeine geklemmte Füße können Anspannung verraten, Angst und Nervosität sich durch Wegrennbewegungen äußern, Aggression kann zu Tretbewegungen führen.
Wenn Sie einen Stuhl mit Armlehnen haben, nutzen Sie diese, um die Unterarme leicht angewinkelt locker aufzulegen. So haben Sie eine unverkrampfte Ausgangshaltung, in der Sie
a) gut atmen können,
b) sich in Ihrer natürlichen Gestik nicht behindern (s. Kap. Gestik).
Ein Tisch wird von vielen Menschen als eine Art Sicherheitszelle empfunden. Nicht umsonst vermitteln ausladende Chefschreibtische Distanz. Auch löst die Seminarsituation in einer Stuhlrunde ohne Tische (Seminarleitung eingeschlsosen) zunächst oft Unbehagen, dann aber das Gefühl größerer Nähe und Gleichwertigkeit aus. Wenn Sie also einen Tisch vor sich haben, rücken Sie Ihren Stuhl so dicht heran, dass Sie die Hände locker auf die Tischplatte legen können. So kann wieder Ihre persönliche Gestik zum Tragen kommen. Bleiben die Hände hingegen unter dem Tisch gefaltet, fällt unterstreichende Gestik weg.
So sitzen Sie gerade, aufmerksam, aber nicht angespannt.
Diese Sitzhaltung hat außerdem den Vorteil, dass Kinn und Hals in etwa einen rechten Winkel bilden. So können Sie auch über längere Zeit ermüdungsfrei sprechen, ohne dass die Stimmbänder zu sehr gequetscht werden (s. Stimmführung).
Probieren Sie doch einmal aus, wie Ihre Stimme klingt, wenn Sie lässig auf dem Stuhl lümmeln, das Kinn nach unten oder nach oben gewinkelt.
EMPFEHLUNG:
Achten Sie auf eine unverkrampfte Sitzhaltung, engen Sie sich nicht unnötig ein (Armhaltung), suchen Sie sich vor allem am Anfang eines Gespräches eine Sitzposition, die Ihnen Sicherheit, Halt, Raum und Festigkeit vermittelt.

Stehen Sie mit beiden Beinen fest auf der Erde!

Der gut genutzte Stuhl und ein Tisch können eine Menge Sicherheit vermitteln.
Schon das Betreten und Durchqueren eines Raumes hingegen, in dem eine Gruppe versammelt ist, verursacht vielen Menschen unangenehme Gefühle. Vor allem wenn sich aller Augen der eintretenden Person zuwenden. In einem Sekretärinnen-Seminar probten wir die Situation durch, die häufig in der Praxis vorkommt: Die Assistentin wird gebeten, in eine Besprechungsrunde Informationsmaterial zu bringen.
Gerda spielte diese scheinbar so einfache Situation durch. Sie öffnete die Tür des Seminarraums gerade so weit, dass sie sich durchzwängen konnte. Dann packte sie die Papiere fest mit beiden Händen in Brusthöhe und durchquerte mit gesenktem Kopf und kleinen Schritten die sechs Meter bis zur Besprechungsrunde. Ihr Unbehagen spiegelte sich getreulich in ihrer Körperhaltung wider. Natürlich soll das Eintreten einer Mitarbeiterin in dieser Situation nicht der große Auftritt eines Filmstars sein. Aber auch nicht der eines dienstbaren Geistes des 19. Jahrhunderts, was manche Vorgesetzte allerdings noch (unbewusst) zu erwarten scheinen.
Nach der Videoanalyse vertauschte Gerda ihre hübschen, aber sehr hohen Pumps mit flacheren und spielte die Situation noch einmal durch. Sie öffnete die Tür so weit, dass sie bequem durchgehen konnte, ohne sich durchschlängeln zu müssen. Mit erhobenem Kopf, geradem Rücken und sicherem Schritt ging sie zu ihrem »Vorgesetzten«. Ihm reichte sie die Materialien, die sie in einer Hand gehalten hatte. Nach diesem zweiten Durchgang meinte Gerade, sie habe sich wesentlich wohler gefühlt, aber so »aufzutreten« sei noch sehr ungewohnt. In der Tat ist vielen Frauen der leicht geneigte Kopf mit dem bescheiden gesenkten Blick ebenso zur zweiten Natur geworden wie die zwangsläufig kleinen und unsicheren Schritte auf hohen Absätzen.
(Nicht umsonst wird Frauen, die nachts allein unterwegs sind, empfohlen, flache Schuhe zu tragen. Und zwar nicht nur wegen der besseren Beweglichkeit, sondern auch, weil Stöckeln auf hohen Absätzen Unsicherheit signalisiert …)
Noch weitaus unangenehmer ist es für die meisten Menschen, im Stehen vor einer Gruppe zu sprechen. »Ein Podium ist eine unbarmherzige Sache, da steht der Mensch nackter als im Sonnenbad«, charakterisierte Tucholsky die Situation. Ob nun Rede vom Podium, ob bei der Vorstellung

einer neuen Mitarbeiterin oder eines neuen Mitarbeiters – nackt und bloß ohne schützenden Tisch, womöglich auch ohne Rednerpult zu stehen, erfordert einige Übung. Ein weiteres zusätzliches Stressmoment kann es sein, wenn Sie (womöglich als einzige Frau) vor eine Männerrunde treten.

Praxistipps:
Gehen Sie in normalem Tempo nach vorn.
Suchen Sie sich einen Standort, von dem aus Sie alle Zuhörenden ansehen können (vgl. Kap. Blickkontakt). Nehmen Sie eine standfeste Startposition ein. Was ist damit gemeint?
Bitte probieren Sie:
Stellen Sie sich schön ladylike Standbein-Spielbein hin. Das Gewicht ruht auf einem Bein. Wie standfest und sicher fühlen Sie sich, zumal wenn Sie vielleicht gerade hohe Schuhe anhaben?
Die Standbein-Spielbein-Haltung hat, vor allem am Anfang einer Sprechsituation, viele Nachteile:
Sie stehen als mehr oder weniger gekrümmtes Fragezeichen schief. Sie laufen Gefahr, mit dem weniger belasteten Fuß zu wippen, ihn um den Absatz zu drehen usw.
Sie wechseln dauernd von einem Fuß auf den anderen.
Kurz: Sie stehen nicht mit beiden Beinen fest auf der Erde!
Empfehlung: Stehen Sie, vor allem zu Beginn von Sprechsituationen, die Beine ganz leicht gegrätscht, das Gewicht gleichmäßig auf beide Füße verteilt, fest auf dem Boden.
Nicht umsonst wird diese Standhaltung bei Entspannungsübungen (z. B. Yoga) eingenommen.
Diese Empfehlung gilt auch, wenn Sie von einem Pult aus mit Mikro sprechen. Starkes Wippen mit den Füßen kann unangenehme Halleffekte erwecken. Außerdem wird der zwangsläufig unruhige Oberkörper irritierend wirken.
Ziemlich hinderlich für diese feste Startposition sind hohe Absätze. Auch wenn diese angeblich Frauenbeine erst richtig schön machen: wählen Sie zunächst für Auftritte vor einer Gruppe Schuhe, die Ihnen Halt und Sicherheit verleihen (flach, Keilsohle oder stabiler Absatz). So können Sie sich auch relativ lange ermüdungsfrei und sicher vor einer Gruppe bewegen. Ja, dies ist kein Widerspruch, bewegen. Die feste Startposition heißt nicht, dass Sie während einer längeren Redezeit fest verwurzelt wie eine deutsche Eiche stehen sollen. Natürlich können Sie ab und zu einige

Schritte gehen, um dann wieder einen festen Stand einzunehmen.
Ein ruhiger, sicherer, fester Stand hat unterschiedliche Vorteile:

- Sie bringen mehr Ruhe in Ihren Körper und damit auch in Ihre Gedanken. Alle Nervositätsbewegungen, gleich ob mit Füßen oder Händen (s. Kap. Gestik), halten sozusagen Ihre Nervosität am Kochen.
- Nervositätsbewegungen, vor allem wenn diese gehäuft vorkommen, werden von den Zuhörenden bewusst oder unbewusst wahrgenommen und als Unsicherheit registriert. Dies kann die Kraft Ihrer Aussagen beeinflussen. Außerdem können gehäufte Nervositätsbewegungen die Aufmerksamkeit der Zuhörenden von Ihren Aussagen ablenken.

Zum selbstsicheren Stehen und Gehen gehören außerdem gerade Schultern. Nach vorn fallende Schultern können signalisieren: Ich mache mich klein, ich bin harmlos, tu mir nichts. Die Hilflosigkeit und Verletzlichkeit, die so ausgestrahlt wird, kann auch durch gute Argumente kaum wettgemacht werden.
Zu den geraden, breiten Schultern gehört der erhobene Kopf – nicht der bescheiden gesenkte wie in dem Beispiel von Gerda. Das erhobene Haupt signalisiert eine offene Haltung – weder ängstlich noch Streit suchend.
Der gerade Rücken schließlich vermittelt Ihnen und anderen das Gefühl von Selbstsicherheit und Kompetenz. So wird im wahrsten Sinne des Wortes Rückgrat gezeigt.

Fazit:

- Stehen Sie mit auf beiden Füßen gleichmäßig verteiltem Gewicht fest auf dem Boden.
- Grätschen Sie die Beine leicht, so dass Sie bequem stehen. Ganz enge Beinhaltungen, wie z. B. bei strammstehenden Soldaten, können devot wirken.
- Kopf hoch! Gehen Sie erhobenen Hauptes in die Situation.
- Halten Sie den Rücken gerade und die Schultern breit. So stärken Sie Ihr Selbstwertgefühl und erleichtern sich das Atmen.

Gestik

Die Frage: Wo lasse ich bloß meine Hände? Wird beim Agieren im Stehen oft als verunsichernder empfunden als im Sitzen. Ein beliebter Ausweg ist, sich mit beiden Händen stramm am Konzept oder an Stichwortkarten (s. dort) festzuhalten. Diese Möglichkeit hat den gravierenden Nachteil, dass Sie Ihren Worten kaum mit unterstreichender Gestik Nachdruck verleihen können. Damit nehmen Sie sich einen Teil Ihrer Wirkung und Aussagekraft.

Empfehlungen:
1. Wenn Sie frei stehen:
Halten Sie Ihr Konzept in einer Hand, den Arm bequem angewinkelt, so dass Sie mit einem Blick Ihre Stichworte lesen können. Die andere Hand ist so frei für unterstreichende Gestik.
Probieren Sie aus, in welcher Armhaltung Sie sich am wohlsten fühlen. Als ich anfing, vor Gruppen zu sprechen, hielt ich auch die zweite Hand locker angewinkelt. Dies hat den Vorteil, dass in dem Moment, wo Sie die unangenehme »Warmredephase« hinter sich gebracht haben, Ihre Gestik ohne lange Anlaufwege zum Tragen kommt. Wird ein Arm (bzw. wenn Sie kein Konzept haben evtl. auch beide) locker hängen gelassen, so ergibt sich bei einigen Menschen eine Art »Schaufelgestik«. Die Ansätze der natürlichen Gestik äußern sich z. B. in einem Zucken der Hände, die Arme werden nicht auf etwa Taillenhöhe angewinkelt. Bei anderen meiner Seminarteilnehmerinnen und -teilnehmern erfolgte die Gestik sozusagen aus dem Stand – die Gestik setzte ohne ruckhafte Anfangsschwierigkeiten ein. Ergo: Probieren Sie für sich aus, welche Armhaltung für Sie am angenehmsten ist.

2. Wenn Sie ein Pult haben:
Diese Situation suggeriert mehr Sicherheit. Aber auch hier gibt es einige Fallen:
Vermeiden Sie es, sich mit beiden Händen am Pult festzuklammern – denn damit ist Ihre Gestik gleich Null. Besonders unangenehm kann es zudem auf die Zuhörenden wirken, wenn sich jemand, wie bei Politikern oft zu beobachten, besonders weit über das Pult beugt. Diese Attitüde habe ich allerdings bei Frauen ebenso selten beobachtet wie das gleichfalls beliebte, sich lässig auf den Unterarm abstützende Auf-dem-Pult-Lümmeln.

Gestik hinter dem Pult kann schwierig sein, wenn durch Pulthöhe oder Körpergröße die Arme relativ weit nach oben kommen müssen, damit Gestik von den Zuhörenden überhaupt wahrgenommen werden kann.
Auch die folgenden Arm- bzw. Handhaltungen verhindern z. B. Ihre Gestik:

- die Arme sind hinter dem Rücken verschränkt;
- die Arme sind seitlich angewinkelt und die Hände in die Taille gestützt (kann als Drohgebärde wirken);
- die Arme sind in Brusthöhe ineinander verschränkt (»Indianer-Haltung«);
- die Hände sind fest ineinander gefaltet;
- ein Stift o. Ä. wird umkrampft oder als Spielzeug benutzt.

Neben nicht stattfindender Gestik haben diese Haltungen außerdem noch den Nachteil dass sie häufig überlange Zeit eingenommen werden. Die Verkrampfung – und damit auch die Blockierung – habe ich bei Kurzvor-trägen schon bis zu einer Zeit von 15 Minuten erlebt ...
Dauerndes Hantieren mit dem Stift hält nicht nur Ihre eigene Nervosität am Kochen und irritiert andere. Es besteht auch die Gefahr, dass Sie, nachdem Sie Ihre Anfangsnervosität überwunden haben, den Stift als verlängerten Zeigefinger benutzen. Und Zuhörende haben es nicht gern, wenn sie per Zeigefinger, verlängert mit dem Kugelschreiber, aufgespießt und/oder geschulmeistert werden.
Neben dem Stift, der ein besonders beliebtes Spiel- und Festhaltemittel ist, ist z. B. auch beständiges Drehen eines Ringes, Zupfen am Ohrläppchen usw. häufig zu beobachten. Während die Herren der Schöpfung, soweit Bartträger, gerne an selbigem zupfen (mein Mann eingeschlossen), drehen Frauen gerne Haarsträhnen ... Letzteres kann sowohl Nachdenklichkeit, aber auch Unsicherheit suggerieren, je nachdem, welche weiteren sprachlichen oder nichtsprachlichen Signale hinzukommen. Wie gesagt, kommen diese Nervositätsgesten gehäuft vor, können sie gefährlich sein.
Nach all diesen Überlegungen und Empfehlungen, was Sie vermeiden sollten, schließt sich die berechtigte Frage an: Ja, was soll ich denn nun mit meinen Armen und Händen tun?
Soll ich z. B. vor dem Spiegel Gestik trainieren oder zu bestimmten Begriffen passende, untermalende Gestik einstudieren?
Hierüber sind die Meinungen im Kreise meiner Kolleginnen und Kollegen sehr geteilt.

Meiner Meinung nach kann einstudierte Gestik sehr gefährlich sein. Die Gefahr: Sie passt nicht zur Persönlichkeit und/oder zum Inhalt. Beispiel: In einem Seminar für die mittlere Führungsebene hatten zwei Teilnehmer zuvor gemeinsam einen firmenexternen Rhetorik-Kurs besucht. Bei Übungskurzvorträgen hatten beide in unterschiedlichen Zusammenhän-gen das Stichwort »Haus« genannt. Beide unterstrichen dieses Wort mit weit ausholender Gestik: beginnend mit der unteren Fläche, dann die Wände, dann das spitze Dach. Bei beiden jedoch passte diese Gestik weder zum Stil des Vortrags noch zu der sonst verwendeten, relativ sparsamen Gestik. Resultat: Die Reaktion der (zugegeben besonders sensibilisierten) Zuhörenden reichtte von irritiertem Augenbrauenrunzeln bis hin zu kaum verhohlenem Glucksen … Bewusst oder unbewusst nehmen wir sehr wohl auf, ob die Gestik angemessen oder aufgesetzt ist.
Vielleicht ist Ihnen dies auch schon einmal bei einer Begrüßungsrede so ergangen, als der Redner oder die Rednerin Sie mit weit ausgestreckten Armen »alle, alle herzlich willkommen« hieß …
So weit einige allgemeine Bedenken. Speziell für uns Frauen haben wir jedoch festgestellt, dass wir auch in unserer Körpersprache sehr eingeschränkt, wenig raumgreifend und bescheiden sind und damit unsere Aussagekraft, unsere Wirkung beschränken.
Daher ist es für die meisten Frauen sehr wichtig, sich in Körperhaltung und Gestik mehr Raum zu gönnen.

Interessanterweise berichten viele Seminarteilnehmerinnen, dass sie Angst vor »zu viel« Gestik hätten. Sie befürchten »viel zu viel Hin- und Herzufuchteln«. Nach meinem Eindruck sind fuchtelnde Frauen aber eher die Ausnahme als die Regel. Hier scheinen sich Erziehungsstandards in unbegründeten Befürchtungen niederzuschlagen, vielleicht auch verbunden mit dem Gefühl, dass eine spontane, Raum beanspruchende Gestik für Frauen nicht angemessen sei … Allerdings: einige Frauen und Männer neigen zu fahrigen, nervösen, zappeligen Bewegungen – dies ist natürlich mit individueller, unterstreichender Gestik nicht gemeint!
Eng an den Körper angelegte Arme wirken nicht nur steif und verkrampft auf andere – auch hier scheint wieder eine Wechselwirkung zwischen Körperhaltung und Geist vorzuliegen. Laut einem Forschungsergebnis aus den USA jedenfalls bauen Menschen, die während eines Vortrages die Arme frei bewegen, spontane Einfälle in ihre Rede mit ein. Diejenigen

hingegen, die die Arme eng am Körper halten, bleiben eng an ihrem Konzept. Fördern wir also unser spontanes und kreatives Denken, indem wir unseren Armen freien Raum lassen.
Achten Sie bewusster auf Ihre Körpersprache!
Wann machen Sie sich "klein", verknoten die Beine und sitzen auf der äußersten Stuhlkante und halten die Hände im Schoß? Unvergessen ist mir eine Seminarteilnehmerin, die auf uns alle sehr souverän und sicher wirkte. Dann spielte sie die Darstellung eines Projektes in einem Gespräch mit ihrem Vorgesetzten durch. Ihre Argumentation war partnerorientiert und stimmig. Aber insgesamt wirkte sie nicht überzeugend. Sie saß auf der äußersten Stuhlkante, die Beine übereinander geschlagen, seitlich versetzt und eine Fußspitze hinter ein Stuhlbein geklemmt. Kaum Gestik, da sie die Hände, mit einem Stift spielend, im Schoß hatte.
Nach der Besprechung der Übung und der Analyse der Videoaufzeichnung wurde ihr schlagartig klar, dass sie in Stresssituationen sehr oft so saß ...
Ob Sie nun stehen oder sitzen, nehmen Sie sich Zeit, als Erstes eine stand- oder sitzfeste, sichere Haltung einzunehmen.
Achten Sie darauf, dass Sie alle Beteiligten im Blickkontakt haben. Ggf. die Hände locker auf den Tisch (nicht spielen!), und dann kann es losgehen. Nach der unangenehmen Startphase, wenn Sie sich freigesprochen haben, wird Ihre individuelle Gestik ihre Worte unterstreichen. Denn Sie hindern sich so nicht selber daran.
Lernen können Sie nicht nur daraus, welche Körperhaltung Sie in Stresssituation einnehmen. Achten Sie auch darauf, wie Körperhaltung und Gestik sich mit Gesprächspartnerinnen und Gesprächspartnern entwickeln, zu denen Sie Vertrauen haben und bei denen Sie sich wohl fühlen. Bei den meisten von Ihnen wird hier ein großer Unterschied festzustellen sein.
Wahrscheinlich sind Ihre Handhaltungen offener, die Bewegungen der Arme großzügiger. Wenn das Thema Körpersprache Sie zu faszinieren beginnt, vergleichen Sie Ihre Beobachtungen mit den detaillierten Beschreibungen von Fachfrauen und -männern, z. B. von Vera F. Birkenbihl oder Samy Molcho. -männern, z. B. von Vera F. Birkenbihl oder Samy Molcho. Gehen Sie Schritt für Schritt vor und bedenken Sie stets, dass es keine Patentrezepte zum Interpretieren von Körpersprache gibt, d. h., dass immer der Gesamtzusammenhang beachtet werden muss.
Noch ein abschließender Hinweis auf eine "Gestik", die ich bei Frauen signifikant häufiger beobachtet habe als bei Männern:

Stellen Sie sich vor, eine Frau bringt eine fundierte Argumentation in einer Gruppe vor – und zum Abschluss zuckt sie mit den Schultern … Möglicherweise ein Signal für die Zuhörenden: Na, ganz so wichtig war es wohl doch nicht bzw. so richtig ernst meinte sie es nicht.

Länger hoch gezogene Schultern oder häufiges Schulterzucken behindern außerdem die Atmung, was, verbunden mit hilflos am Körper hängenden Armen, die Energie mindert.

Dieses körpersprachliche Signal ist leider nur eines von vielen sprachlichen und nichtsprachlichen Möglichkeiten, mit denen wir Frauen den Nachdruck und den Wert unserer Aussagen (unbewusst) wieder einschränken.

Schärfen Sie Ihre Wahrnehmung für körpersprachliche Signale, indem Sie sich und andere daraufhin beobachten. Sehr hilfreich ist es, bei Fernsehsendungen den Ton auszuschalten. Bei Diskussionen, Talkshows und ähnlichen Sendungen wird dann häufig allein durch die Körpersprache deutlich, wer dominiert, wer nachgibt usw. Unterschiede in der Körpersprache zwischen Frauen und Männern sind gut zu erkennen. Besonders interessant wird dieses Studium der Körpersprache, wenn Sie die Sendung mit Video aufzeichnen können. Dann haben Sie die Möglichkeit, Ihre Eindrücke ohne Ton mit denen einschließlich der Dialoge zu vergleichen. Achten Sie auf Zeichen von Dominanz und Unsicherheit, beobachten Sie, ob Aussagen mit der Körpersprache übereinstimmen.

Exkurs: Historische Entwicklung der Körpersprache

Wie stark Körpersprache Machtverhältnisse widerspiegelt, zeigt besonders ein Blick in die Geschichte. Als die Machtverteilung zwischen Frauen und Männern anders aussah, spiegelte sich dies auch deutlich in der Körpersprache wider. Skulpturen und Reliefs stellen dar, wie anders die Körpersprache der beiden Geschlechter aussah – wie anders als die Körpersprache, die uns heute so natürlich erscheint.

Im alten Ägypten z. B. umfassten die Frauen besitzergreifend ihre Männer. In der Körperhaltung sind kaum geschlechtsspezifische Unterschiede festzustellen. So nehmen Frauen und Männer die gleiche Sitzhaltung mit leicht gespreizten Beinen ein. Häufig sind die abgebildeten ägyptischen Männer nicht auf den ersten Blick als solche zu erkennen. Das Ideal der Körperformen von Frauen und Männern scheint sich dann etwa mit Beginn des Neuen Reiches (ca. 1557 v. Chr.) verändert zu haben. Die Darstellungen der Männer dieser Zeit zeigen Brüste, breite Hüften und eine schlanke Taille. Offenbar entsprach das Ideal für beide Geschlechter nun dem, was wir heute als "typisch weiblich" bezeichnen.

Bis zum 4. Jahrhundert v. Chr. saßen die Griechinnen hingegen in heute typischer Männerpose: breitbeinig und raumgreifend. Sie wurden zunächst gar breitschultriger und kräftiger als die Männer dargestellt. In den folgenden Jahrhunderten veränderten sich die Darstellungen. Die Frauen wurden zunehmend in leicht gebeugten Standbein-Spielbein-Haltungen gezeigt, die Posten der Männer hingegen wurden raumgreifender. Außerdem wurden die Frauen häufiger – wie zuvor eher die Männer – nackt dargestellt. Die Darstellungen aus der vorrömischen und römischen Geschichte lassen kaum Unterschiede in der Körperhaltung erkennen. Die Stellung der Frau blieb bei den Römern lange sehr gefestigt.

Erst dem Christentum war es vorbehalten, dies nachdrücklich zu ändern. Auch die fortschreitende Unterdrückung der Frauen in ganz Europa lässt sich an einem Vergleich der körpersprachlichen Darstellungen anhand von Skulpturen und Bildern deutlich ablesen. (11.–19. Jahrhundert).

Der Umbruch in der Körperhaltung der Frauen begann sich bereits in der Frührenaissance (etwa Mitte des 14. Jahrhunderts) mit Beginn der so genannten Hexenverfolgungen, die 400 Jahre lang wüteten, abzuzeichnen. Frauen wurden nun z. T. mit der ganz engen Beinhaltung im Sitzen dargestellt, wie es dann im 19. Jh. ein allgemein für Frauen verbindliches "Ideal" wurde.

Auch die Darstellung der Muttergottes, Maria (und auch anderer weiblicher Heiliger) vom 11.–18. Jahrhundert zeigt verblüffend den Wandel an. Maria wird bis ins 14. Jh. noch als "gestandene", Selbstsicherheit ausstrahlende Frau dargestellt, mit ähnlich ausgeprägten Gesichtszügen wie die männlichen Skulpturen der Zeit. Dann jedoch wird die Darstellung in das so genannte "Kindchenmuster" gepresst: das Köpfchen meist schräg geneigt, die Augen meist bescheiden gesenkt, "oft lächelnd, mit völlig passivem, leicht verblödetem Gesichtsausdruck" (Wex 319). Harte Worte? Vielleicht sind Sie neugierig geworden und Sie betrachten einmal Darstellungen in Kirchen, Museen und Büchern genauer. Sicher sind die hier kurz dargestellten Forschungen zur historischen Entwicklung der Körpersprache nicht unumstritten. Aber genaueres Hinsehen kann ein spannendes Stück Detektivarbeit sein und die Wahrnehmung für vergangene und gegenwärtige Körpersprache schärfen.
Sie sehen, liebe Leserin, die heute übliche weibliche Körperhaltung zu erzielen – dazu hat es vieler, vieler Jahrhunderte gebraucht … Ob es auch viele Jahrhunderte brauchen wird, bis sich der körpersprachliche Ausdruck von Machtverhältnissen wieder wandelt?

Blickkontakt

In einer Gesprächsrunde dominiert nicht nur, wer viel redet. Wichtig ist auch, wie oft sich jemand an die ganze Gruppe wendet, d. h. beim Reden alle (nacheinander) anschaut (Wagner 2).
Dies tun Männer signifikant häufiger als Frauen und beanspruchen dadurch eine Führungsposition in der Gruppe. Damit sind wir bei einem weiteren, sehr wichtigen Punkt angelangt: Unserem bescheidenen, ach so weiblichen, gesenkten Blick. Auch das haben wir früh gelernt.
Männer dürfen Frauen anstarren. (Was umgekehrt natürlich höchst unschicklich ist.) Und was tut die wohl erzogene Frau, die angestarrt wird? Sie guckt weg bzw. senkt den Blick. Zugleich ist Anstarren eine besonders wirksame Methode, um Machtverhältnisse aufzubauen, vor allem, wenn dies in Verbindung mit einer ernsthaften Miene geschieht. Auch diese Verhaltensweise ist bei Männern häufiger zu finden als bei Frauen: Sie lächeln seltener (Mühlen-Achs; s. Kap. Lächeln).
Am häufigsten drücken Blicke Aggressionen aus (s. hierzu und zum Folgenden Argyle). So kann allein ein Blick zwischen unterschiedlichen Gruppen von Fußballfans eine Schlägerei auslösen. Wer aus der anderen Gruppe den Blick aufgefangen hat, rechtfertigt seinen Angriff nicht selten damit: Der hat mich angeguckt. Dem Blick auszuweichen oder den Blickkontakt abzubrechen, kann umgekehrt ein Friedensangebot bedeuten. Negative Gefühle wie Abneigung oder Niedergeschlagenheit signalisieren wir durch Verminderung des Blickkontaktes. (So kann es auch ein wirksames Mittel sein, einen Vielredner oder eine Vielrednerin zu stoppen, wenn der Blickkontakt entzogen wird …)
Sowohl zu lange andauernder als auch zu wenig Blickkontakt fallen auf. "Wer andere zu lange anschaut, gilt als respektlos, bedrohlich, beleidigend oder hochmütig. Wer andere zu wenig anschaut, wird für unhöflich, *unaufmerksam, unehrlich oder unterwürfig gehalten*" (Argyle, S. 24, Hervorhebungen v. d. V.).
Wenn wir Frauen also beim Sprechen die Augen niederschlagen, nehmen wir uns erneut einen Teil der Wirkung unserer Aussage. Blickkontakt ist aus unterschiedlichen Gründen wichtig:
– er signalisiert Selbstsicherheit,
– er unterstreicht die Wirkung des Gesagten,
– er vermittelt den Angeschauten, dass sie beachtet werden,
– er ermöglicht es, die Reaktionen der Zuhörenden wahrzunehmen.

Sicher haben Sie schon Rednerinnen oder Redner erlebt, die, meist über die Köpfe der Zuhörenden hinweg, an die Decke, auf den Fußboden oder aus dem Fenster sahen. Wer mit wenig Blickkontakt spricht, muss eine Menge anderer rhetorischer Fähigkeiten haben, um dennoch bei den Zuhörenden "anzukommen". Denn: wer nicht angesehen wird, fühlt sich auch nicht beachtet, nicht als Gegenstand des Interesses. Wer nicht angesehen wird, fühlt sich auch nicht angesprochen. Nur wenn Sie Blickkontakt zu Ihren Gesprächspartnerinnen oder Gesprächspartnern haben, können Sie mitbekommen, ob diese bei der Sache sind, aufmerksam zuhören, träumen, den Kopf schütteln usw. Was die Aufmerksamkeit betrifft, ist allerdings Vorsicht am Platze – die meisten Menschen haben es bereits in der Schule gelernt, mit scheinbar interessierter Miene in Gedanken ganz woanders zu sein.
Aber auch bei Sprechern/-innen mit gutem Blickkontakt gibt es Momente, wo der Blick "leer" oder nach "innen gerichtet" erscheint. Dies sind Momente der Konzentration, des intensiven Nachdenkens, bei denen wir nur schwer gleichzeitig andere Informationen aufnehmen können. Dennoch ist es möglich und außerordentlich wichtig, aus den Augenwinkeln heraus Signale aufzunehmen, die die Zuhörenden aussenden. Wer wirklich an seinen Gesprächspartnerinnen und Gesprächspartnern interessiert ist, wird diese Signale registrieren.
"Wie lange soll ein Blickkontakt dauern?" werde ich oft von Seminarteilnehmerinnen und -teilnehmern gefragt:

a) Vor einer größeren Gruppe, ca. acht bis 20 Personen
Auf jeden Fall so lange, dass Sie die Person, die Sie gerade ansehen, bewusst wahrnehmen. Achten Sie darauf, dass Sie diejenigen, die z. B. bei einer Tisch-Anordnung in U-Form unmittelbar rechts und links neben Ihnen sitzen, nicht vernachlässigen.
Die Grenze, ab wann jemand Blickkontakt als nicht mehr angenehm, sondern als zu lange empfindet, ist individuell unterschiedlich. Sie oder er wird einfach die Augen abwenden, wenn dies der Fall sein sollte. Und Sie sehen jemand anderen an. Bitte vermeiden Sie, Ihrem Blickkontakt einen systematischen "Rundumschlag" zu geben. Also z. B. links anzufangen und dann alle hintereinander anzusehen.
Als Studentin erlebte ich, wie ein ehemaliger Bundeskanzler in der Technischen Universität Hannover eine Rede hielt. Damals hatte ich mich noch nie mit Rhetorik beschäftigt. Und ich war enttäuscht und etwas

aggressiv über den Auftritt dieses an und für sich von mir geschätzten Politikers. Er gönnte nämlich uns Zuhörenden keinen Blick. Sein Blickkontakt schwenkte von außen rechts nach außen links: Dort liefen nämlich die Fernsehkameras.

Zwei Praxistipps:

1) Wenn Sie anfangen, Blickkontakt zu üben: Suchen Sie sich einige freundliche Gesichter. Am Anfang kann es schon irritieren, wenn Sie gerade zu jemandem Blickkontakt aufnehmen, der mit dem linken Bein aufgestanden ist! Es gibt fast immer aufgeschlossene, aktiv Zuhörende, die aufmerksam sind, nicken oder auch mal leise zustimmend murmeln. Dann nach und nach Blickkontakt auf alle ausweiten.
2) Vermeiden Sie die "Hierarchiefixierung"! Sehen Sie bei Reden und bei Gesprächen nicht überwiegend die "Ranghöchsten" an. Sicherlich gibt es "very important persons", die mal einen Blickkontakt mehr erwarten. ABER: Die übrigen Zuhörenden spüren (bewusst oder unbewusst) sehr wohl, ob sie von Ihnen im Blickkontakt links liegen gelassen werden. Außerdem gibt es ja auch Gesprächs- oder Verhandlungssituationen, wo Sie nicht genau wissen, wer nun wirklich die Entscheidungen trifft. Ist es die Hierarchiespitze oder letztlich eine Mitarbeiterin bzw. ein Mitarbeiter?!

b) In Gesprächs- und Verhandlungssituationen

Hier sind die Blickkontaktsequenzen oft länger.

Wichtig ist bei Ihren zentralen Argumentationen, einen guten Blickkontakt zu haben. Wenn Sie bei Kernpunkten den Blick gesenkt halten, mindert dies Ihre Überzeugungskraft.

Allerdings: wenn Sie einen Punkt nur vorsichtig antesten wollen, womöglich in einem Nebensatz verpackt, kann es taktisch günstiger sein, die Reaktionen nur aus den Augenwinkeln wahrzunehmen.

Häufig ist der Rat zu lesen, beim Blickkontakt nicht direkt in die Augen des Gegenübers zu sehen, sondern auf den Mund, die Stelle zwischen den Augenbrauen oder genau über den Kopf hinweg. Dies scheint verlockend, gerade wenn Sie anfangen zu üben. Denn zunächst ist es oft sehr ungewohnt, mit offenem Blickkontakt zu sprechen, Hemmungen abzubauen, eventuell alteingeschliffene Verhaltensweisen zu ändern. Aber: wenn Sie nicht gerade einen Vortrag vor 100 Personen halten, wo Sie den persönlichen Blickkontakt nur auf die vorderen Reihen begrenzt aufnehmen können, ist dieser Rat zweischneidig. In kleineren Gruppen oder Gesprächsrunden merken die Betreffenden sehr wohl, ob sie wirklich angesehen werden. Und, s. o., Ihnen können wichtige Reaktionen verloren gehen, wenn Sie Ihren Blick nur auf bestimmte Punkte und damit Ausschnitte konzentrieren.

Gehören Sie zu den Menschen, die zwei Brillen brauchen? Seminarteilnehmerinnen und -teilnehmer, bei denen dies auch der Fall ist, stellten fest, wie irritierend entweder ein ständiger Brillenwechsel, ein Blick über den Brillenrand oder nur verschwommenes Wahrnehmen der Zuhörenden ist. So erging es auch Angela, einer Doktorandin der Geschichte, die ihre ersten Fachvorträge hielt. Sie ließ sich eine Brille mit Doppelschliff machen. Im Aufbauseminar berichtete sie: "Anfangs hatte ich Umgewöhnungsschwierigkeiten. Aber jetzt ist es ein tolles Gefühl. Ich kann meine Stichworte deutlich sehen und Blickkontakt halten. Mit der neuen Brille fühle ich mich viel sicherer!"

Sich sicher zu fühlen auch dadurch, dass frau oder man nah und fern alles deutlich im Blick hat, ist keine Selbstverständlichkeit. Ich denke da an Seminarteilnehmerinnen und -teilnehmern, die entweder Schwierigkeiten mit ihren Stichwortkarten hatten oder so wenig Blickkontakt zur Gruppe, dass sie nicht einmal die gelbe Karte sahen, die noch eine restliche Minute Redezeit signalisierte. Entsprechend unsicher und wenig überzeugend war deren Auftreten vor der Gruppe. Und warum? Nun, sie waren schlicht zu eitel, ihre Brille aufzusetzen! Das könnte Ihnen, liebe Leserin, doch nicht passieren, oder?

Ein weiteres Hindernis in Sachen Blickkontakt kann schlicht die Frisur sein. Gerade Frauen, die im Auftreten etwas unsicher wirken, neigen nach meiner Beobachtung dazu, ihr Gesicht teilweise mit den Haaren zu verdecken. In deutlicher Erinnerung ist mir Veronika, eine junge, tüchtige Sachbearbeiterin. Sie hatte in Stresssituationen kaum Blickkontakt, da sie zusammengesunken auf ihrem Stuhl saß, den Kopf etwas nach vorn geneigt, so dass die Augenbrauen unter dem langen Pony verschwanden. Dies wirkte so, als ob sie ab und an mal vorsichtig unter dem Schutz des Ponys hervorplierte – das Gegenteil eines offenen Blickkontaktes. Nachdem Veronika durch die Besprechung der Videoaufzeichnung deutlich geworden war, wie sehr sie ihr "Schutzwall"-Pony beim Blickkontakt behinderte, erschien sie am nächsten Seminartag mit durch Spangen leicht zurückgestecktem Pony. Und bei der Abschlussübung saß sie gerade und hatte deutlich mehr Blickkontakt zu ihrer Gesprächspartnerin. Nach

einem halben Jahr kam ein Brief mit einem Foto. Veronika hatte ihr schönes langes Haar etwas anders schneiden lassen, den Pony gekürzt. Sie schrieb: Zunächst war es richtig ungewohnt, mich nicht mehr hinter meinen Haaren zu verstecken. Aber jetzt fühle ich mich wohl. Und mit dem Blickkontakt geht es viel besser!
Sie sehen, liebe Leserin, oft haben Kleinigkeiten eine große Wirkung.

Fazit:
Üben Sie einen offenen, direkten, freimütigen Blickkontakt. Nutzen Sie angstfreie Situationen im Freundes- und Bekanntenkreis, um sicherer zu werden. Achten Sie darauf, wie diese Gespräche ablaufen. Spüren Sie Veränderungen? Werden Ihre Äußerungen mit mehr Interesse aufgenommen? Nur wer häufig angesehen wird, fühlt sich auch angesprochen. Und dies können wir mit weiblich bescheiden gesenktem Blick nicht erreichen.
Beherzigen wir also die Ansicht von Grillparzer:
"Kann der Blick nicht überzeugen,
Überredt die Lippe nicht."

Vielschichtige Signale: Lächeln und Lachen

Ein freundliches Lächeln – eventuell verbunden mit einem Erröten – mag bei Frauen immer noch als Zeichen einer weiblich züchtigen Gesinnung gelten. Als typisch weiblich stellen sich viele immer noch statt eines lauthalsen Lachens ein dezentes Lächeln oder das mädchenhaft unterdrückte Kichern vor. Lächeln ist angemessen und erwünscht – natürlich ohne Ironie zu enthalten. Vorbildlich ist das berühmte, etwas dümmliche Lächeln der Mona Lisa, so wird Freundlichkeit und eventuell Dankbarkeit signalisiert.

Viel gelächelt wird auch im Beruf. Immer nett und freundlich miteinander umgehen. Von einigen Berufen wird dieses immer währende freundliche Lächeln geradezu verlangt: von der Stewardess, von der Sekretärin, der Assistentin, der Verkäuferin.

Auffällig ist ferner, dass diejenigen, die wenig zu lachen haben, häufig lächeln. Seien es bettelnde Kinder in Ceylon oder in Afrika, deren Lächeln mich verblüffte und rührte. Ein Lächeln aus einer Zwangslage, der Versuch, sich unter widrigsten Bedingungen durchzuschlagen – ein erzwungenes, ein zwanghaftes Lächeln.

Frauen lächeln von Kindesbeinen an häufiger als ihre männlichen Artgenossen. Warum dies so ist, welche Facetten des vielschichtigen Themas Lächeln (und Lachen) hier hineinspielen, ist eine interessante Frage, die noch untersucht werden müsste.

Eine bestimmte Art des Lächelns beobachte ich bei Frauen im Alltag wie im Seminar immer wieder: das verlegene Lächeln. Beate, Sachbearbeiterin in einer Computerfirma, berichtete über eine Arbeitskollegin: "Wir vertragen uns eigentlich gut. Aber Frau Minde leiht sich häufig Büromaterial aus und gibt es nur auf häufiges Nachfragen zurück. Oft fehlen mir dann Dinge, die ich ihr geborgt habe und das ärgert mich dann doch sehr." Nach entsprechender Vorbereitung spielte Beate die Situation mit einer anderen Seminarteilnehmerin durch:

Beate: "Ja, ... äh, ich meine, Sie können sich wirklich gern den Formularblock von mir ausleihen ... obwohl, eigentlich, ich habe nur noch den einen. Und, ... ich möchte Sie doch bitten, mir dann vielleicht wirklich morgen den Block wiederzugeben, weil ... ich würde es nicht schön finden, also es wäre mir schrecklich unangenehm, wenn ich ihn brauche und müsste Sie erinnern."

Beate hatte sich vorgenommen, ihrer Kollegin, die sie insgesamt schätzte, ihre Kritik und ihre Empfindungen darzustellen (s. Kap. Kritikgespräch). Uns interessiert hier, WIE Beate ihr Anliegen vorbrachte. Sie rutschte unbehaglich auf ihrem Stuhl hin und her, sie blickte vor sich auf den Tisch, die Hände spielten mit einem Stift, die Stimmführung war leise und zögernd. Am Ende des Satzes blickte sie auf und ... lächelte!
Dieses körpersprachliche Begleitprogramm verwandelte die wenig nachdrückliche verbale Botschaft endgültig in ihr Gegenteil. Denn die Körpersprache besagte z. B.: Es ist mir gar nicht so wichtig, nehmen Sie mich nicht so ernst – ich tue es auch nicht. Beate war ziemlich erschüttert, als sie die Videoaufzeichnung sah. Sie konzentrierte sich in der Wiederholung zunächst auf Blickkontakt, feste Stimmführung und darauf, ihr Verlegenheitslächeln zu unterlassen. Und siehe da, die "Kollegin", die beim ersten Mal mit einem freundlich herablassenden "Ja, ja, natürlich, Kindchen, gleich morgen früh" aus dem Raum geschwebt war, reagierte dieses Mal anders. Ihre Vergesslichkeit ärgere sie auch, sie werde sich einen Merkzettel auf den Schreibtisch legen.
Vielen Frauen fällt es ähnlich schwer wie Beate, Ärger oder Kritik auszudrücken. Das verlegene Lächeln erscheint selbst bei wichtigen Aussagen, Diskussionsbeiträgen und suggeriert den Zuhörenden: So wichtig ist es doch nicht. Oder die Dissonanz zwischen Aussage und Gesichtsausdruck verwirrt.
Es geht mir hier nur um dieses verlegen-freundliche Lächeln, das nicht zur Aussage passt. Und das ich bei Frauen-Seminaren ungleich häufiger erlebe als bei den Männern.
Dass uns Frauen Lächeln und Freundlichkeit eigen sind, uns leicht fallen, ist meiner Meinung nach erfreulich. Lächeln kann Kontakt schaffen, eine freundliche Atmosphäre herstellen, zum weiblichen Charme gehören, der durchaus auch im Berufsleben seinen Platz hat.

Aber:
Hüten Sie sich vor dem Verlegenheitslächeln, mit dem Sie die Wirkung Ihnen wichtiger und ernsthafter Aussagen schmälern oder völlig entwerten.
Andererseits kann Lächeln auch entwaffnen und einer Aussage die Spitze nehmen. Einer Seminarteilnehmerin, die sehr erfolgreich im Außendienst einer Versicherung arbeitet, wurde von Kollegen gesagt, ihr Erfolg beruhe auf ihrer weiblichen Ausstrahlung. Anfangs ärgerte sie sich mehr. Heute

hingegen geht sie darüber hinweg oder gibt auch mal den Ball zurück, indem sie sagt: "Sie könnten sich nun langsam mal was anderes ausdenken, um die schlechteren Verkaufszahlen der Kollegen zu erklären" – und lächelt dabei. Dieses Lächeln macht die Zurückweisung für den Gesprächspartner erträglicher – und dies kann ja aus taktischen Gründen wichtig sein.

Einige Stresssituationen führen allerdings auch dazu, dass Rednerinnen oder Rednern das Lächeln vergeht. Eine Dozentin hielt im Rahmen einer Woche der offenen Tür, die sich an die Bewohner einer Universitätsstadt wandte, einen Vortrag mit vielen, zum Teil heiteren Beispielen. Sie wunderte sich, dass die Zuhörenden – zu ihrem Schrecken weit über 100 – kaum eine Miene verzogen. Nach dem Vortrag sagte ihr eine befreundete Kollegin, dass die meisten sich wohl nicht getraut hätten, zu lächeln oder zu lachen. Denn die Dozentin hatte die ganze Zeit eine völlig ernste Mimik gehabt …

Achten Sie bei sich und anderen Frauen darauf, liebe Leserin, wann gelächelt wird. Ist das Lächeln der Situation angemessen? Entkrampft es die Atmosphäre oder macht es die Sprecherin kleiner, verwässert es die Aussage, entwertet es die Ernsthaftigkeit des Gesagten?

Die große spontane Schwester des Lächelns ist das Lachen. Lachen ist gesund, sagt der Volksmund. Und neueste Forschungen weisen tatsächlich darauf hin, dass es Zusammenhänge zwischen Lachen und Gesundheit gibt. Arme Frauen, denn sie hatten in früheren Zeiten nicht(s) zu lachen. Zumindest im Bürgertum entsprach dies nicht dem holden Weiblichkeitsideal. Mochte Caroline Schelling-Schlegel (1763–1809) noch einer Freundin schreiben, dass sie bei der Lektüre von Schillers "Glocke" vor Lachen unter den Tisch gefallen sei. Das schöne Bild von der drinnen züchtig waltenden Hausfrau, des Mannes, der hinausstrebt ins feindliche Leben, löste nur bei wenigen Frauen solch heftige Heiterkeit aus. Auch erwies es sich bis heute als zählebige Vorstellung (hierzu und zum Folgenden Pfeiffer/Rosenfeld). Das ungenierte kräftige Gelächter von Caroline Schelling-Schlegel hätte den Freiherrn von Knigge (1752–1796) sicherlich entsetzt. Nicht nur für ihn zeugte ein solches Gebaren von Liederlichkeit und Schamlosigkeit. Ungeniertes Lachen, vor allem in der Öffentlichkeit, war für Frauen lange Zeit verpönt, wurde mit einem lockeren Lebenswandel verbunden, als ungehörig betrachtet.

Marylin French erzählt in ihrem Buch "Frauen", wie Mira, eine der Heldinnen, sich den Ruf eines leichten Mädchens einhandelt, weil sie über

schmutzige Witze lacht, die sie oft gar nicht versteht. Das war in den sechziger Jahren. Aber auch noch heute gilt eine Frau, die über vulgäre Witze (meist auf Kosten von Frauen) lacht, zumindest als frivol oder von lockerer Moral. Lacht sie nicht, ist sie wahrscheinlich eine verklemmte Emanze ... Frauen gar, die sich gegenseitig Zoten erzählen, gelten als verrückt oder werden in Richtung leichtes Gewerbe eingeordnet. Während der umgekehrte Fall auch in höheren Kreisen als normal gilt.
Doris Pfeiffer und Uwe Rosenfeld werfen in ihrem Aufsatz über das Lachen die Frage auf, "was um alles in der Welt am Lachen der Frauen so bedrohlich war (ist), dass es reglementiert werden muss und bei Übertretung für die Frau zur sittlichen und sozialen Diffamierung führt oder gar als psychischer Defekt gewertet wird?"
Sie bringen u. a. die Geschichte eines chinesischen Königs, der seinem General befiehlt, aus 180 Frauen gute Kriegerinnen zu machen. Dies erweist sich als schwierige Aufgabe, denn den Frauen mangelt es am nötigen Ernst. Sie lachen und schwatzen, und je mehr der General seine Befehle ausgibt, desto heftiger, desto stärker lachen die Frauen. Dies aber ist nach den männlichen Gesetzen des Krieges Meuterei, worauf die Todesstrafe steht. Tatsächlich enthauptet der General zwei Anführerinnen. Das Üben beginnt erneut. Jetzt folgen die Frauen den Befehlen, sie schweigen, sie marschieren fehlerlos in Reih und Glied, als ob sie nie etwas anderes gemacht hätten. Diese Geschichte lässt sich vielfältig interpretieren. Sie weist u. a. darauf hin, dass das Lachen der Frauen männliche Wertvorstellungen unterminieren kann. Die Konsequenz daraus ist in diesem Fall der Tod und blinder Gehorsam. Das Lachen greift sowohl männliche Herrschaft als auch Weltbild und Identität an, deren Sinn dadurch aufgelöst wird. So kann Lachen auch eine Waffe, eine Infragestellung von Werten und Normen sein.
Nach diesem kleinen Ausflug in die Vergangenheit mit Auswirkungen bis in die Gegenwart ist zu fragen: Wie wirkt es heute, wenn Frauen laut, fröhlich, ungeniert lachen? Vielleicht in manchen Situationen doch noch irritierend. In meinen Frauen-Seminaren wird immer viel gelacht – nicht zuletzt über frau selbst. Eine Tatsache, die in Seminarhotels den parallel tagenden Männergruppen oft auffällt und zu unbehaglichen und erstaunten Kommentaren führt: "Möchte bloß mal wissen, was die in einer Frauengruppe so viel zu lachen haben!"
Aus unterschiedlichsten Gründen mögen ungeniert und laut lachende Frauen einigen Männern und Frauen noch unbewusst suspekt sein. Auch

die Vorstellung, dass solches Lachen undamenhaft oder gar unweiblich sei, wird hier und da noch existieren. Da aber Lachen so wohltuend herzerfrischend ist – lachen wir, wann immer es etwas zu lachen gibt. Unsere Mitmenschen werden sich daran gewöhnen – bis wir ganz selbstverständlich miteinander lachen.

"Erröte wenigstens, Lucinde,
dass nichts mehr dich erröten macht."
Lessing

Werden Sie leicht rot?

Wie auch immer dieses Phänomen erklärt wird, als psychosomatischer Vorgang oder bis hin zu der Aussage, hier sei immer (!) Erotik im Spiel – die meisten Betroffenen leiden erheblich. Menschen werden rot aus plötzlicher Unsicherheit, Betroffenheit, Befangenheit, Nervosität – dann und wann ist sicherlich aus Erotik im Spiel. (Errötend folgt er ihren Spuren ...) Oft ist für Gesprächspartnerinnen oder Gesprächspartner die Ursache des roten Kopfes gar nicht ersichtlich. Aber die mehr oder weniger starke Röte signalisiert, dass in der oder dem Betreffenden etwas Aufregendes vorgeht. Lässt sich dieses Rotwerden abtrainieren? Eine in Seminaren häufig gestellte Frage, nach meinem Eindruck mehr von Frauen als von Männern. Viele Seminarteilnehmerinnen schildern das "schreckliche" Gefühl, wie sie die Röte aufsteigen spüren oder wie sich die roten Flecken am Hals rapide vermehren. "Wenn ich merke, wie das losgeht", berichtete die Historikerin Angela, "dann bin ich entsetzt und gelähmt. Ich werde zunehmend unsicher, denke, dass alle auf meinen roten Kopf starren. Am liebsten würde ich wegrennen. Und einen klaren Gedanken kann ich kaum noch fassen. Es ist zum Verzweifeln!" Solche Schilderungen kann ich aus eigener Erfahrung gut verstehen, da ich zu Beginn meiner Tätigkeit als Trainerin genau über diesen Punkt auch am Verzweifeln war. Da stand ich nun – überwiegend vor reinen Männergruppen – und bekam häufig einen roten Kopf. Dies machte mir so zu schaffen, dass ich ernsthaft überlegte, den Trainerinnen-Beruf – kaum begonnen – wieder an den Nagel zu hängen. Wie konnte ich selbstsicher und überzeugend Rhetorik und Kommunikation vermitteln, wenn ich so häufig rot wurde? Aber ich wollte und musste meinen Lebensunterhalt verdienen. Außerdem hatte ich viel Zeit und Geld in die Ausbildung investiert. Schließlich packte ich den Stier bei den Hörnern. Beim nächsten Seminar baute ich am ersten Tag einige Erklärungen darüber ein, was erlernbar ist und was nicht. Beim Thema Rotwerden merkte ich an, dass ich dieses Phänomen ja mit einigen Teilnehmern teile. Es lasse sich nur bedingt beeinflussen. Ich tröste mich damit, dass ich halt besonders empfindsam sei – und versuche im Übrigen, mich davon nicht weiter behelligen zu lassen. Es entspann sich noch ein Meinungsaustausch und für mich war eine große Hürde genommen. Am Ende des Seminars sprach mich ein Leidensgefährte an und sagte u. a.: "Übrigens, Sie werden gar nicht so häufig rot!"

In der Tat ließ sich bei anderen und mir häufig feststellen, dass der subjektive Eindruck oft trog. Die oder der Betroffene hat das Gefühl, einen knallroten Kopf zu haben – und die anderen können höchstens ein leichtes Erröten wahrnehmen.

Und wenn der Kopf tatsächlich rot anläuft, die hektischen Flecken sich ausbreiten, dann können wir aus meiner eigenen Geschichte Konsequenzen ziehen. Wenn Sie mit dem Rotwerden so umgehen, wie Angela und ich anfänglich, wird es bleiben oder sich gar verschlimmern. Die Aufmerksamkeit, die dem Phänomen Rotwerden gewidmet wird, dass Sie sich selber bekräftigen, wie schrecklich dies sei, verstärkt die eigene Unsicherheit. So setzt sich ein psychologischer Teufelskreis in Gang (s. Kap. Selbstsicherheit, S. 86 ff.). Wird das Rotwerden hingegen einfach akzeptiert und zur Kenntnis genommen, wie in meinem Fall, besteht die Möglichkeit, es abzubauen. Bei mir hat sich das Erröten stark reduziert – dadurch, dass ich lernte, es nicht mehr so ernst zu nehmen. So dass ich heute meine Erklärung so beginne: Früher wurde ich häufig leicht rot … Sicherlich trug wachsende Berufserfahrung und damit verbundene steigende Selbstsicherheit mit dazu bei. Aber ich vermute, liebe Leserin, dass sich das Erröten auch durch schlichtes Annehmen und Akzeptieren nach und nach reduzieren lässt. Bei vielen Seminarteilnehmerinnen und Seminarteilnehmern jedenfalls hat es gewirkt. Warum nicht ggf. auch bei Ihnen?

Stimmführung

Gehören Sie auch zu den Leiserednerinnen? Gibt Ihre Stimme einfach nicht mehr her? Und wenn Sie sich bemühen, lauter zu sprechen, klingt Ihre Stimme sicherlich schrill? Der Mythos von den "schrecklichen" hohen, schrillen, hysterischen Frauenstimmen ist offenbar tief verankert. Und ebenso tief sitzt die Angst bei Frauen, eine schrille Stimme vorgeworfen zu bekommen.

Kein Wunder, denn die meisten von uns haben Erfahrung damit, lächerlich gemacht, verletzt oder abgewertet zu werden (s. Kap. Sprechen). Besonders stark verinnerlicht scheinen viele von uns die Sache mit der schrillen, kreischenden Stimme zu haben, die angeblich nur Frauen so unangenehm eigen ist. Da werden Klischees übernommen, ohne hinterfragt zu werden. Eine Stadträtin z. B. meint: "Ich habe den Vorteil, dass ich eine relativ tiefe Stimme habe. Ich fange nicht an zu kreischen, wenn ich aufgeregt bin. Es hört sich daher nicht so an wie bei anderen höheren Frauenstimmen. Diese Frauen sind wirklich arm dran; wenn sie sich aufregen, geht die Stimme einfach hoch, das wäre mir sicherlich unangenehm." (Edding, 166)

Wer hingegen mokiert sich über den Reporter, der, mitgerissen von der Spannung z. B. einer Fußballweltmeisterschaft oder eines Tennismatches, mit sich überschlagender Stimme, kieksend in den höchsten Tönen, seine Eindrücke weitergibt? Auch hier gelten offenbar wieder unterschiedliche Maßstäbe. Oder würden Sie diesen Reporter als hysterisch bezeichnen?

Außerdem: warum sind hohe Frauenstimmen so lächerlich, während ein anherrschendes, lautes männliches Poltern hingenommen wird?

Nicht nur die Angst vor der schrillen Stimme hindert Frauen daran, laut zu sprechen. Denn eine Frau, die laut, deutlich und damit selbstsicher spricht, ist doch nun wirklich nicht feminin ... Also redet frau leise und riskiert damit, dass die Zuhörenden weder Selbstsicherheit noch Überzeugung hinter ihren Worten spüren. Sie riskiert zudem, wenn sie über einen längeren Zeitraum spricht, dass auch die gutwilligsten Zuhörenden die Konzentration, die eine leise Stimme beansprucht, nicht mehr aufbringen und abschalten.

An den sanften, leisen Frauenstimmen ist viel Antrainiertes. Frauen brauchen häufig sehr viel Überwindung, um lauter zu sprechen. (Ich selber bin bis zu meinem 30. Lebensjahr eine Leiserednerin gewesen ...) Oft habe

ich in Seminaren erlebt, dass Teilnehmerinnen, die übten, mit lauterer Stimme zu sprechen, sich selbst als viel zu laut, als überzogen empfanden. "Das hat sich sicherlich schrecklich angehört." Auch die Rückmeldungen der anderen Frauen konnten sie nicht ganz überzeugen. Und sie stellten dann bei der Analyse der Videoaufzeichnung fest, dass ihre Stimmführung schlicht kräftig und überzeugend war.
Nicht nur die angemessene Lautstärke ist für uns Frauen ein besonders wichtiger Aspekt der Stimmführung. Frauen neigen dazu, am Ende des Satzes sozusagen fragend mit der Stimme hochzugehen, auch wenn es sich gar nicht um Fragen handelt. Der Effekt auch hier: Durch die Sprachmelodie wird die Aussage in eine fragende Form gebracht und verliert dadurch an Prägnanz und Kraft (vgl. jedoch Kap. Sprechen).

Fazit:
Eine Frau, die gehört werden will, muss sich um eine sichere, hinreichend laute Stimmführung bemühen. Dazu gehört, verursacht durch den auch hier wieder vorliegenden Rollenkonflikt und ebenso die lange, lange andere Gewohnheit, viel Selbstüberwindung.
Vor allem aber Übung!
Praxistipps: Bitten Sie eine Freundin, eine Kollegin, auf Ihre Stimmführung zu achten und Ihnen z. B. ein Zeichen zu geben, wenn Sie zu leise oder zu zögernd sprechen.
Denken Sie an eine gute Sitzhaltung und daran, dass Kinn und Hals in etwa einen rechten Winkel bilden. Üben Sie mit dem Kassettenrecorder. Achten Sie dabei vor allem auf ungerechtfertigtes Heben der Stimme am Satzende bei Aussagen, hinter denen Sie stehen. Sollten Sie diese unangebrachte Fragezeichen-Betonung am Satzende öfter machen, üben Sie den folgenden schönen Satz: Der Vater sagt, du bleibst zu Haus!
Achten Sie darauf, dass Ihre Stimme am Ende Ihres Gesprächsbeitrages nicht wieder absackt. Werden die letzten Worte nur noch gemurmelt, kann der dadurch vermittelte Eindruck von Unsicherheit auf Ihren ganzen Gesprächsbeitrag übertragen werden.

1. Sprechübung, natürlich mit Kassettenrecorder:
(nach Scheerer 1)
Wenn wir sprechen, wollen wir etwas Bestimmtes erreichen. Das schaffen wir nur, wenn wir verstanden werden.
Verstanden werden wir nur, wenn die anderen zuhören.

Sie hören oft nicht freiwillig zu, sondern aus Höflichkeit, auch aus mehr oder weniger großem Interesse.
Wenn das Zuhören nicht leicht gemacht wird, schalten sie ab.
Es gibt viele Gründe dafür, abzuschalten:
Die Stimme ist zu leise, zu zaghaft, zu undeutlich, zu schnell oder zu monoton. Es gibt Störungen wie Nebengeräusche, schlechte Luft usw.
Wenn die Zuhörenden abschalten (was wir oft nicht merken), werden wir nicht verstanden.
Dann können wir nicht erreichen, was wir wollen.
Nur wenn wir verstanden werden, legen wir die Grundlage zu dem, was wir erreichen wollen.
Wie wir sprechen, ist oft entscheidend für die Wirkung. Wie wir sprechen, ist oft entscheidender als das, was wir sprechen.
Darum: Sprechen wir überzeugend – für uns und aus uns!

Nun, haben Sie es probiert? Wenn Sie Ihre Stimme das erste Mal gehört haben, ist sie Ihnen sicherlich sehr fremd vorgekommen. Durch die besondere Akustik innerhalb des Schädels hören wir unsere eigene Stimme anders. In der Wiedergabe werden außerdem alle Schwankungen und Klangfarben deutlicher.

2. Sprechübung mit Kassettenrecorder
Üben Sie zum Spaß immer wieder, im Brustton der Überzeugung "Ausrufezeichen-Sätze" zu sprechen. Die fallen nämlich den meisten Frauen besonders schwer!
"Davon bin ich fest überzeugt!"
"Ich kann heute keine Überstunden machen!"
"Diese Angelegenheit ist für uns alle wichtig!"
"Dagegen müssen wir uns unbedingt wehren!"
"Meine Leistungen rechtfertigen eine Gehaltserhöhung!"
Achten Sie darauf, dass Ihre Stimmführung überzeugend und sicher, weder piepsig noch aggressiv ist.

Bei den Übungen mit dem Kassettenrecorder können Sie zugleich überprüfen, ob Sie deutlich sprechen oder z. B. Silben verschlucken. Deutlich sprechen heißt, für die Zuhörenden so zu sprechen, dass die Artikulation eindeutig und mühelos aufnehmbar ist. Aber Vorsicht, nicht übertreiben, sonst wirkt die Sprechweise affektiert. Sind Sie mit Ihrer Betonung insge-

samt zufrieden? Da haben wir Frauen nämlich gegenüber den Männern den Vorteil, dass wir variationsreicher intonieren.
Wenn Sie meinen, Ihre Betonung könne ausdrucksvoller sein – haben Sie vielleicht Angst zu übertreiben? Vielen Erwachsenen ist im Laufe der Zeit die ursprüngliche lebhafte Stimmführung abhanden gekommen. Außerdem können offiziöse Redesituationen dazu verführen, nun besonders gewichtig und ernst zu sprechen. Bei einigen Menschen schlägt der Stress auch auf die Stimmführung. Denken Sie daran, wie gekonnt Sie betonen, wenn Sie mit einer guten Freundin diskutieren oder auch Kindern ein Märchen

3. Sprechübung mit Kassettenrecorder
Suchen Sie sich Texte mit viel wörtlicher Rede und lesen Sie ausdrucksstark vor. Betonen Sie so stark, dass Sie das Gefühl haben, nun zu übertreiben. Kontrollieren Sie mit dem Recorder. War es wirklich übertrieben? Wahrscheinlich nicht. Diese Erfahrung mache ich jedenfalls bei Leseübungen in Seminaren, dass die meisten Menschen erstaunt sind, wie viel mehr Ausdruckskraft ihrer Stimmführung gut tut.

Machen Sie genügend Pausen?

Viele Menschen machen u. a. deshalb zu wenig Pausen, weil sie die Erfahrung gemacht haben, dass eine Pause häufig dazu missbraucht wird, die Sprechende oder den Sprechenden zu unterbrechen. Menschen, die sehr schnell und womöglich mit wenig Pausen sprechen, überfordern die Zuhörenden jedoch genauso wie diejenigen, die zu leise sprechen.

Pausen haben unterschiedliche Funktionen:

- Sie geben Ihnen Gelegenheit, Luft zu holen.
- Sie geben den Zuhörenden Gelegenheit, Ihre Aussagen zu überdenken. (Besonders wichtig, wenn Sie viele neue Informationen bringen.)
- Sie selber haben Gelegenheit, die nächsten Gedanken anzuvisieren.
- Ihr Redebeitrag wird in überschaubare Abschnitte gegliedert.
- Pausen können Aufmerksamkeit erwecken und Spannung erzeugen.

Es ist Ihnen bestimmt schon einmal so vorgekommen, dass Sie auf der Suche nach dem anschließenden Gedanken eine Ihnen endlos erscheinende Pause machten. Für die Zuhörenden jedoch war dies mit großer Wahrscheinlichkeit nicht unangenehme, sondern wurde dankbar als Überdenkgelegenheit genommen (s. auch Kapitel Versprecher, Steckenbleiben).

Pausen kommen den Sprechenden meist länger vor als den Zuhörenden.

Eine Denkpause für die Zuhörenden, z. B. nach einem wichtigen Gedanken, sollte mindestens vier Sekunden dauern.

Letzte Sprechübung mit Kassettenrecorder

Halten Sie einen Kurzvortrag von zwei bis drei Minuten zu einem der folgenden Themen:

- An meiner Arbeit mag ich besonders ...
- An meiner Arbeit mag ich gar nicht ...
- Eine Aufgabe, die ich gut bewältigt habe.
- So verwende ich einen Lottogewinn: ...

Achten Sie wieder auf eine kräftige, ausdrucksstarke Stimmführung, adäquate Pausen, unangebrachte Fragezeichen-Stimmführung.

Wiederholen Sie, wenn Sie nicht zufrieden sind.

Bitte heben Sie diese Übungen auf, Sie brauchen Sie für das Kapitel Sprachverhalten von Frauen.

Schwerwiegende Stimmprobleme

Wenn Sie sich z. B. oft und leicht heiser sprechen oder größere Probleme mit der Atmung haben, sollten Sie ärztlichen Rat einholen. Eine Kollegin von mir sprach sich häufig so stockheiser, dass sie einige Tage gar nicht mehr sprechen durfte. In unserem Beruf natürlich ein besonderes Schrecknis. Ihr Arzt überwies sie zu einer Logopädin und nach einem entsprechenden

Trainingsprogramm mit Atem- und Sprechübungen hat sie heute keine Probleme mehr.
Haben Sie hingegen bei der Analyse Ihrer Übungsreden festgestellt, dass sich kleinere Sprechunarten, wie z. B. das Verschlucken von Silben, eingeschlichen haben, können Sie dies wahrscheinlich durch gezieltes Üben mit dem Kassettenrecorder abbauen. Zahlreiche Hinweise für Sprechübungen, aber auch nützliche Atem- und Entspannungsübungen finden Sie in der Fachliteratur, z. B. bei Rüdenauer.

Sprechen Sie mit Dialekteinfärbung?
Seminarteilnehmerinnen und -teilnehmer äußern immer wieder in Seminaren, dass sie sich durch ihren Dialekt gehandikapt fühlen. Frauen scheint dies besonders zu beschäftigen. Jedenfalls zeigen amerikanische Forschungsergebnisse, dass Frauen zu einer "überkorrekten" Sprache neigen und sorgfältig jeden Anklang von Dialekt zu vermeiden suchen (Dowling). Ein solches Vermeiden von mundartlichen Anklängen ist meist mit einer starken zusätzlichen Konzentration verbunden. Ist dies nötig, wirkt die Dialektfärbung negativ auf Zuhörende? Überlegen Sie selber, liebe Leserin: Wirkt ein Dialekteinschlag oft nicht gerade im Gegenteil sympathisch? Der Dialektklang kann durchaus zur Persönlichkeit einer Sprecherin oder eines Sprechers gehören. Störend wirkt Dialekt nur dann, wenn die allgemeine Verständlichkeit beeinträchtigt wird. Seien es Begriffe, die es im Hochdeutschen nicht gibt, oder grammatikalische Abweichungen. Nur wenn Sie Ihren heimatlichen Dialekt sehr stark ausgeprägt sprechen und über die Grenzen dieses Sprachkreises hinaus aktiv sind, sollten Sie intensiver das Hochdeutsche verwenden. Wenn Sie sich nicht sicher sind, ob Ihre Dialekteinfärbung zu Verständnisproblemen führt, fragen Sie Bekannte, Kolleginnen oder Kollegen, die nicht aus Ihrer Heimat stammen. So gewinnen Sie einen Eindruck, ob Ihr Dialekteinschlag zu Verständnisschwierigkeiten führt oder nicht. Werden Sie problemlos verstanden, dann behalten Sie Ihren Dialektklang bei. Jutta, eine temperamentvolle Münchnerin, war ganz verblüfft und erleichtert, dass alle Seminarteilnehmerinnen übereinstimmend meinten, die münchnerische Dialekteinfärbung passe gut zu ihr und wirke sehr charmant. Akzeptieren Sie daher einen Anklang von Dialekt als zugehörig zu Ihrer Persönlichkeit.

Exkurs: Sprechen mit Mikrofon

Auf Malta ist ein Labyrinth (Hypogäum) erhalten, das aus der Zeit einer mutterrechtlich orientierten Megalithkultur stammt. Das Labyrinth war ein religiöses Zentrum, in dem z. B. Priesterinnen das Orakel sagten. In einem Raum gibt es ein Schallloch, durch welches in einen angrenzenden Raum gesprochen werden kann. Dies auszuprobieren gelingt jedoch nur Besuchern, nicht Besucherinnen: Das Schallloch muss so konstruiert sein, dass es nur die Schwingungen von Männerstimmen zum Klingen bringt. Warum dies ausgerechnet in einer mutterrechtlichen Kultur so war, darüber spekulieren Forscherinnen und Forscher bis heute (Hinweis von Marianne und Harald Braem). Eine moderne Parallele können Mikrofone sein. Weibliche Abgeordnete forderten im Bundestag, dass die Mikros für die Frauen etwas dunkler gestellt werden. Offenbar sind die Frequenzbereiche der Mikrofone auf Männerstimmen ausgerichtet. Und offenbar können "schrille" Stimmen auch durch Technik produziert werden ...

Sollten Sie also mit Mikrofon sprechen, achten Sie darauf, dass es Ihrer Stimmlage entsprechend eingestellt wird. Wenn dies z. B. bei der Herstellung von Werbespots gang und gäbe ist, warum soll es dann nicht für Sie und generell für Sprecherinnen möglich sein?!

Fazit:

- Achten Sie auf eine selbstsichere Stimmführung.
- Bitten Sie Vertrauenspersonen um Rückmeldung.
- Üben Sie mit dem Kassettenrecorder.
- Diktieren Sie als zusätzliche Übung ab sofort mit ausdrucksvoller Stimme.

Fazit Körpersprache:

Jede Haltung des Körpers beeinflusst die innere Haltung, die Einstellung, die psychische Befindlichkeit mit – und umgekehrt. Welche Folgen hat es für die Psyche von Frauen, wenn ihnen von klein auf beigebracht wird, möglichst wenig Raum zu beanspruchen, einengende und unsichere Sitzhaltungen einzunehmen, damenhaft unsicher zu stehen, bescheiden den Blick zu senken, leise zu sprechen? Wir werden weitgehend, wie wir werden sollen. Und bereits bei der Körpersprache wird deutlich, dass ein Ausbrechen aus dieser Normierung herbe Sanktionen zur Folge haben kann. Bewusste und unbewusste Konflikte von Wollen und Nicht-Dürfen, von Wollen und Sich(nicht mehr)-Zutrauen sind vorprogrammiert. Wenn wir Frauen diese Zusammenhänge nicht durchschauen, sind Gefühle der Zerrissenheit und Identitätsprobleme die Folge. Obwohl vieles an der Körpersprache tief eingeschliffen ist, lassen sich dennoch Verhaltensweisen verändern. Gerade wegen der Wechselwirkung von Körperhaltung und innerer Haltung ist ein bewusster Umgang mit Körpersprache eminent wichtig – gerade für uns Frauen!

Nehmen Sie Empfehlungen, wie z. B. für sicheres Sitzen und Stehen, angemessen lautes Sprechen, Blickkontakt usw., Stück für Stück in Ihre Verhaltensmuster auf. Bei einigen Punkten wird dies nicht so schnell gelingen, bei anderen werden Sie staunen, wie schnell es geht. Und wie gut Ihnen diese Veränderung tut. Die sicheren, ruhigen Signale des Körpers beeinflussen Gedanken und Gefühle, verändern das Selbstbild. So wird Stück für Stück die alte, überholte Programmierung revidiert.

Daher: Kopf hoch und viel Vergnügen bei dieser erfahrungsreichen Entdeckungsreise!

Sprache und Sprachverhalten

Sprechen Frauen anders?

Haben Sie Ihre Kurzvorträge aus dem Kapitel über Stimmführung aufbewahrt? (Sprechübung 4)
Bitte, hören Sie sich diese noch einmal an und achten Sie darauf, wie oft Sie einschränkende Wendungen bringen. Z. B.:
- eigentlich, vielleicht, ein bisschen, scheinbar, etwa, ungefähr, vermutlich,
- ich glaube, ich denke, ich meine,
  ich würde meinen, ich möchte behaupten, ich würde sagen,
- man könnte sagen, man würde meinen.
- Mein Eindruck ist ...
- Könnte es nicht sein, dass ...
- Es scheint mir, dass ...

Hebt sich Ihre Stimme fragend am Satzende, obwohl Sie keinen Fragesatz, sondern einen Aussagesatz formuliert haben?
Solche Sätze können von einem nachgestellten "Nicht wahr?" oder "Oder nicht?" begleitet sein.
Was können diese einschränkenden Wendungen, in Fragen verkleidete Aussagen den Zuhörenden suggerieren? Die Gefahr ist groß, dass sie Unsicherheit heraushören, ferner eine gewisse diffuse Unbestimmtheit, Unverbindlichkeit. Die Ernsthaftigkeit der Aussage wird eingeschränkt.
Wenn Sie, liebe Leserin, einschränkende Wendungen in Ihren Aussagen häufiger finden, so entspricht dies Trends, die in der Sprache von Frauen festzustellen sind. Die ersten Untersuchungen darüber kamen aus den USA. Außer den eben beschriebenen Mitteln zur Abschwächung von Aussagen stellte eine Sprachforscherin auch noch eine Vorliebe für "leere", z. T. auch übertreibende Adjektive fest, wie z. B.:
- herrlich, wahnsinnig, phantastisch, toll, schrecklich.

Bitte sehen Sie sich noch einmal das Beispiel von Beate aus dem Kapitel Mimik an (s. S. 36). In diesem Beispiel vermitteln sowohl die Körpersprache, die Stimmführung wie auch die Wortwahl (einschränkende Wendungen, leere Adjektive), dass die Sprecherin nicht sehr ernsthaft hinter dem steht, was sie sagt.

Natürlich gibt es Situationen, in denen Frauen wie Männer ihre Aussagen abschwächen, weil sie ihre Meinung nicht völlig deutlich werden lassen wollen oder können. Dies kann ganz unterschiedliche Ursachen haben, kann mit Taktik oder Machtstrukturen in Zusammenhang stehen.
Insgesamt neigen Frauen zu einer vorsichtigeren Ausdrucksweise als Männer. Wir neigen dazu, vor klaren, eindeutigen Aussagen zurückzuschrecken. Durch die Art unseres Sprechens sorgen wir dafür, wie wir wirken, sorgen dafür, dass etwas geschieht oder nicht geschieht.
Sprache und Sprechweise können unterschiedliche Schichtzugehörigkeit und unterschiedliche Machtpositionen widerspiegeln. Die hier kurz skizzierte Art des Sprechens von Frauen spiegelt zudem ihren Status in unserer Gesellschaft wider. Und entlarvt zugleich erneut eine "Double-bind"-Situation. Denn, liebe Leserin, wir Frauen wissen nur zu genau, dass wir keineswegs auf begeisterte Zustimmung stoßen, wenn wir gut argumentieren, selbstsicher und selbstbewusst auftreten, wenn wir Standpunkte vehement vertreten. Wie unweiblich, wie undamenhaft! Nicht nur viele Männer haben da schnell die so wirksamen Stempel: "Mannweib", "Emanze" usw. bei der Hand. Es ist eine höchstwirksame Strategie über Infragestellen der weiblichen Identität, zugleich mit Abwerten und Lächerlichmachen Frauen im gewohnten Rahmen zu halten. Denn, s. o., Frauen, die vorsichtig und bescheiden formulieren, damenhaft und freundlich, abwägend sind – sie haben große Schwierigkeiten, Gehör zu finden, für kompetent und ernsthaft gehalten zu werden.
Welchem Mann wird es übel angekreidet, wenn er selbstbewusst auftritt, wenn er gut argumentiert? Sein männliches Selbstbild wird gewiss nicht in Frage gestellt.

Wenn zwei das Gleiche sagen, ist es noch lange nicht dasselbe!

Frauen haben auch heute noch lange nicht die gleichen Rederechte und Redemöglichkeiten wie die Männer.
In fast allen Situationen, wo Frauen und Männer miteinander sprechen, reden Männer mehr als Frauen. Auch da, wo dies ausnahmsweise nicht der Fall ist, beeinflussen sie Gruppenentscheidungen wesentlich stärker – auch wenn die Frauen bessere Lösungsvorschläge haben. Äußerungen von Männern finden mehr Zustimmungen als Äußerungen von Frauen. Redebeiträge werden häufiger direkt an Männer als an Frauen gerichtet. Die letzten beiden Punkte gelten für Frauen wie für Männer. D. h., dass auch wir Frauen Gesprächsbeiträge von Frauen weniger beachten und ihnen selber als Sprecherinnen weniger Beachtung schenken als den Männern!
In diesen Zusammenhang passt eine Studie, in der amerikanischen Studentinnen und Studenten identische Texte zur Beurteilung vorgelegt wurden. Sie unterschieden sich nur durch den weiblichen/männlichen Autorinnen- bzw. Autor-Namen. Die Texte, die scheinbar von Männern stammten, wurden besser beurteilt …
Haben Sie sich schon mal gefragt, liebe Leserin, warum Ihre Wortbeiträge so oft zunächst scheinbar wirkungslos verpuffen? Warum Ihr Lösungsvorschlag ungehört unterging, während der gleiche Vorschlag, einige Zeit später von einem Mann eingebracht, Gewicht bekam und diskutiert wurde? Ahnen Sie, dass Ihre Selbstzweifel, Ihre Fragen, ob Sie zu früh waren mit Ihrem Vorschlag, ob Sie deutlicher hätten formulieren müssen oder im Gegenteil vorsichtiger, müßig waren? Denn mit großer Wahrscheinlichkeit sind Sie dem "Männerbonus" in Diskussionen aufgesessen. (Wagner 2) Als kompetent und wichtig aufgenommen werden Gesprächsbeiträge nicht wertneutral, sondern geschlechtsabhängig.
Sehr nachdenklich stimmt, dass dieser große Einfluss der Männer zu einem Qualitätsverlust des zu erarbeitenden Gruppenergebnisses führt. Die Lösungsvorschläge, Kompetenzen, kreativen Ideen der beteiligten Frauen werden nicht entsprechend berücksichtigt – zum Schaden des gesamten Arbeitsergebnisses. Wie viel ungenutztes Potential geht da unserer Gesellschaft, unserer Wirtschaft und unserer Politik verloren. Dies beklagt auch der amerikanische Nobelpreisträger und Wirtschaftstheoretiker Samuelson als Vergeudung weiblicher Ressourcen.

Die Regel: männliche Gesprächsbeiträge werden als kompetent, weibliche als nicht so wichtig aufgenommen, gilt auch, wenn Frauen das Wort ergreifen, die einen relativ hohen Status erreicht haben. D. h., dass Frauen, gleich ob statushoch oder statusniedrig, es viel schwerer haben, in der Diskussion erfolgreich zu sein. Auch durch Kompetenz, Leistung und Status ist der Männerbonus kaum wettzumachen.
Wenn Sie sich zwischendurch gefragt haben, liebe Leserin, ob die Tatsache, dass Frauen weniger Gehör finden, an deren Neigung zu einer vorsichtigeren Ausdrucksweise liegt und damit die Frauen mal wieder selber Schuld haben – nun, so zeigt sich spätestens hier, dass das Thema auch eine sehr gewichtige gesellschaftspolitische Komponente hat.
Bevor wir uns mit den möglichen Konsequenzen beschäftigen, wollen wir uns das Gesprächsverhalten von Frauen noch genauer ansehen. Denn nach den bisher betrachteten Forschungsergebnissen und Überlegungen besteht die Gefahr, die Sprechweise von Frauen nur als weniger effizient, weniger durchschlagend und damit als "schlechter" als die im wahrsten Sinne des Wortes vorHERRSCHENDE Sprache zu sehen.
Das würde heißen, dass wir, wollen wir gehört werden, uns völlig den männlichen Sprachstandards anpassen müssten. Womöglich gar dem Rat einer amerikanischen Image-Beraterin folgen müssten und in männlichen Metaphern reden. Sie empfiehlt ein paar kriegerische Ausdrücke:

"gerüstet", "bis an die Zähne bewaffnet", "bis zum letzten Blutstropfen" (Blick durch die Wirtschaft, 19.10.84).

Wahrscheinlich schütteln Sie genauso den Kopf wie ich. Aber von solchen extremen "Ratschlägen" abgesehen – die wenigsten Frauen finden es erstrebenswert, den männlichen Redestil in toto nachzuahmen.

Frauen untereinander verdrehen in offenen Gesprächen häufig die Augen über verbales männliches Imponiergehabe, das oft von Frauen als weitschweifig und abstrakt empfunden wird. "Wenn ich manchmal den Gesprächen von Männern zuhöre, dann habe ich das Gefühl, dass die sich weitschweifender unterhalten über Dinge, die mir vollkommen klar sind", meint eine Regierungsamtfrau (Edding, S. 17).

Dr. Elisabeth Schwarzhaupt, 1961–1966 Bundesministerin für das Gesundheitswesen, charakterisiert ihre Gefühle als einzige Frau in einem Kabinett von Männern wie folgt: "Als Frau habe ich oft in einem Kreis von Männern das Gefühl, man spreche eine Fremdsprache, eine Sprache, die ich gelernt habe, die ich verstehe und spreche, aber eben nicht ganz meine eigene. Wenn ich dagegen in einem Kreis von Frauen bin, z. B. im Vorstand eines Frauenverbandes, in dem der Verlauf von Aussprachen kaum ein anderer ist, in dem ungefähr die gleichen Regeln gelten, ähnliche Themen behandelt werden, fühle ich mich mehr zu Hause. In einer ganz schwer zu beschreibenden Weise ist man als Frau in einem Gremium von Männern in der Fremde. In der Politik geht es um Macht, oft um Kampf. Vielleicht haben wir Frauen ein anderes Verhältnis zur Macht und zum Kämpfen. Ich sage: ‚Vielleicht', denn ich weiß nicht, wie weit meine Erfahrung individuell ist und wieweit sie für die Mehrheit der Frauen gilt." (Metzler 228)

Ob die Mehrheit der Frauen so empfindet wie Frau Schwarzhaupt, darüber gibt es meines Wissens keine Untersuchungen. Mein Eindruck aus Frauenseminaren und Gesprächen ist, dass sehr viele Frauen das Sprachgebaren der meisten Männer ähnlich als anders und fremd empfinden wie Frau Schwarzhaupt.

Woran sich das weibliche Unbehagen am Sprechstil der Männer entzünden kann, darüber hingegen geben mittlerweile zahlreiche Untersuchungen Auskunft:

Männer bestimmen stärker das Thema der Diskussion.

Sie reden lauter und bestimmter, auch da, wo sie sich nicht sicher sind …

Sie erheben öfter Einwände, unterbrechen andere öfter und setzen sich damit durch, ziehen eher die Aufmerksamkeit auf sich.

Männer berühren Frauen eher als diese umgekehrt sie (außer beim Sex).
Männer starren Frauen eher an, während Frauen eher die Augen niederschlagen.
Männer lächeln weniger als Frauen,
nennen Frauen eher beim Vornamen,
machen eher Witze, über die Frauen – ebenso wie Untergebene – häufiger lachen.
Männer beherrschen (bewusst oder unbewusst) ein breites Spektrum von Dominanzstrategien. Eine Auswahl: Verweigerung von Antworten, Abwertung von Gesagtem durch negative Definition der Gesprächspartnerin (überzogen, Emanze usw.), Lächerlichmachen ("Aber gnädiges Fräulein ...").
Dass auch Status, wie bereits gesagt, nicht vor solchen netten, subtilen Gemeinheiten schützt, davon wissen auch die weiblichen Abgeordneten im Parlament ein Lied zu singen. Denn wenn eine Parlamentarierin ans Pult tritt, nehmen die Zwischenrufe an Qualität ab, an Quantität hingegen zu. Während zwei Männer (bei gleicher Redezeit) ohne Zwischenrufe sprechen konnten, erhielten die Frauen in der gleichen Zeit 26 Zwischenrufe. Diese reichten von "Küsschen, Küsschen", über "Zur Sache, Schätzchen" bis hin zu "Sie sehen besser aus, als Sie reden". Gar von einem Minister musste sich eine Abgeordnete sagen lassen, an ihr nage der Zahn der Zeit ganz schön ... (FR 22.9.84). Abgesehen von der Unverschämtheit – stellen Sie sich solche Zwischenrufe einmal umgekehrt auf Männer gemünzt vor, das wäre schlicht undenkbar – haben Zwischenrufe wie häufige Unterbrechungen in Gesprächen nicht nur Methode, sondern auch ein Ziel.
Zwischenrufe und Unterbrechungen in der eben beschriebenen Form haben die Funktion, Sprechende zu verwirren, zu verunsichern, zu verletzen und lächerlich zu machen. Zwischenrufe der beschriebenen Art in gehäufter Form unterbrechen den Gedankenfluss der Sprechenden, sie lenken die Zuhörenden ab und suggerieren ihnen, dass das, was gesagt wird, nicht ernst zu nehmen sei. Zwischenrufe kosten Redezeit. Sie kosten Energie. Sie lenken ab. Zwischenrufe in dieser Form sollen die Sprechende am Reden hindern, sie soll kein Gehör finden, sie soll nicht erfolgreich reden können, weil nicht sein kann, was nicht sein darf ...
Mädchen, die reden, und Hühnern, die krähen, soll man (!) beizeiten die Hälse umdrehen, heißt es volkstümlich.

Natürlich erhalten auch Männer Zwischenrufe und, je nach Situation, auch solche, die unter die Gürtellinie gehen. Aber diese sind nicht wie bei Frauen auf das Aussehen, das Alter, die Kleidung, die Tatsache des Mannseins abgestimmt. So wurde eine Abgeordnete im Bundestag gefragt, ob sie einen Büstenhalter trage – welcher Frau würde es einfallen, einen Abgeordneten zu fragen, ob er Schießer weiß taillenhoch oder Minislip trage? Sich so intensiv mit Zwischenrufen zu beschäftigen, ist aus meiner Sicht wichtig, weil sie eine ähnliche Funktion haben wie Unterbrechungen. Und Männer unterbrechen Frauen häufiger als umgekehrt. Beides sind Dominanzsignale, mit denen Macht demonstriert und das Rederecht von Frauen eingeschränkt wird.

Die Ergebnisse, die die Sprachwissenschaft – meist Wissenschaftlerinnen – zusammenträgt, sind für Frauen sicherlich frustrierend, können Wut und Angst erwecken. Sie sind aber kein Grund zur Resignation, wie wir noch sehen werden. Männer reagieren, konfrontiert mit diesen Ergebnissen, auch nicht gerade gelassen. Wenn sie sich nicht überhaupt der Auseinandersetzung mit dem Thema verweigern – oft mit der uns nun schon bekannten Vorgehensweise des Herabsetzens und Lächerlichmachens – "spinnerter Emanzenkram" –, so fühlen sie sich leicht persönlich auf die Zehen getreten. Ein Hamburger Sprachwissenschaftler, der sich vorwiegend mit geschlechtsspezifischer Sprache beschäftigt, fühlte sich in seinem Seminar gelegentlich durchaus als Mann angegriffen. Wie mögen da erst Nicht-Experten reagieren? Die Abgeordneten des hessischen Landtages jedenfalls erschienen überwiegend nicht zu einem Vortrag über die "Sprachliche Diskriminierung der Frau". Einige äußerten sich pikiert über das mutmaßliche "Tribunal", das sie fürchteten.

Halten wir zunächst fest, dass das Thema "Männersprache" für die meisten unserer Gesprächspartner ein heikles Thema ist, bei dem wir mit Abblocken und Emotionen rechnen müssen. (Dies deckt sich auch mit meinen Erfahrungen, sowohl in gemischten Seminaren, wo schon vorsichtiges Antippen die Veranstaltung an die Grenze des Kippens bringen kann [!], als auch in Besprechungen in Firmen, wenn es um Seminare speziell für Frauen geht.)

Bisher haben wir uns weniger mit der Sprache von Frauen beschäftigt, zunächst nur die Neigung zu einer vorsichtigeren Ausdrucksweise festgestellt.

Dabei kann das fragende Anheben der Stimme am Satzende, eventuell verbunden mit z. B. einem "Nicht wahr?", aber auch den Sinn haben, den oder die Gegenüber zum Sprechen, zum Antworten zu veranlassen. Da Frauen es schwerer haben, gehört zu werden, ihre Themen durchzubringen, ist dies eine (unbewusste) Vorgehensweise, die Reaktionen erheischt. Zu unterscheiden sind also Aussagen, die mit einem fragenden Anheben der Stimme entwertet werden und Aussagen, die durch die fragende Form eine Antwort sicherstellen sollen.

Zum Gesprächsstil von Frauen

Außerdem stellen Frauen mehr Fragen, stimmen öfter zu, nicken häufiger, wenden sich im Gespräch häufiger an Einzelne (Männer). Frauen halten die Konversation aufrecht, sie hören zu, sie nehmen Anteil. Frauen zeigen ein unterstützendes Sprachverhalten.

Da wir Frauen aber kaum die Früchte unserer Bemühungen ernten können, hat eine führende deutsche Sprachforscherin, Senta Trömel-Plötz, für dies unterstützende Sprachverhalten die weniger feine, aber sehr zutreffende Bezeichnung "konversationelle Dreckarbeit" kreiert.

Doch bleiben wir bei einer positiven Bezeichnung eines der wenigen männlichen Sprachforscher auf diesem Gebiet, Fritjof Werner. Er bezeichnet das weibliche Rederegister als lebendiger und verständlicher als bei Männern. Frauen schaffen durch Redebeiträge auch menschliche Beziehungen, die Männer während ihrer Äußerungen oft nicht beachten. Im Gegensatz zu Frauen nehmen Männer die Kernaussagen der Redebeiträge, die sie hören, oft thematisch nicht wahr und nicht auf. Wenn sie die Redebeiträge aufnehmen, ist es für Männer mehr ein Abweichen von der eigenen (richtigen) Sichtweise als eine inhaltlich verschiedene Position. So kommt es, dass Männer oft nur scheinbar über das Gleiche reden. Wegen der mangelnden Aufnahme der Kernaussagen brauchen sie die Ansicht von Gesprächspartnerinnen oder Gesprächspartnern nicht wirklich kennen zu lernen. So bezieht sich ein Mann z. B. absichtlich auf nebensächliche Teile eines Redebeitrages oder nimmt wörtlich, wo es auf die "Verpackung" – z. B. den Tonfall – ankommt. Oder er verändert bei Gebrauch ähnlicher Worte die Bedeutung eines vorangegangenen Aspektes. Dadurch wird eine Klärung der unterschiedlichen Auffassungen des Themas nicht erreicht – das Gespräch geht aneinander vorbei.

Männer streben danach, den Kontakt zu Gesprächspartnerinnen und Gesprächspartnern auf einem unverbindlichen, neutralen Niveau zu halten. Gleiten Männer, gerade durch die Gesprächsbeiträge von Frauen, von diesem Niveau ab, versuchen sie, "verbal zu neutralisieren". Dies kann z. B. durch Distanzierung oder Ignorierung zu den beziehungsmäßigen Auswirkungen vorangegangener Redebeiträge geschehen. Mit dieser "verbalen Neutralisierung" schützen sich Männer einerseits davor, in die Lage zu geraten, dass ihr Selbstwertgefühl abhängig von der Anerkennung ihrer Gesprächsbeiträge wird. Andererseits eignet sich dieser Stil dazu, sich in gemischten Gruppen leichter als Frauen durchsetzen zu können. Nicht

zuletzt ist es "eine unauffällige, wenig aufwändige und systematisch anwendbare Möglichkeit für Männer, das Selbstwertgefühl von Frauen im Gespräch abzuwerten" (Werner, 199).
Aufgrund der vorherrschenden Bewertungen – Männer reden demnach sachlich, Frauen gefühlsbetont und auf andere eingehend – fehlt Frauen die öffentliche Anerkennung, derer sich die scheinbar rationalen Männer sicher sein können. Daher können Frauen stärker als Männer darauf angewiesen sein, dass die Auswirkungen auf menschliche Beziehungen, die andere Redebeiträge haben, sowie die Konsequenzen ihrer eigenen Redebeiträge ernst genommen werden. Wie wir gesehen haben, ist dieses Ernstgenommenwerden keineswegs die Regel …
Frauen nehmen also anders als Männer die thematische Position anderer Gesprächspartnerinnen und Gesprächspartner wahr. Sie verfolgen während eines Gespräches die Unterschiede in den Ansichten, das Gegeneinanderstellen von Positionen. Bedrohlich kann dies für Frauen werden, wenn sie zeigen, dass ihnen ein kritischer Beitrag etwas ausgemacht hat und sie sich auf die Anerkennung ihrer Reaktion angewiesen fühlen. Wichtig scheint mir, diesen Mechanismus zu erkennen und sich klar zu machen, dass die Welt nicht untergeht, wenn wir diese Anerkennung, wie es nicht zuletzt durch die Strategie der verbalen Neutralisierung geschieht, nicht bekommen …
Das Verfolgen der thematischen Positionen durch die Frauen kann zur Entwicklung eines kooperativen Stils führen. Dies ist nun endlich mal eine Eigenschaft, die zu den wenigen gesellschaftlich anerkannten weiblichen Fähigkeiten gehört! Dieser kooperative Stil wird zum Beispiel angewendet, wenn sich die Unvereinbarkeit der Ansichten deutlich abzuzeichnen beginnt. Dabei kann ein Hinführen zu grundlegenden Gemeinsamkeiten verbunden sein mit einer ganz geringfügigen Bestätigung einer anderen Meinung. (Vielleicht sind Frauen weniger mit dem Dogma der Unfehlbarkeit belastet als Männer?!)
Dieses Bemühen, eine heftige Auseinandersetzung zu vermeiden, wird nun von Fritjof Werner dadurch begründet, dass Frauen sich durch diese Auseinandersetzung auch als Person in Frage gestellt fühlen, weil sie sich weniger distanziert als Männer an einem Gespräch beteiligen. Ob Werner nur fruchtbare heftige Auseinandersetzungen erlebt hat? Da kommt es ja wohl auch stark auf Thema und Zielsetzung eines Gespräches an. Das Vermeiden dieser direkten Gegenüberstellung von mit Gefühlen verbundenen Positionen wird von Werner als "Drumherumreden" der Frauen cha-

rakterisiert. Aha! Bleiben wir bei der positiven Seite und nennen wir diese Fähigkeit weiter Kooperationsvermögen. (Über die Neigung von Frauen, in einigen Situationen um den heißen Brei herumzureden und deren Ursachen s. Kap. Selbstsicherheit.)

Dennoch meint Werner, dass die gemeinsame Entwicklung eines Themas im Gespräch zwischen Frauen und Männern vom weiblichen Gesprächsstil besser gewährleistet werden kann. Frauen beobachten mehr als Männer, ob die Gesprächsteilnehmerinnen und Gesprächsteilnehmer beim Thema bleiben, thematisieren selber die unterschiedlichen Ansichten. Sie seien eben kooperativer als Männer, die sich bei Missklängen rasch vom Thema distanzieren, indem sie nur ihre eigene Sichtweise für die richtige halten.

Interessant ist in diesem Zusammenhang eine amerikanische Untersuchung, die die Problemlösungsfähigkeit von Frauen und Männern vergleicht. Die Probanden wurden in gleichgeschlechtliche Gruppen à drei Personen aufgeteilt. Eine Hälfte der Gruppen sollte so viel Lösungsmöglichkeiten wie möglich finden, die andere Hälfte nur die Vorschläge notieren, die sie für die besten hielt. Was die Menge der Lösungsmöglichkeiten betraf, erwiesen sich die reinen Männergruppen mit im Schnitt 58 gegenüber 47 Antworten bei den Frauen überlegen. Weniger gut waren die Männer jedoch, als es darum ging, konkrete Ergebnisse vorzulegen. Durchweg kamen die reinen Frauengruppen zu ausführlicheren, besser vorgetragenen (!) und kreativeren Lösungen.

"Frauen verwenden in Gruppen einen großen Teil der Zeit darauf, Harmonie herzustellen und dafür zu sorgen, dass jedes Gruppenmitglied in die Diskussion einbezogen wird. Möglicherweise bewirkt dieses soziale Verhalten, dass die erarbeiteten Lösungen besser ausfielen als die der Männer", vermutet die an der Untersuchung beteiligte Psychologin. Ihr Ratschlag: Wenn Menschen, die sich nicht kennen, eine Gruppenlösung erarbeiten sollen, so eignen sich Männer besonders für eine Art Brainstorming-Gruppe. Ist jedoch die QUALITÄT der Lösung ausschlaggebend, sollten Frauen eingesetzt werden (psychologie heute, 12/85, S. 13).

Kooperativität, Wahrnehmen anderer thematischer Positionen, persönliches Engagement – dies sind Eigenschaften, die sich bisher für den weiblichen Gesprächsstil herauskristallisieren. Eine weitere Arbeit, die Frauen einseitig in Gesprächen leisten, da diese nicht erwidert wird, ist die der "unterstützenden Minimalreaktionen". Minimalreaktionen (z. B. mmh, ja, Nicken), die Sprechende unterstützen, sind hochautomatisch. In einer Diskussion zwischen drei Frauen und einem Mann wurden insgesamt 150 dieser Minimalreaktionen abgegeben. Drei davon kamen von dem Mann, während der Mann als Sprecher 75 Minimalreaktionen erhielt (!). Jeweils 20 Minimalreaktionen wurden produziert, während Frau 1 und Frau 3 sprachen, 30 während Frau 2 sprach, deren Status sich dadurch erhöhte, fünf während die Moderatorin sprach. Auch hier zeigt sich wieder deutlich, dass die Aufbauarbeit der Frauen im Gespräch, ihre Investition in die Gesprächsatmosphäre wem zugute kommen? Dem einzigen anwesenden Mann! Frauen geben gewohnheitsmäßig (und unbewusst) mehr derartige Unterstützung an Männer und stabilisieren damit männliches Dominanzverhalten. Noch ein Teufelskreis ... Das Ungleichgewicht wird auch in den Sprechakten, die benützt werden, sichtbar: "Die Frauen geben explizite Unterstützung, indirekte Komplimente, positive Bewertungen an den Mann, er erwidert sie nicht; anstatt dessen modifiziert, korrigiert er, bringt er Einwände, gibt es zu bedenken und weiß natürlich ‚die objektive Wahrheit‘." (Senta Trömel-Plötz, FR 13.7.85)

Nun, liebe Leserin, wenn wir uns die Charakteristika des weiblichen Gesprächsverhaltens ansehen, wird deutlich, dass es ein sehr konstruktiver, kooperativer und menschlicher Gesprächsstil ist.
Dies sind meiner Meinung nach alles Elemente, die Frauen unbedingt beibehalten und pflegen sollten.
Wo wir unseren Sprechstil erweitern sollten, ist in dem Bereich des nachdrücklichen und (selbst)sicheren Argumentierens.
Zwar garantiert der Männerbonus auch dann nicht, dass wir angemessen gehört werden, aber unsere Chancen erhöhen sich mit Sicherheit. Also nicht Anpassung an männliche Standards, sondern Erweiterung des Verhaltensrepertoires. Dies bedeutet schlicht, dass Sie z. B. in einer Diskussionsrunde einen fundierten, gut nachzuvollziehenden Redebeitrag bringen, wenn Sie es wollen. In der Realität sieht es oft so aus, dass Frauen in größeren Runden, zumal wenn sie die einzige Frau sind, sich nicht trauen. Als ob die alte Vorstellung noch gelte, dass für Frauen Schweigen hold sei ... Viele Frauen beherrschen hervorragend die weißen Tasten des Klaviers – aber bei den schwarzen Tasten ist Training nötig. Und meine Erfahrung aus den zahlreichen Frauen-Seminaren ist, dass es leichter ist, argumentieren zu lernen, als persönlich zu sprechen, andere thematische Positionen wahrzunehmen, eine gute Gesprächsatmosphäre zu schaffen, einen kooperativen Gesprächsstil anzuwenden, das Erarbeiten eines Ergebnisses über "Gewinnen" zu stellen ... (s. Kap. Argumentieren).

Was können wir tun, um den "Männerbonus" abzubauen?

Wenn es wirklich so ist, dass wir durch unseren Gesprächsstil stärker auf Anerkennung angewiesen sind, sollten wir mit den darin liegenden Gefahren bewusst umgehen lernen. Damit meine ich nicht, dass wir beginnen sollten, Positionen nur noch abstrakt verallgemeinernd darzustellen. (Aber dies zu können, wenn wir es strategisch für richtig halten – denken Sie an die schwarzen Tasten des Klaviers ...) Eine persönlichere Art des Sprechens macht verletzlicher und kann (unfair) ausgenutzt werden. Wenn wir diesen Mechanismus kennen, können wir mit Analysefähigkeit, Mut und Übung verhindern, dass mangelnde Anerkennung uns verunsichert, in Panik geraten lässt oder mundtot macht.

Erkennen von Mechanismen ist der erste Schritt, um nicht wie eine Marionette an Fäden zu zappeln, zu reagieren, statt bewusst zu agieren.
Es ist bereits von einer ganzen Reihe von (un)bewussten Strategien (Herabsetzen, Lächerlichmachen, Kompetenzanzweifeln usw.) die Rede gewesen, die Frauen verunsichern können. Wir wollen uns einige dieser Strategien genauer ansehen, um die Analysefähigkeit zu schärfen und angemessene Reaktionen zu entwickeln.
Aus den bisherigen Überlegungen und Beispielen ist deutlich geworden, dass, wenn Menschen sich unterhalten, unterschiedliche Ebenen im Spiel sind. Es geht nicht nur um die reinen Sachinhalte, sondern auch um die Beziehung zwischen den Sprechenden.

Verschiedene Ebenen der Kommunikation

Einige dieser Ebenen wollen wir uns nach einem Modell von WATZLAWICK genauer ansehen:

1. Es ist unmöglich, nicht zu kommunizieren.
Kommunikation (Mitteilung, Verständigung) bedeutet nicht nur Worte, sondern auch Art des Sprechens (,Tonfall, z. B. laut, leise, herablassend; Schnelligkeit, Pausen), Mimik (lachend, ernst) und Gestik und Körperhaltung (abwehrend, zugewandt, besitzergreifend, eingeengt). Wenn mindestens zwei Menschen zusammen sind, kommunizieren sie – auch wenn sie nicht sprechen.

2. Jede Kommunikation hat einen Inhalts- und einen Beziehungsaspekt. Der Beziehungsaspekt ist dem Inhaltsaspekt übergeordnet.
Jede Mitteilung, die wir einem anderen gegenüber machen, hat einen Inhalt, ein Thema. Es geht also um Worte, Informationen, Gedanken, Daten, Fakten usw.
Zugleich geht aus der Mitteilung hervor, wie die/der Redende das eigene Verhältnis zum Gegenüber sieht, was die/der Redende von ihr/ihm hält. Dies kann sich in der Formulierung, im Tonfall und in anderen nichtsprachlichen Begleitsignalen zeigen. Für diese Seite der Nachricht hat unser Gegenüber ein empfindliches Ohr, denn hier fühlt sie/er sich in bestimmter Weise behandelt (oder misshandelt).

3. Zwischenmenschliche Kommunikationsabläufe sind entweder symmetrisch (auf gleicher Ebene) oder komplementär (auf ungleicher Ebene).
Symmetrische Beziehung: Beide Partner/-innen gehen von einem ebenbürtigen Verhältnis zueinander aus oder versuchen zumindest, Rang- oder *Statusunterschiede* zu verringern. Sie verhalten sich sozusagen spiegelbildlich.
Komplementäre Beziehung: Die Verhaltensweisen der beiden Partner/-innen stehen in einem Ergänzungsverhältnis. Dies kann sich darin ausdrücken, dass eine(r) viel redet, der/die andere wenig (z. B. Herr – Knecht und, wie wir an vielen Beispielen gesehen haben, Mann – Frau ...).

Beide Beziehungen können ein Gleichgewicht ausdrücken, wenn sie der Beziehungsdefinition der Partner/-innen entsprechen. IST DIES NICHT DER FALL, GIBT ES MISSVERSTÄNDNISSE UND PROBLEME!
Wenn Frauen (und Männer) beginnen, gegen herkömmliche Rollenvorstellungen zu handeln, werden sie meist mit einer Reihe von typischen Argumenten konfrontiert. (Die folgenden Beispiele stammen in leicht veränderter Form von Wagner, Frasch, Lamberti.) Diese Diskussionen laufen auf mehreren Ebenen gleichzeitig ab. Beim Inhaltsaspekt kann es z. B. darum gehen, ob Frauen wirklich weniger beruflich engagiert, passiver sind usw. Daneben läuft aber mindestens genauso wichtig die Ebene des Beziehungsaspektes, z. B.: "Wollen die Frauen uns dominieren?" oder gar "Mögen sie uns Männer nicht mehr?"
Außerdem hat das Ganze noch eine politisch-gesellschaftliche Dimension. Denn wenn es an den Frauen selber liegt, brauchen Männer sich nicht betroffen zu fühlen, müssen sie nichts unternehmen. Wenn der hohe Anteil der Beziehungsebene nicht deutlich ist, so gibt das oft ungute Gefühle, ohne dass frau oder man(n) recht weiß warum.

Häufige Gesprächsmuster zwischen Männern und Frauen – und was dahintersteckt

Sehen wir uns typische "Argumente" näher an, ergeben sich vier große Gruppen:

A) die andere/den anderen nicht ernst nehmen
B) das Problem personalisieren
C) Scheinargumente
D) "die Gretchenfrage"

A) Abwerten, nicht ernst nehmen

1. Lachen. "Was, du gehörst auch zu diesen Emanzen/Feministinnen?" Das Ganze wird als so unwichtig hingestellt, dass es mit einem Lachen beiseite geschoben werden kann. "Das kannst du doch nicht ernsthaft meinen, dass ich den Haushalt übernehme, während du deine Schulung machst?" Wie auch in allen folgenden Beispielen wird die Gesprächspartnerin in die Verteidigungshaltung und in die Rechtfertigung gedrängt. Zugleich signalisiert das Lachen, dass die Frau so wenig ernst genommen wird, dass man nicht wirklich auf sie eingehen braucht. Lachen zeigt aber auch Spannung, Irritation, Beunruhigung!

2. Lächerlich machen. "Zerbrechen Sie sich mal nicht Ihren hübschen Kopf", "Nun seien Sie doch nicht so empfindlich", "Diese hysterischen Weiber".
Hier handelt es sich um eine weitere Stufe des Nichternstnehmens. Denken wir an die Zwischenrufe für weibliche Abgeordnete im Bundestag – wer lächerlich gemacht wird, braucht nicht ernst genommen zu werden, mit ihr/ihm ist keine Auseinandersetzung nötig.
Bedenken Sie: Wer sich über andere lächerlich macht, fühlt sich getroffen und betroffen!

3. Herabsetzen. "Diese emanzipierten Frauen sind doch alle so hässlich und frustriert, dass sie keinen Mann abkriegen." "Wer will schon eine abgehetzte ‚Karrierefrau' als Partnerin?" Frauen, die beruflich erfolgreich sind oder sich für mehr Gleichberechtigung einsetzen, werden schnell abgewertet. Ein Paradebeispiel dafür ist Alice Schwarzer, über die als Symbolfigur in den Medien mehr über ihr Aussehen – unberechtigterweise als unattraktiv – als über ihre Aussagen berichtet wurde. Hinter der Abwertung dieser "Emanzen" oder "Mannweiber" steckt die (drohende) Frage: "So sind Sie doch nicht bzw. so möchten Sie doch nicht sein?" Frauen, die diese Strategie nicht durchschauen, sind einem solchen Frontalangriff auf ihre weibliche Identität ziemlich hilflos ausgeliefert. Moral der Geschichte: Auf diese Weise wird Einigkeit unter Frauen verhindert, die "Extremen", "Verrückten" werden von den "Netten", die möglichst auch noch Ausnahmen sein sollen, getrennt.

Reaktionsmöglichkeiten:
In reinen Männerseminaren (die 90 % meiner Tätigkeit ausmachen) bin ich häufiger zu Seminarbeginn – sozusagen als Rest, "mal gucken, wie sie reagiert" – gefragt worden: Sind Sie eine Feministin? Hier ist die historische Entwicklung meiner Antworten: vor ca. fünf Jahren: "Aber nein, natürlich nicht, aber ich stehe meine Frau." Vor ca. drei Jahren – Heben auf die Sachebene: "Was verstehen Sie darunter?" Heute, je nach Einschätzung der Situation, entweder Sachebene oder leichte Ironie. Mit strahlendem Lächeln: "Selbstverständlich, haben Sie sich das nicht gleich gedacht?" (Vorsicht, Ironie kann gefährlich sein!)
Die letzte Reaktion ist natürlich kein Patentrezept. Sie hat aber bisher bewirkt, dass das Thema vom Tisch war, aber oft abends *ernsthaft* wieder aufgenommen wurde …

Die Frage: "Sind Sie eine emanzipierte Frau?" kann ja auf der Beziehungsebene völlig Unterschiedliches bedeuten.
Je nachdem, wie der Sprechende "emanzipierte Frauen" einschätzt (vernünftig – abstoßend) und wie er die angesprochene Frau einschätzt. So kann diese Frage als "Kompliment" gemeint sein (Gerade SIE sind doch keine ...), bedrohlich wirken (Gehören Sie etwa zu denen?), Neugier ausdrücken (SIND Sie eine emanzipierte Frau?) oder Hoffnung signalisieren ("Sie als emanzipierte Frau können verstehen ...).
Sie verstehen, liebe Leserin, warum ich vor Patentrezepten warne? Zugleich definiert der Fragende die Situation als komplementär (auf ungleicher Ebene, s. das Modell von Watzlawick 3.). d. d., er sieht sich selbst als berechtigt an, eine solche Frage zu stellen und eine Antwort zu erhalten. Eine symmetrische Situation kann die Befragte herstellen, indem sie zum Beispiel eine Gegenfrage stellt: "Warum interessiert Sie das?" oder "Was verstehen Sie unter einer emanzipierten Frau?" oder "In welchem Zusammenhang steht Ihre Frage mit unserem Gesprächsgegenstand?"
Leider gar nicht selten kommt es vor, dass die Frage so gestellt wird, dass, was immer die Frau auch antwortet, es ihr in jedem Fall negativ ausgelegt werden kann. Eine unemanzipierte Frau ist dumm, eine emanzipierte hysterisch. Hier liegt eine so genannte Doppelbindung vor, eine Form der Paradoxie, die sich

selber unmöglich macht. So z. B. bei der Aufforderung: "Sei spontan!", weil eine spontane Handlung infolge einer Aufforderung eben nicht mehr spontan ist.
Die Befragte kann unterschiedlich antworten. Sie kann die Beziehungsdefinition akzeptieren, sie kann sie verwerfen (z. B. indem sie widerspricht) oder sie kann sie entwerten (z. B. durch Ignorieren oder Ironie).
Da, wie wir an diesem ausführlichen Beispiel gesehen haben, hinter einer Frage die unterschiedlichsten Motive auf der Beziehungsebene vorhanden sein können, ist mit spontanen Reaktionen oft Vorsicht geboten. Oft empfiehlt es sich, durch eine (vorsichtige) Frage zu klären, welche Beziehungsaspekte mitschwingen. Damit kann zugleich wieder die gleichberechtigte Kommunikationsebene hergestellt und evtl. auch eine vorschnelle Rechtfertigung vermieden werden.

B) Personalisieren
1. "Das ist Ihr persönliches Problem."
Abgesehen davon, dass es sich hier um eine auch allgemein beliebte Killerphrase handelt, die das Gegenüber mundtot machen soll, wird gerade den Frauen seit Jahrhunderten suggeriert, dass ihre Schwierigkeiten ihr spezielles, persönliches Problem sind. Zu den großen Aha-Erlebnissen, wenn Frauen untereinander Erfahrungen austauschen, gehört es gerade festzustellen, dass viele Probleme keineswegs individuell sind, sondern auch andere Frauen belasten. Durch Personalisieren wird die Sichtweise versperrt, dass es sich um ein gesellschaftliches Problem handelt. Die Schuld wird der einzelnen Frau zugeschoben, ähnlich wie bei Personalisierungen wie "Das liegt an Ihnen" oder "Sie schaffen es eben nicht".
2. Neuere Spielart: "Sie müssen es lernen, sich stärker durchzusetzen."
Ein neuer Text zur gleichen Strategie. Der Mann bleibt der Überlegene, der die Kontrolle behält und dessen Verhalten nicht in Frage gestellt wird. Die verunsicherte Frau hat sich abzustrampeln, um "es" zu schaffen. Die Frage, ob sie sich wirklich nicht durchsetzt oder, wenn ja, ob dies allein an ihr liegt, wird gar nicht erst gestellt. Außerdem kann hier gerade für Frauen wieder eine typische Falle vorliegen. Eine Seminarteilnehmerin, Abteilungsleiterin bei einem Automobilhersteller, leitete Besprechungen, an denen nur Männer teilnahmen. War sie freundlich und verbindlich, wurde ihr von ihrem Chef mangelnde Durchsetzungsfähigkeit vorgeworfen. Leitete sie die Sitzung straff und sachorientiert, wurde ihr wiederum vorgehalten, dass sie zu wenig weiblich sei ...

C) Argumentieren

Bei den folgenden gängigen Aussagen wird den Frauen die Schuld in die Schuhe geschoben. Es liegt an ihnen – und natürlich nicht an den Männern, wenn sich nichts verändert.

1. "Frauen sind eben anders."

Um den herrschenden Zustand zu rechtfertigen, werden hier die (wenigen) biologischen Unterschiede ins Feld geführt. Dies ist ein Trugschluss: Auch wenn Frauen anders sind als Männer, so kann dies die gegenwärtigen Strukturen nicht rechtfertigen. Dass diese Strukturen "gemacht" sind und dass ganz andere Strukturen denkbar wären, zeigt ein Blick in die Geschichte, wo in vergangenen Kulturen völlig andere Rollenverteilungen und Bewertungen von Verhalten herrschten. Diese Tatsache entlarvt ebenso die "moderne Variante":

"Frauen sind anders erzogen."

Hier wird zwar nicht mehr, wie noch um die Jahrhundertwende, mit dem "physiologischen Schwachsinn des Weibes" argumentiert. Schließlich ist Erziehung veränderbar. Aber wie viele Generationen sollen wir warten, bis Kinder anders erzogen werden – und von wem? Natürlich ist es leider immer noch so, dass Mädchen anders erzogen werden als Jungen. Das rechtfertigt aber den gegenwärtigen Zustand nicht.

2. "Die Frauen wollen ja gar nicht ..."

Wieder wird den Frauen die Schuld in die Schuhe geschoben. Denn natürlich lassen sich immer Frauen als Beispiel finden, die sich mit den bestehenden Verhältnissen abgefunden haben. Dieses Scheinargument unterschlägt zudem, dass die Ausgangsposition für Frauen ja eine ganz andere ist als für Männer. Konflikte und Mehrfachbelastungen wie Haushalt, Kinder, mangelnde Unterstützung des Partners führen nicht selten dazu, dass Frauen wollen, aber nicht können ... Wichtig ist, sich klar zu machen, wer hier das Opfer ist. Denn welche Männer wollen denn, dass eine Frau ihre Vorgesetzte ist, dass sie beruflich erfolgreich ist, sich weiterbildet, abends weg ist, beruflich unterwegs ist? Auch dies ist schließlich kein Argument gegen eine Veränderung!

3. "Hausfrauenarbeit und Kindererziehung sind ebenso wichtig."

Beides SOLLTE in der Tat ebenso wichtig sein. Es wird aber in unserer Gesellschaft, von Lippenbekenntnissen abgesehen, offenbar nicht für ebenso wichtig gehalten. Diese wichtige Arbeit ist unbezahlt, es gibt für

Familien mit Kindern viel zu wenig Unterstützung, sei es finanziell, sei es durch gute Versorgungsmöglichkeiten für Kinder, sei es durch einen Elternurlaub, den Mutter oder Vater nehmen kann.

Und schließlich: Warum eigentlich reißen sich die Männer nicht um diese so begehrenswerten Aufgaben? Warum ist es noch lange nicht selbstverständlich, dass Hausarbeit und Kindererziehung partnerschaftlich organisiert und geteilt werden?

D) Die Gretchenfrage

"Sie sind doch nicht gegen die Männer?"

Eine Frau, die auch nur in den Geruch kommt, sie könne Männer hassen, muss mit herben Sanktionen rechnen. Hartgesottene Junggesellen, Frauenverächter aller Couleur werden für Frauenhass milde belächelt oder gar bewundert. Männer zu hassen ist hingegen in unserer Gesellschaft ein absolutes Tabu. Diese Frage appelliert zudem an unterschwellige Ängste. Die Frau fürchtet aus gutem Grund, als Männerhasserin dazustehen, der Mann fragt sich, ob "sie" meint, ohne ihn auszukommen.

Auch hier empfiehlt es sich, dass Frauen ihre ewige Rechtfertigungs- und Verteidigungsposition verlassen. Fragen wir doch einmal andersherum: Sind Männer nicht doch gegen die Frauen?

Haben Sie, liebe Leserin, einige Ihnen sattsam bekannte "Argumente" wiederentdeckt? Und Anregungen gefunden, argumentativ zu agieren, statt sich rechtfertigend zu reagieren?

Gesprächsmuster zu durchschauen, das ist von eminenter Wichtigkeit. Wenn Sie bestimmte Strukturen erkennen, sind Sie in der Lage, das Gespräch zu steuern, Reaktionen des anderen adäquat einzuschätzen. Da wir Frauen stark auf die Beziehungsebene achten, kommen die Signale bei uns meist gut an. Oft ist es aber schwierig, diese Signale einzuordnen. So werden in jedem Gespräch auf der Beziehungsebene "Ich"- und "Du-Definitionen" ausgetauscht. Wenn A signalisiert "Ich sehe mich überlegen", kann B zustimmen ("So sehe ich dich auch"), widersprechen ("Ich sehe dich anders") oder die Definition insgesamt entwerten, indem er/sie sich das Recht bzw. die Macht nimmt, z. B. lächelnd von einem ganz anderen Thema zu sprechen.

Diese Form der Entwertung kann bei A ein, Gefühl der Hilflosigkeit auslösen, als würde ihr/ihm der Boden unter den Füßen weggezogen (s. das folgende Beispiel 3.). Die Strategie der Entwertung kann ebenso "verrkckt" machen wie die Strategie der Doppelbindung, die uns ja bereits begegnet ist (s. das folgende Beispiel 2.). Verneinungs-, Entwertungs- und Doppelbindungsstrategien tauchen besonders häufig in Gesprächen zwischen Frauen und Männern auf, wenn es um Reizthemen wie Gleichberechtigung geht. Oft fühlt sich der Mann in seiner bisherigen Ich-Definition als Überlegener in Frage gestellt. In einem abschließenden Beispiel wollen wir uns diese Strategien vor Augen führen (Beispiel aus Wagner/Frasch/Lamberti, S. 177 f.). Bitte decken Sie zunächst den Kommentar zu, und versuchen Sie zu analysieren, um welche Strategie(n) es sich handelt.

Beispiel:
Frau (kommt nach Hause nach einer Diskussion über die Gleichberechtigung, fühlt sie ein vages Unbehagen): "Ich war bei dieser Diskussion über Frauen. Ich fand das ganz interessant."
Mann (vermutet, dass das als Anfang zu einem Angriff auf ihn gemeint ist):
Er hat verschiedene Möglichkeiten; er könnte z. B. sagen:

1. "Du musst doch zugeben, manche Frauen wollen sich einfach nicht emanzipieren."
2. "Ich bin ja dafür. Ich glaube, es wäre gut, wenn du dich mehr emanzipieren würdest. Setz dich doch mal gegen mich durch."
3. "Schon wieder?" Lacht. "Übrigens, hast du meine Hemden gewaschen?"
4. "Wenn du dich emanzipieren willst, bitte schön, dann werde ich dir nicht mehr in den Mantel helfen und den Ascheimer heruntertragen."
5. "Ach, da haben die frustrierten Frauen sicher wieder das große Wort geschwungen ..."
6. "Ja, erzähl mal."

Kommentar:

1. Geht zum Angriff über, treibt sie in die Verteidigungsposition; impliziert, dass es die Schuld der Frauen und ihre Schuld sei.
2. Gegenangriff; es ist wieder ihre Schuld. Außerdem ist die Aufforderung: "Nun setz dich mal gegen mich durch" eine Doppelbindung, d. h. ein Paradox, das zu befolgen unmöglich ist. Wenn *sie* sich wirklich gegen ihn durchsetzt, tut sie das, was er will und setzt sich gerade nicht durch ... Auf Paradoxa reagieren viele mit einem Gefühl der Konfusion und vage Schuldgefühlen.
3. Abwerten, Nichternstnehmen, Lächerlichmachen, Ablenkung auf ein

anderes Thema, indirekter Verweis auf die Frauenrolle und Bestätigung, dass sie seine Hemden zu waschen hat.

4. Drohung, Angst einflößen: "Willst du das wirklich?"
5. Abwerten, Lächerlichmachen. "Du gehörst doch nicht zu denen; was die sagen, kann man doch nicht ernst nehmen, das sind doch gar keine richtigen Frauen."
6. Interesse, lässt ihr die Möglichkeit, das zu erzählen, was sie möchte, ohne dass sie sich sofort verteidigen muss.

Fassen wir die Punkte zusammen, die gerade für Frauen wichtig sind:

1) Erweiterung unseres sprachlichen Verhaltensrepertoires:
Eigene Positionen argumentierend, ohne unangemessene Einschränkungen vertreten können: "Ich bin eindeutig für ..., weil ...
statt: "Könnte es nicht sein, dass ..." D. h.: BEHAUPTEN UND BEGRÜNDEN STATT FRAGEN
Redebeiträge ohne einleitende Floskel, reden zu dürfen, beginnen:
"Darf ich dazu auch mal etwas sagen?"
"Ich würde gern die Frage stellen dürfen: ...?"
Den Wert eigener Redebeiträge nicht durch einschränkende Floskeln herabmindern:
"Könnte es nicht der Fall sein ..."
"Mir scheint eigentlich sicher zu sein ..."
"Mein Eindruck ist ..."
"Ich bin keine Spezialistin auf diesem Gebiet, aber könnte es nicht vielleicht sein ..."

2) Gesprächsmuster und Strategien (Abwerten, Lächerlichmachen, Nichternstnehmen, Personalisieren, Doppelbindung) *analysieren können und entsprechend agieren.* Z. B. durch Heben auf die Sachebene: "Wie meinen Sie das?" "Was verstehen Sie darunter?"; Aufdecken der Strategie: "Das ist kein persönliches Problem, weil ..."; den Spieß herumdrehen, evtl. mit Humor oder Ironie (mit Vorsicht) operieren oder schlicht ignorieren und beim Thema bleiben!

3) Auf Unterbrechungen achten und sich nicht unterbrechen lassen.
"Einen Augenblick, ich bin noch nicht fertig."
"Moment, ich möchte meinen Gedankengang zu Ende bringen."

Auf beständige Unterbrechungen aufmerksam machen.
"Sie haben mich jetzt mehrmals nicht ausreden lassen."
Anderen Frauen helfen, wenn sie unterbrochen werden.
Dieses Sich-Wehren gegen Unterbrechungen erfordert Mut. Und wir müssen damit rechnen, dass die Männer, die sich oft dieser beständigen Unterbrechungen nicht bewusst sind, zunächst irritiert reagieren können. Eine amerikanische Professorin für Kommunikation verabredete mit einer Kollegin, sich gegenseitig zu unterstützen, wenn sie bei Besprechungen von ihren Kollegen unterbrochen würden. Sie machten Reaktionen aus wie: "Moment mal, ich möchte hören, was sie zu sagen hat" oder "Lassen Sie sie bitte ausreden". Nachdem zwei Sitzungen so gelaufen waren, gaben vor der dritten Sitzung mehrere männliche Kollegen folgenden Kommentar ab: "Hoffentlich sind Sie heute besserer Laune als beim letzten Mal." Außerdem gaben die bedauernswerten Herren der Hoffnung Ausdruck, "sie müssten nicht wieder gegen die Frauen ankämpfen ..." (!) (Frauenrollen ..., S. 171).

4) Darauf achten, dass wir selber nicht andere Frauen unterbrechen.

5) Unterstützendes Sprachverhalten (z. B. bestätigende Minimalreaktionen) bewusst anderen Frauen zukommen lassen! D. h., die Unterstützung, die wir gewöhnlich Männern entgegenbringen, auf andere Frauen zu übertragen.

6) Darauf achten, dass unsere Themen nicht verpuffen. D. h. zu verfolgen, was mit unseren Themen passiert, darauf zu bestehen, dass sie diskutiert werden:
"Wir haben das Thema X nicht zu Ende diskutiert. Ein wesentlicher Aspekt ist ..." "Der Vorschlag des Kollegen X, den ich für sehr gewinnbringend halte, deckt sich mit dem Vorschlag zur Reorganisation, den ich am Anfang der Sitzung gemacht habe. für die Durchführung spricht zusätzlich, dass ..."
(Hier ist es zugleich wichtig und schwierig, den Eindruck der "beleidigten Leberwurst" zu vermeiden. Auf Formulierung und souveräne Stimmführung achten!)

Liebe Leserin, geben Sie gerade einen kleinen oder großen Stoßseufzer von sich? Sie haben Recht – dies alles ist nicht einfach. Und wir werden für solch ein geändertes Verhalten nicht unbedingt Blumensträuße überreicht bekommen. Aber selbst einen langen Weg vor sich zu haben ist nach meiner Überzeugung besser, als weiter mehr oder weniger still zu leiden!
Sprachverhalten ist nicht einfach zu ändern, weil wir es von klein auf gelernt haben. Vieles ist automatisiert, läuft unbewusst ab. Änderungen können auf Widerstand stoßen, all die Strategien hervorrufen, mit denen wir uns ausführlich beschäftigt haben. Denn für die Mehrheit der Sprecher (und auch einiger Sprecherinnen) ist ja alles ganz in Ordnung so, wie es läuft. Es muss schon einiger (Leidens-)Druck da sein, um hier aktiv zu werden. Es lohnt sich!
Mut macht mir persönlich, dass nicht wenige Männer anfangen, nach anfänglichem Zurückzucken sich mit diesem Thema auseinander zu setzen. Denn auch Männer haben "Sprachlosigkeit" zu überwinden. Sie bemerken ihre Hilflosigkeit, eigene Betroffenheit, Gefühle zum Ausdruck zu bringen. Gefühle haben in männlichen Gesprächsrunden häufig keinen Raum. Aufgesetztes Gewinnergebaren, Dominanzgehabe, "Spielregeln" der Männerwelt – auch dies hat seinen psychischen und physischen Preis. Ist eine Annäherung nicht ein Gewinn für uns alle?

Alle Menschen werden Schwestern ...

Über den Zusammenhang von Sprache, Denken und gesellschaftlichen HERRSCHAFTSverhältnissen

Vielleicht ist es Ihnen ähnlich gegangen wie mir – als Mitte der siebziger Jahre Frauen begannen, unsere Sprache als Männersprache zu bezeichnen und z. B. das schöne Wörtchen "man" durch "frau" zu ersetzen, fand ich das ganz lustig, aber doch ein wenig übertrieben. Ähnlich ging es mir mit dem "Splitting" wie Zuhörer/-innen. So schrecklich umständlich, so wenig elegant – schließlich ist doch klar, dass wir Frauen mit gemeint sind. Oder? Bei genauerem Hinsehen entstehen berechtigte Zweifel. Immerhin beschert diese Sprache uns durch schlichte Negierung der Hälfte der Bevölkerung – wenn auch selten – Grund zum Lächeln oder führt gar zu Unverständlichkeit.
"Man erlebt seine Schwangerschaft und Geburt jedes Mal anders."
"Wer hat seinen Lippenstift im Bad gelassen?"
"Was Maria und Fritz so zueinander zog, war, dass jeder von ihnen am anderen sah, wie unglücklich er war." (Trömel-Plötz I, 40 f.)
Da wundert es frau auch kaum, dass die Sprachforschung bestätigt, dass wir noch immer im Patriarchat leben. In zahlreichen Ländern erscheinen jährlich die so genannten Hitlisten, die 100 oder mehr der gebräuchlichsten Wörter einer Sprache verzeichnen. Durch diese Listen kann verfolgt

werden, ob und wie eine Sprache sich verändert. Welche Wörter z. B. veralten oder neu hinzukommen, welche zum Standard gehören, welches Bewusstsein insgesamt die Sprache prägt. Ganz oben in der Rangliste des häufigen Gebrauchs finden sich in der Bundesrepublik Deutschland die Wörter: er, Mann, sein und Herr. Die weiblichen Begriffe – sie, Frau, ihr, Dame – hingegen rangieren an auffallend schlechteren Plätzen (Braem). Die vorherrschende Sprache ist nicht nur verräterisch, verallgemeinernde Ausdrücke für beide Geschlechter können auch schlicht irreführend sein. Die Aussage: Unser Hausarzt hat vor kurzem meinen Onkel geheiratet, verursacht doch vielen Zuhörenden zunächst Kopfzerbrechen. Dabei ist doch die Bezeichnung Arzt geschlechtsneutral, kann sich auf Frauen genauso beziehen wie auf Männer. Oder?

Sowohl in meinem Pass als auch in meinem Personalausweis steht: "DER Inhaber dieses Ausweises ist Deutscher." Damit habe ich mich als Deutsche und Inhaberin dieser Dokumente zu identifizieren. Gerade war ich im Wohnzimmer, um dieses Beispiel, das von Luise F. Pusch stammt, nachzuvollziehen. "Warum blätterst du in deinen Ausweisen?" fragte mein Mann. Ich erklärte es ihm und fügte hinzu, dass im umgekehrten Fall, nämlich wenn in allen Dokumenten der Herren der Schöpfung stünde: Die Inhaberin dieses Ausweises ist Deutsche, schon lange ein großes Protestgeschrei ausgebrochen wäre. Mein – zugegeben geprüfter – Mann grinste ironisch und meinte: "Na klar, eine solche Zumutung würden wir uns nicht gefallen lassen ..."

Doppelter Papierkrieg, korrekte Namensbezeichnungen, nun, das ist halt für Behörden, nur wenn es Frauen betrifft, schlicht unzumutbar.

Ebenso wie weibliche Bezeichnungen für Männer so untragbar sind wie weibliche Kleidungsstücke. Im Gegensatz zu den meisten Frauen sind hier Männer sehr sensibel! Sie reagieren außerordentlich allergisch, wenn sie als Inhaberin, Deutsche, Fachfrau, Volkswirtin, Beamtin usw. angeredet werden. Dies ist dem Manne etwa ebenso grässlich, wie wenn er mit Vornamen Bella hieße und neckend in den Po gekniffen würde.

Aus der männlichen Allergie gegen das Femininum ergibt sich dessen nahezu vollständige Verdrängung aus der Sprache oder – anders betrachtet – die sprachliche Eliminierung der Frau.

"Es fängt scheinbar harmlos an: Wenn Ute Schülerin ist und Uwe Schüler, dann sind Ute und Uwe Schüler, nicht Schülerinnen – denn Uwe verträgt das Femininum nicht. Es geht und geht nicht an, ihn mit der Bezeichnung ‚Schülerin' zu kränken, selbst wenn zig Schülerinnen seinetwegen zu

Schülern werden müssen. Da bereits EIN Knabe mittels seiner Allergie beliebig viele Mädchen sprachlich ausschalten kann, kann sich frau leicht ausrechnen, was die männliche Hälfte der Bevölkerung gegen die weibliche ausrichten kann." (Pusch, 11)

Die sprachliche (und gesellschaftliche) Regel weiblich = zweitrangig zeigt sich nicht nur in der männlichen Allergie gegen das Femininum.

Auch in der Reihenfolge der Benennung wird deutlich, wem die erste Stelle zukommt. Hauptperson oder Hauptsache wird zuerst genannt, auf den folgenden Plätzen befinden sich alle weiteren. So ist die Reihenfolge in der Sprache das Mittel, um die Rangordnung festzulegen.

Die Regierung Kohl/Genscher;

CDU/CSU.

Adam und Eva; Cäsar und Cleopatra; Romeo und Julia.

Mann und Frau; Bruder und Schwester; Herr und Frau Schulze; er, sie, es; du sollst deinen Vater und deine Mutter ehren.

Sozusagen als Bonbon gibt es für die nebensächlichen Inhaberinnen des zweiten Ranges einige wenige Ausnahmen, bei denen es aber bitte schön auch zu bleiben hat:

Maria und Josef,

Queen Elizabeth und Prinz Philip, Königin Beatrix und Prinz Claus.

Zum weiteren Trost werden wir bei Ansprachen (soweit wir im Berufsleben dann überhaupt präsent sind ...) zuerst genannt: "Meine Damen und Herren."

Mein Vorschlag: Dehnen wir doch "Ladies first" generell auf die Rangfolge (nicht nur in der Sprache ...) aus!

Ein letztes Beispiel für weiblich = zweitrangig. Wieso, liebe Leserin, leuchtet uns der Vergleich ein: "Erica Jong ist ein weiblicher Henry Miller", während uns die Aussage "Paul Celan war eine männliche Nelly Sachs" seltsam erscheint? Ganz einfach: Feminisierung eines Mannes ruft die Vorstellung von Deklassierung hervor. Frauen hingegen können nicht auf den zweiten Rang verwiesen werden – da befinden sie sich sowieso schon ...

Bis hierher, liebe Leserin, sind wir einigen Beispielen der Sprachwissenschaftlerin Luise F. Pusch gefolgt, die sich zu diesem Thema eine Überlegung von Heinrich Heine zu Eigen gemacht hat:
"Je wichtiger ein Gegenstand ist, um so lustiger muss man ihn behandeln."
Warum ist es wichtig, unsere Sprache so zu ändern, dass Frauen wie Männer explizit angesprochen werden, und zwar ohne einseitige Rangordnung? (Zum Folgenden vgl. Trömel-Plötz 3.)
Viele Frauen fühlen sich heute nicht mehr angesprochen, wenn sie als Passinhaber, Bürger, Referent, Manager oder Wähler angesprochen werden. Gerade vor Wahlen zeigen sich da in letzter Zeit viele Politiker auffallend sprachsensibel und sprechen die Mehrheit der Wählenden, die Frauen, auch korrekt mit "Liebe Bürgerinnen und liebe Wählerinnen" an! Ein Redebeitrag kommt eben nur dann an, wenn sich die Adressatinnen und Adressaten auch angesprochen fühlen, wenn es gelingt, eine Brücke zu ihnen zu schlagen. Frauen erleben aber häufig, dass sie gar nicht mitgedacht werden. Das Scheinargument der geschlechtsneutralen Begriffe entlarvt sich immer selber.
Denken Sie z. B. an Einladungen zu Tagungen und Kongressen. Eindeutig ist die Aussage: Abends festlicher Empfang für alle Teilnehmer zusammen mit ihren Frauen. Setzen wir die angeblich geschlechtsneutralen "Teilnehmer" geringfügig anders ein: Abends festlicher Empfang der Teilnehmer mit ihren Männern. (Bei einigen Einladungen hat sich das unsägliche "Damenprogramm" mit seinen Kaffeefahrten immerhin schon in ein "Begleitprogramm" gewandelt!) Die Teilnehmer werden ähnlich wie die Bürger, die Referenten, die Abgeordneten, die Werktätigen, die Professoren fast automatisch zunächst als männlich interpretiert. Unsere Realität umfasst aber (wenn auch in vielen Gebieten viel zu wenig) Teilnehmerinnen, Bürgerinnen, Professorinnen, weibliche Abgeordnete, Arbeiterinnen usw.
Die Einführung weiblicher Formen ist auch deshalb sehr wichtig, weil mit Sprache nicht nur Wirklichkeit abgebildet wird – Sprache schafft umge-

kehrt auch Wirklichkeit. Eine Gleichbehandlung von Frauen und Männern in der Sprache, in der Werbung (!), in Schulbüchern, Stellenanzeigen, sämtlichen Formularen würde mit der Zeit auch unsere Realität ändern. Frauen und Männer, Mädchen und Jungen würden sich selbstverständlicher Managerinnen, Politikerinnen, Pilotinnen, Ministerinnen vorstellen können. Denn neben allen praktischen Problemen, das wissen Sie, liebe Leserin, wahrscheinlich aus eigener Erfahrung, stellen die fehlenden Vorbilder, das Gefühl der Ausnahmesituation auch eine psychische Belastung dar. Eine Sprache, die Frauen z. B. im Berufsleben ausdrücklich einbezieht und sie nicht nur, wie heute z. B. immer noch überwiegend in Schulbüchern, am Kochtopf darstellt, würde von grundlegender Bedeutung für das Selbstbild, das Selbstvertrauen und den Lebensentwurf von Mädchen, Schülerinnen und Studentinnen sein.

Die Realität aber ist, dass die Wirtschaft junge, flexible Männer braucht; die Politik braucht jüngere Männer, die für die Spitze nachwachsen; eine Partei sucht einen neuen Kanzlerkandidaten. Geehrt werden die Väter des Grundgesetzes, wobei die Beteiligung von Frauen, vor allem der maßgebliche Einfluss der Mutter des Gleichberechtigungsartikels, Elisabeth Selbert, schlicht unter den Tisch fällt.

Dass die Sichtbarmachung der Frauen in der Sprache, die Eliminierung der Rollenklischees z. B. in Schul- und Lehrbüchern machbar ist, zeigt sich am Beispiel der USA.

Dort haben sich durch die Frauenbewegung weitreichende sprachliche Änderungen durchgesetzt. Die Initiative der Frauen wurde von Medien und Institutionen aufgegriffen und unterstützt. So wurde z. B. Men of the Year zu Person of the Year, Congressmen zu Members of Congress, mailman zu mailcarrier. Außerdem wurden offizielle Änderungen der Sprache in Schulbüchern durch Richtlinien angewiesen. Ebenso haben große Verlage solche offiziellen Richtlinien. All diese Bemühungen haben dazu geführt, dass sprachliche Veränderungen bereits aus der Alltagssprache und dem Allgemeinwissen nicht mehr wegzudenken sind.

Die Sensibilisierung für die Benachteiligung von Frauen setzte auf breiter Basis ein. In Schulen und Universitäten verwendeten die Unterrichtenden z. B. neben dem gewohnten "he" auch das "she" oder setzten Neubildungen ein. Dieser sensiblere Umgang mit der Sprache erbrachte die ersten Erfolge, so als in Vorlesungen konsequent das die Frauen einbeziehende "sie" verwendet wurde. Die Studentinnen berichteten, dass dies

bei ihnen Gefühle von Stolz, Freiheit, Macht und Überlegenheit auslöste. Dies zeigt deutlich, dass Sprache eben auch Verhalten beeinflusst, sprachliche Veränderungen von großer Wichtigkeit sind. (Trömel-Plötz 1)
Ist es mir gelungen, liebe Leserin, Ihr Interesse an dem Thema Sprache zu wecken? Wenn ja, freue ich mich sehr. Denn Sprache ist eine lebendige, veränderbare Angelegenheit. Und um sie zu verändern, brauchen wir viele Mitstreiterinnen!

"Eine Frau zu sein, ist eine schrecklich schwierige Aufgabe, weil sie es vor allem mit Männern zu tun hat."

Joseph Conrad

Selbstsicherheit

Selbstsicherheit ist eine Grundvoraussetzung für eine gelungene, positive Kommunikation. Es erfordert z. B. Selbstsicherheit und Kenntnis der Kommunikationsebenen, dass Sie auf die Frage "Sind Sie eine emanzipierte Frau?" angemessen reagieren.

Selbstsicherheit ist zu einem guten Teil situationsbedingt. Kein Mensch ist immer nur selbstsicher oder nur unsicher. Aufgaben, die wir gut kennen, erledigen wir zum Beispiel mit selbstverständlicher Sicherheit. Anders sieht es da schon mit neuen Anforderungen aus. Etwas, was uns fremd ist, wo wir wenig Erfahrung haben, ist auf der einen Seite reizvoll, kann aber auf der anderen Seite Stress auslösen. So ist es ein großer Unterschied, ob Sie in einem Ihnen vertrauten Raum, mit Menschen, die sie kennen, in einer Arbeitsbesprechung ihre Argumente vorbringen oder ob Sie bei einer Tagung, an einem fremden Ort, vor lauter fremden Menschen, womöglich noch mit Mikrofon, Ihre Meinung äußern. Natürlich ist auch vieles eine Frage der Übung. Wenn Sie häufig an Tagungen teilnehmen, werden Sie sich nach und nach immer selbstverständlicher zu Wort melden. Überlegen Sie einmal, liebe Leserin, welche neuen Aufgaben Sie im Laufe der letzten Jahre gelöst haben. Wie viel Lampenfieber war da anfänglich vorhanden? Und wie selbstverständlich ist Ihnen jetzt die Erledigung dieser Aufgaben?

Frauen neigen weniger als Männer dazu, auf ihre Erfahrungen und Erfolge aufzubauen. Frauen fallen – vor eine neue Aufgabe gestellt – eher in die tiefe dunkle Grube der Selbstzweifel. Kann ich das überhaupt? Werde ich das schaffen? Natürlich haben auch Männer ihre Ängste und Zweifel. Aber sie sehen, bedingt durch ihre Erziehung eher, dass das Risiko, das zweifellos immer mit der Übernahme von etwas Neuem verbunden ist, auch eine Menge Chancen bietet!

Frauen beurteilen ein Risiko überwiegend negativ, sehen Gefahr, Verlust, Schmerz, Infragestellung des bisher Erreichten. Frauen sehen weniger als Männer ein Risiko als kalkulierbare Größe in einer Gesamtstrategie an.

Ein Mann mag zum Beispiel sagen: "Greife nach den Sternen und das

Schlimmste, was dir passieren kann, ist, dass du dabei auf den Mond fällst!" Und die Frau meint: "Sicherlich – aber bestimmt in einen Krater!"
Wissenschaftliche Untersuchungen zeigen deutlich, dass die Selbstvorstellungen von Frauen und Männern durch Erziehung und Umwelt unterschiedlich ausfallen (Henning/Jardim). Bereits Jungen sind stärker von ihrer Fähigkeit überzeugt, ihr Schicksal selber lenken zu können. Als Erwachsene entwickeln sie ein größeres Selbstvertrauen bei der Inangriffnahme neuer Aufgaben und mehr Machtgefühl. Sie benutzen erfolgreiche Erfahrungen der Vergangenheit als Indikator für künftigen Erfolg. Frauen hingegen, bei gleich guten oder besseren Leistungen, neigen eher zu der Annahme, sie würden in Zukunft schlechter abschneiden ...
Sind sie dann doch erfolgreich, erklären sie gern die Ursachen mit vorübergehenden, instabilen Faktoren, mit etwas, das außerhalb der eigenen Fähigkeiten oder Kontrolle liegt, z. B. Glück, Zufall usw. Ein beliebtes Erklärungsmuster ist auch, sich viel mehr als sonst angestrengt zu haben, so dass der Erfolg mit einem Übermaß an Einsatz bezahlt worden sei.
Ganz anders sieht die Sache aus, wenn tatsächlich ein Versagen, ein Fehler eintritt. Männer suchen die Ursachen für ein Versagen eher in äußeren Faktoren, so in widrigen Umständen, Pech, einer besonders schwierigen Aufgabenstellung. Frauen suchen den Fehler eher bei sich, sehen ihn in ihren mangelnden Fähigkeiten begründet.
Die Konsequenz solcher Untersuchungen ist in der Tat frappierend: Frauen neigen dazu, bei Misserfolgen diese ihren mangelnden Fähigkeiten zuzuschreiben. Sind sie jedoch erfolgreich, schreiben sie dies nicht ihren eigenen Fähigkeiten zu. Bei dieser Betrachtungsweise ist es natürlich schwierig, ein gesundes Selbstbewusstsein aufzubauen, das auf eigenen Erfahrungen und Erkenntnissen aufbaut. Wird der Erfolg mehr auf Zufälle zurückgeführt, für die frau im Grunde gar nicht verantwortlich sei, kann dies zu dem Gefühl führen, andere zu blenden, mehr zu scheinen, als tatsächlich zu vermögen. Dieses so genannte "Hochstapler-Phänomen" scheint nach neuesten Forschungen zahlreiche Frauen und Männer zu betreffen (Harvey).
Speziell für uns Frauen jedoch ist dieses Verhaltensmuster in Verbindung mit unserer weit verbreiteten Furcht vor Erfolg zu sehen. Die Vorstellung einer sehr erfolgreichen Frau kollidiert mit tief verwurzelten konventionellen Vorstellungen. Gegen diese Vorstellungen zu verstoßen, kann Angst und Furcht erwecken, bewusst oder unbewusst mit Ablehnung, "Unweiblichkeit" und Isolation verbunden werden. Eine Frau, die glaubt,

eine Hochstaplerin zu sein, kann damit ihre Fähigkeiten, in einer "Männerwelt" zu bestehen, entwerten und so ihre Furcht vor Ablehnung umgehen. Zugleich kann sie aber ihren Wunsch nach Erfolg weiterhin erfüllen. Aus dieser Sicht kann das Hochstapler-Phänomen für einige Frauen vielleicht sogar das Kleinere von zwei Übeln sein. Bezeichnenderweise sind Frauen, die erfolgreich in so genannten männlichen Domänen arbeiten, für das Hochstapler-Phönomen besonders anfällig ... (Harvey 171).

Bevor wir nun dem Thema Selbstsicherheit weiter nachgehen, ist es wichtig zu überlegen, was wir unter diesem Begriff verstehen wollen. Wie, liebe Leserin, stellen Sie sich eine selbstsichere Frau vor? Wahrscheinlich haben Sie nicht nur positive Vorstellungen, sondern auch zwiespältige Gefühle und Bilder vor Augen.

So das Bild von der "eiskalten" Karrierefrau, die ihre Weiblichkeit eingebüßt hat (Gleichsetzung von Selbstsicherheit mit Härte und Unweiblichkeit),

oder z. B. eine Frau, die immer mit aller Macht ihren Willen durchsetzt (Gleichsetzung von Selbstsicherheit mit Rücksichtslosigkeit und Egozentrik),

oder eine Frau, die auf andere wirkt wie eine Dampfwalze (Gleichsetzung von Aggression, evtl. Feindseligkeit, mit Selbstsicherheit). Es gibt immer noch wenige positive Vorbilder, die Frauen spontan vor Augen haben könnten, wenn es darum geht, sich eine selbstsichere Frau vorzustellen. Solange Selbstsicherheit mit Aggression und Ellenbogen gleichgesetzt wird, solange selbstsichere Frauen noch oft irritierend auf andere Menschen beiderlei Geschlechts wirken, solange ist das Streben von Frauen nach mehr Selbstsicherheit, Ausgeglichenheit und Zufriedenheit nicht einfach.

Unser gesamtes Wertsystem, die Erziehung und die Sprache verkörpern noch immer die männliche Überlegenheit. Es ist nicht leicht für uns Frauen, die bewussten und unbewussten Botschaften, die die meisten von uns von Kindesbeinen an verinnerlicht haben, nicht nur zu erkennen, sondern als überholt abzulegen. Denn oft sind diese Reaktionen und Verhaltensmuster ja schon lange eingeschliffen und werden womöglich noch von der Umwelt belohnt ... Andererseits, liebe Leserin, ist der Aufenthalt in der dunklen Grube des Selbstzweifels ja nicht gerade angenehm! Wenn also die typischen Gedanken auftauchen: "Ob ich das kann, das habe ich noch nie gemacht?" oder: "Ob ich das kann, das ist doch ein

Bereich, in dem bisher nur Männer arbeiteten?", ist es an der Zeit, am Rande der Grube stehen zu bleiben und einen kühlen Kopf zu behalten. Diese Fragen sind Signale aus der Vergangenheit! Und es ist an der Zeit, sich von den begrenzten, eingeschränkten Erwartungen an sich selbst zu lösen.

Frauen sind infolge des gesellschaftlichen Umfeldes stärker von dem Teufelskreis der sich selbst erfüllenden Vorhersage (self-fulfilling prophecy) betroffen als Männer.

Das Selbstwertgefühl ist systematisch eingegrenzt worden, berufliches Engagement wird nicht wie bei den Männern belohnt, sondern kann zu Kollisionen mit der weiblichen Identität führen.

Sehen wir uns den Teufelskreis näher an:

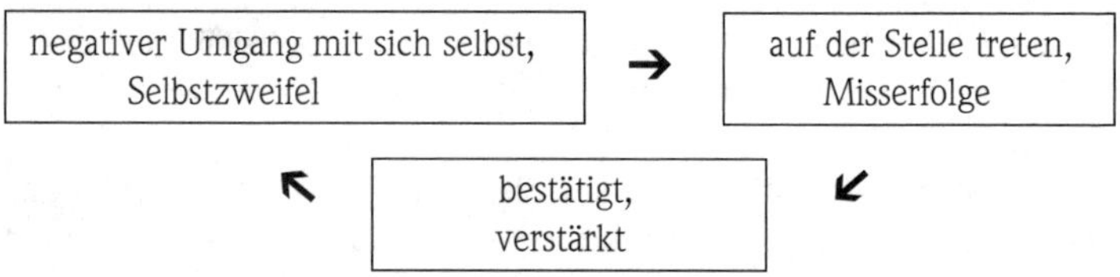

Grundmuster zu diesem Teufelskreis werden oft schon in der Kindheit gelegt. Wenn einem Kind oft genug gesagt wird: "Du hast zwei linke Hände", "Das ist zu kompliziert für ein Mädchen", "Du musst nicht gewinnen, du brauchst nur mitzuspielen, solange du magst", wird es entsprechend dieser Elternbotschaften agieren. Es wird, wie es beurteilt wird. Ähnliche Gefahren gibt es natürlich auch im Erwachsenenleben. So kann ständige Kritik am Arbeitsplatz (die leider viel häufiger ist als ein Lob) zu Resignation, Selbstzweifeln und schließlich nachlassender Leistung führen (s. Kap. Lob und Tadel).

Verstärkend auf die negative Einstellung zu sich selbst wirkt auch die einseitige Verarbeitung von Misserfolgserlebnissen. Wird eine "Pleite" verallgemeinert und fester Bestandteil der Selbsteinschätzung, so können Misserfolge in ähnlichen Bereichen geradezu vorprogrammiert sein. Stellen Sie sich z. B. vor, Sie mussten kurzfristig für einen Kollegen einspringen und einen kleinen Fachvortrag halten. Nehmen wir an, Sie haben sich recht wacker gehalten, sehen aber noch einige Verbesserungsmöglichkeiten. Eine unangebrachte Überverallgemeinerung könnte dann so aussehen: Sie messen Ihre Leistung mit einer perfektionistischen Idealvorstellung Ihrer selbst – beispielsweise, dass Ihr Vortrag trotz der

Ersatzfrau-Situation, kurzer Vorbereitung usw. ein rauschender Erfolg hätte werden müssen. (Mit der oft gnadenlosen Falle überzogener Ich-Ideal-Vorstellungen werden wir uns noch beschäftigen.) Sie sehen nur das, was hätte besser sein können, schlussfolgern, dass Sie letztendlich versagt haben, dass Sie für solche Aufgaben nicht taugen und überhaupt nie wieder einen Vortrag halten werden! Sollten Sie dennoch einen weiteren Vortrag halten müssen, haben Sie sich mit dieser Überverallgemeinerung, begleitet von einer negativen Instruktion an sich selber, diese Aufgabe unnötig schwer gemacht.

Die negative Einstellung zu sich selbst lässt sich an vielen Kleinigkeiten im Verhalten beobachten:

- Es fällt schwer, ein Lob zu akzeptieren. Viele Frauen wehren selbst ein einfaches Kompliment über ein hübsches Kleid mit Vehemenz ab: "Das ist doch schon alt!" – oder: "Das war ganz preiswert!" Zwar mag hier auch die Erfahrung mit hineinspielen, uns mit solchen Bonbons manipulieren zu wollen. Aber selbst wenn wir einem Heuchler ein selbstsicheres "Danke schön" mit einem kleinen Lächeln entgegenbringen, werden wir nicht uns selbst ein schlechtes Zeugnis ausstellen, sondern dem Heuchler! Außerdem: Die meisten von uns klagen darüber, dass (nicht nur) in der Arbeitswelt so viel getadelt und so wenig gelobt wird. Liegt dies nicht auch mit daran, wie wenige Menschen ein Lob, ein Kompliment annehmen können?

  Sehr viel bedenklicher wird es schon, wenn z. B. ein Lob über eine gut ausgeführte Arbeit abgeschmettert wird. "Ach, so schwierig war das doch gar nicht!" Die eigene Leistung wird abgewertet, die/der Lobende kommt sich außerdem vielleicht noch in Frage gestellt vor und wird sich eventuell das nächste Lob reiflich überlegen.
- Es wird um den heißen Brei herumgeredet. Überlange Anläufe, bis jemand zum Kern der Sache kommt, Herumgerede, Entschuldigungen können die/den Gegenüber mit diesem vielen Drumherum nicht nur nervös, sondern sogar aggressiv machen. Ulla, Assistentin in der Patentabteilung einer großen Firma, wollte von ihrem Chef eine Gehaltserhöhung. Nach entsprechender Vorbereitung (s. Gesprächsführung) probten wir das Gespräch im Seminar. Als wir nach zwölf Minuten abbrachen, war immer noch nicht klar, was Ulla mit diesem Gespräch eigentlich erreichen wollte! Die Frau, die den Vorgesetzten spielte, sagte, sie sei zunächst unsicher und nervös, nach einer Weile aber innerlich aggressiv geworden. Für Ulla stellte sich im

Laufe des Seminars heraus, dass sie beginnen wollte, Gesprächsziele schneller auf den Punkt zu bekommen.

- Entscheidungen, Initiativen werden nicht oder nach langem Zögern getroffen.

  Dies ist ein Verhalten, welches bei vielen Frauen durch die Erziehung gefördert wurde. Die brave Frau wartet darauf, dass etwas geschieht! Ob sie nun zum Tanzen aufgefordert oder geheiratet wird, Passivität und Abwarten sind rollengemäß. Dies kann sich nicht nur im Privatleben, sondern auch im Beruf fatal auswirken. Wer nicht die Initiative ergreift oder auf andere zugeht, wird auch häufig vergessen. So ist dem Motto vieler Frauen im Berufsleben, "Tue dein Bestes und hoffe, dass du angenehm auffällst", denn auch häufig kaum Erfolg beschieden.
- Es wird Blickkontakt vermieden.

  Die Wirkung des Gesagten wird geschmälert oder es entsteht gar der Eindruck, die/der Sprechende habe etwas zu verbergen.

Unsicherheit ist oft gepaart mit einer gewissen Geistesabwesenheit, mit fehlender Konzentration auf das, was gerade passiert. Ausgerechnet dann, wenn es auf Geistesgegenwart, Reaktionsschnelle und Schlagfertigkeit ankommt, ist die/der Unsichere nicht voll da. Statt sich voll auf das Thema und die Beteiligten zu konzentrieren, wird Potential für die Beschäftigung mit der eigenen Unsicherheit abgezogen. Die Unsicherheit führt dazu, sich sozusagen neben sich zu stellen und sich selber zu beobachten. Fragen folgender Art gehen durch den Kopf: "Wie wirke ich wohl?" "Was die wohl von mir halten?" "Ob ich auch überzeugend wirke?" Dies ist eine fast 100-prozentige Methode, sich selber aus dem Konzept zu bringen oder gar den Faden zu verlieren! Diese Verhaltensweise unterscheidet sich grundlegend von bewusstem Achten auf eine ruhige und entspannte Körperhaltung. Einzelne Punkte, auf die Sie achten wollen, integrieren sich zudem im Laufe der Zeit in Ihr Verhaltensrepertoire. Vermeiden Sie also dieses Neben-sich-selber-Stellen, konzentrieren Sie sich auf das, was passiert. Achten Sie darauf, wo Sie sich bei negativem, sich selbst erfüllenden Vorhersagen ertappen und steuern Sie dagegen!

Wie können Sie sich nun in der Richtung weiterentwickeln, die Ihr Selbstwertgefühl stärkt? Wie können Sie eine Einstellung stabilisieren, die auf der Grundhaltung "*Ich bin o.k. – du bist o.k.*" beruht? Setzen Sie die sich selbst erfüllende Vorhersage ein – aber in ihrer optimistischen Ausprägung! Setzen Sie auf Ihre Kenntnisse, Ihre Erfahrungen. Machen Sie sich immer wieder bewusst, welche Aufgaben Sie bereits bewältigt haben. Meiden Sie die schwarze Grube der Selbstzweifel und geraten Sie nicht in Panik bei einer neuen Aufgabenstellung.

Bauen Sie auf Ihr Können, das Sie ja so weit gebracht hat, wie Sie sind! Dies wiederum bestätigt und verstärkt Ihr Selbstvertrauen. Ein solcher positiver Umgang mit sich selbst soll natürlich nicht heißen, dass Sie jetzt sich und Ihre Fähigkeiten in rosarotem Licht sehen oder sich naiv in Illusionen wiegen. Sie gehen an aufregende Situationen "nur" anders heran. Statt sich die Instruktion zu geben: "Ich kann das bestimmt nicht", gehen Sie nun mit "Ich kann"- "Ich will"-, "Ich werde das Beste herausholen"-Instruktionen vor.

Versuchen Sie bei Erfolgs- wie bei Misserfolgserlebnissen herauszubekommen, wo die Ursachen lagen.

Differenzieren Sie bei Situationen, die Ihnen Stress bereiten, ob die Angelegenheit wirklich so wichtig ist, wie sie Ihnen momentan erscheint. Alles-oder-nichts-Situationen sind sehr viel seltener, als wir oft meinen!

Stellen Sie sich vor so einer wichtigen Situation z. B. folgende Fragen:

Wie ist die Situation wirklich, in der ich gerade stehe?

Was ist das Schlimmstmögliche, was passieren kann?

Welche realistischen Folgen hätte das für mich?

Was will ich erreichen? (Minimum – Maximum genau überlegen!)

Welche Gefühle werden voraussichtlich bei mir und beim anderen angesprochen?

Wie wirkt sich mein Verhalten auf das zukünftige Verhältnis zum anderen aus?

Selbstsicherheit bedeutet vor allem die Fähigkeit, sich selbst und seine Umwelt realistisch zu sehen. Wenn Sie selbstsicher agieren, sind Sie nicht zu einem bestimmten Verhalten gezwungen. Ihr Verhaltensrepertoire lässt Ihnen die freie Wahl. Sie können die weißen und die schwarzen Tasten des Klaviers spielen. Wie verpönt allerdings in unserer Gesellschaft häufig ein positiver Umgang mit sich selbst ist, zeigt das Sprichwort: "Eigenlob stinkt." Wie die beschriebenen Untersuchungen zeigen, müssen gerade wir Frauen lernen, mit unseren Fähigkeiten vertrauensvoller umzugehen. Und wenn Sie sonst niemand für eine gute Leistung lobt: klopfen Sie sich ruhig mal selber auf die Schulter!

Im Folgenden finden Sie ein Modell zur positiven Selbstverstärkung, das ich selber ausprobiert und als hilfreich empfunden habe. Bitte sehen Sie sich die Punkte 4.–9. erneut an, wenn Sie das Kapitel "Gesprächsführung" durchgearbeitet haben.

Ein Modell zur positiven Selbstverstärkung

Wenn Sie *vor einer Situation* stehen, in der Sie selbstsicher auftreten wollen, geben Sie sich selber *positive Instruktionen.*
(Z. B.: "Ich werde es schon schaffen", "Ich bin schon mit ähnlichen Situationen gut klargekommen".)
Wenn Sie *in der Situation* sind:

1. Reden Sie *laut und deutlich.*
2. Schauen Sie Ihr Gegenüber an *(Blickkontakt).*
3. Nehmen Sie eine entspannte *Körperhaltung* ein.
4. Äußern Sie Ihre Aussagen, Wünsche, Forderungen (und ggf. Gefühle) in der "Ich-Form".
5. Sagen Sie zuerst, *was* Sie wollen, dann warum (Argumentieren). ("Ich bin der Ansicht, dass dieser Punkt wichtig ist, weil ...") (Ausnahmen s. Gesprächsführung.)
6. *Entschuldigen Sie sich nicht*, wenn Sie berechtigte Forderungen stellen. Ziel ist es nicht, Ihr Gegenüber zu überrumpeln oder fertig zu machen, sondern Ihre Aussagen, Wünsche, Forderungen zu verdeutlichen. DESHALB:
7. Werden Sie nicht aggressiv (auch wenn man Ihnen aggressiv kommt ...), sondern bleiben Sie *ruhig* und *bestimmt.*
8. *Vermeiden Sie polemische oder globale Abwertungen* Ihres Gegenübers. ("Sie sind immer ...", "Sie haben schon wieder ...")
9. Äußern Sie auch *Verständnis für die Position der/des anderen.*

Wenn Sie die Situation hinter sich haben:
Analysieren Sie den Gesprächsablauf.

Anerkennen Sie Ihre Fortschritte und beachten Sie auch kleine Fortschritte, die Sie erzielen. Jeder Lernprozess benötigt Zeit und Übung!
Vergleichen Sie sich nicht mit dem Ideal, das Ihnen vielleicht vor Augen steht, sondern freuen Sie sich über den relativen Fortschritt!
Ist es Ihnen z. B. das erste Mal geglückt, in einer großen Runde einen Gesprächsbeitrag vorzubringen, so freuen Sie sich und nehmen Sie sich für die nächste Gelegenheit zwei Gesprächsbeiträge vor. Haben Sie jedoch ein sehr hohes Ich-Ideal, das Ihnen abverlangt, sich als die brillanteste Diskutiererin der Runde hervorzutun, werden Sie erneut unzufrieden sein. Unter Ich-Ideal wird das Erscheinungsbild verstanden, das wir meinen

erreichen zu müssen. Es ist eine Art innere Messlatte, an der das eigene Verhalten gemessen wird. Meist sind diese Ich-Ideale unrealistisch hoch gesteckt. Es sind die geheimen und überzogenen Traumvorstellungen von uns selbst. Wenn wir jedoch nicht erkennen, wo wir uns unrealistische Standards vorgeben, können wir uns abmühen, wie wir wollen – auch bei guten Leistungen werden wir unzufrieden sein. Dann verfallen wir in den Teufelskreis der negativen Einstellung zu sich selbst.

Überprüfen Sie also Ihr Ich-Ideal, stutzen Sie unerreichbare Standards. Und – wir können danach streben, dem eigenen Ich-Ideal nahe zu kommen, aber – wir können es niemals erreichen ... Daher: Vermeiden Sie das Überwiegen von Selbstkritik, Selbsthass und Ungeduld mit sich selbst. Mit

Schuldgefühlen und Selbstbestrafung erreichen Sie wenig, mit der realistischen Strategie der kleinen Schritte hingegen viel ...
Um ein stärkeres Bewusstsein für die Unterschiede zwischen unsicherem, selbstsicherem und aggressivem Verhalten zu erreichen, probieren Sie bitte die folgenden Übungen aus (nach Bloom, Coburn, Pearlman).
Übung 1:

1. Stellen Sie sich eine Situation vor, in der es Ihnen schwer fällt, sich selbstsicher zu verhalten. Versetzen Sie sich genau in die Situation und schließen Sie dabei die Augen, bis Sie Ihre Unsicherheit erspüren. Öffnen Sie nun die Augen wieder.
   Jetzt stehen Sie auf und gehen umher. Dabei wandert Ihr Blick über den Boden, die Schultern hängen, das Gewicht des Erdballs lastet auf Ihnen. Niemand würde auf Sie hören. Ihre Wünsche können Sie nicht äußern, gar Forderungen anzumelden erscheint unmöglich.
   Stopp! Denken Sie über die eben ausgelösten Gefühle nach. Wann überfallen Sie diese Gefühle? Welchen Preis zahlen Sie, wenn Sie diesen Gefühlen nachgeben? Auf welchen unrealistischen Annahmen beruhen diese Ängste?
   Jetzt schütteln Sie sich kräftig und streifen alle ängstlichen Gefühle ab.
2. Jetzt nehmen Sie eine aggressive Haltung ein!
   Stellen Sie sich vor, dass Sie eine riesige Wut im Bauch haben. Denken Sie sich in eine Situation hinein, über die Sie sich schon lange ärgern. Stehen Sie auf. Stellen Sie sich breitbeinig, mit in die Hüften gestemmten Händen in Positur. Blicken Sie auf einen Punkt, bis Sie, mit schmalen Augen blickend, Ihre ganze Wut und Verachtung eiskalt ausstrahlen. Gehen Sie energischen Schrittes herum und sagen Sie sich dabei: "Denen werde ich es zeigen! Heimzahlen werde ich Ihnen alles! Das lasse ich mir nicht mehr bieten!"
   Bleiben Sie jetzt stehen. Holen Sie tief Luft und denken Sie über Ihre Gefühle von eben nach. Jetzt entspannen Sie sich und befreien Sie sich von diesen aggressiven Gefühlen.
3. Nehmen Sie eine selbstsichere Haltung ein. Sie stehen gerade, die Schultern zurückgenommen, den Kopf erhoben. Ihr Gewicht ruht gleichmäßig auf beiden Füßen, so dass Sie fest und sicher mit beiden Beinen auf der Erde stehen! Sie sind entspannt, aber hellwach zugleich. Für die schwierige Situation, die Sie sich vorstellen, geben Sie sich selber positive Instruktionen: "Ich werde es schaffen", "Ich bin schon mit ähnlichen Situationen gut klargekommen", "Meine Kenntnisse werden

mir helfen". Sie sehen sich in der Situation agieren und gut zurechtkommen. Halten Sie nun wieder inne, lassen Sie die Gefühle nachklingen und kehren Sie in die Realität zurück.

Denken Sie nun über die unterschiedlichen Gefühle nach. Gut wäre es, eine/n Vertraute/n zu haben, mit der/dem Sie Erfahrungen austauschen können.

Wie fühlten Sie sich in jeder dieser Rollen? Welche Rolle fiel Ihnen am leichtesten, welche am schwersten?

Waren Sie vielleicht besonders gebremst bei der Darstellung von Aggressivität? Vielen Frauen fällt es sehr schwer, mal so richtig zu explodieren. Aggressivität ist bei Frauen ziemlich stark tabuisiert.

Stattdessen verlangen viele Frauen von sich ein außerordentlich hohes Maß an Selbstkontrolle. Fahren sie dann doch einmal aus der Haut, ist dies meist mit gemischten Gefühlen und Selbstzweifeln verbunden. Typisch scheint mir die Einschätzung der Regisseurin Ulrike Ottinger, die aggressive Umgangsformen bei ihrer Arbeit ablehnt. "Ich weiß nur, dass ich einmal außer mir war vor Wut und schrecklich gebrüllt habe. Aber das ist etwas, was mir selbst sehr wehtut, wo ich mich danach sehr schlecht gefühlt habe. Doch vielleicht ist es ja auch unmenschlich, dass man nicht mal ausrastet." (Metzler 188)

Auch Diskussionen in meinen Seminaren zeigten, dass Frauen, die mal aggressiv losgepoltert haben, diesem Ausbruch meist fassungslos gegenüberstanden – vor allem dann, wenn er gewirkt hatte! Anne, in der Marketingabteilung eines großen Konzerns beschäftigt, hatte die neue Aufgabe, Händlern verbesserte Produktentwicklungen zu präsentieren. Sie reiste durch die BRD und hielt ihre Vorträge in Hotels. Sie brauchte einen Tageslichtschreiber, eine Tafel und Pinnwände. Beim dritten Hotel kam sie durch einen Verkehrsstau erst fünf Minuten vor Beginn der Veranstaltung an. Der Vortragsraum war schlicht leer. Keine Stühle, keine Getränke, keine Technik, nichts. Auf Annes höfliche, bestimmte Bitte passierte in den nächsten fünf Minuten überhaupt nichts. Anne, die meinte, schon ein leicht amüsiertes Grinsen in den Gesichtern der Händler zu sehen, explodierte. "Ich fing an zu brüllen und mir fielen Ausdrücke ein", so berichtete sie immer noch erstaunt, "von denen ich nie angenommen hatte, dass ich sie verwenden könnte!" Wie von Zauberhand wurde jetzt der Raum gerichtet. Von den Zuhörenden sei sie sehr respektvoll behandelt worden.
Ich will Ihnen keineswegs Aggressivität predigen. Aber es kann durchaus

auch mal Ausnahmesituationen geben, in der diese verständlich ist und zum Ziel führt.
Kehren wir zu den drei Übungen zurück.
Sind Ihnen körpersprachliche Anzeichen aufgefallen, die Ihnen bekannt vorkamen? Und Gefühle? Versuchen Sie sich an Situationen zu erinnern, wo diese auftraten. Wie können Sie in Zukunft selbstunsichere und aggressive Haltungen in selbstsichere umwandeln?
Nehmen Sie nun noch einmal eine selbstsichere Körperhaltung ein und spüren Sie genau Ihren Gefühlen nach ...

Übung 2:
Diese Übung können Sie mit einem Kassettenrecorder machen und/oder bitten Sie eine/n Vertraute/n, zuzuhören oder, besser, gleich mitzuüben!
Die folgenden Sätze sprechen Sie bitte unsicher, aggressiv und selbstsicher. Achten Sie gleichzeitig darauf, welche körpersprachlichen Signale sich zugleich verändern.
Üben Sie so lange, bis die drei Varianten sich eindeutig unterscheiden!
a) Ich kann diese Arbeit heute nicht mehr beenden.
b) Das macht nichts.
c) Dazu bin ich nicht bereit.
d) Natürlich kannst du dir dies Buch leihen.
e) Diese Art von Witzen schätze ich gar nicht.
Üben Sie, wenn Sie allein sind, immer wieder Sätze, die Ihnen nur mit Schwierigkeiten sicher von den Lippen kommen, selbstsicher auszusprechen. Sie werden merken, dass Ihnen dies dann auch in der Realität immer selbstverständlicher wird.
Belohnte Verhaltensmuster aus der Kindheit bewirken, dass Frauen in der Arbeitswelt – aber nicht nur da – Männern den Vortritt lassen. Selbstsicherheit und Durchsetzungsfähigkeit sind ja nicht gerade Eigenschaften, zu denen Frauen Mut gemacht wird. Entsprechend groß und meistens übertrieben sind die Ängste anzuecken, nicht mehr zu gefallen, Zuneigung zu verlieren. Frauen sind oft überrascht, dass die Welt keineswegs untergeht, wenn sie berechtigte Forderungen selbstsicher und parner/-innen-orientiert vertreten.
Es scheint, dass es eine für Frauen typische Mischung von Bescheidenheit und Zweifeln gibt, die uns auch daran hindert, direkt auf neue Aufgaben und Positionen zuzumarschieren. Einer amerikanischen Managerin, Leiterin der Planungsabteilung, fielen die Verhaltensweisen eines

Planungsfachmannes auf, den sie in die Abteilung gebracht hatte und der für sie arbeitete. "Er hat diesen Job erst seit ein paar Monaten ... er meinte einmal, er würde gern ein Jahr bleiben, dann wolle er in den Außendienst und sich im Anschluss daran wieder zurückversetzen lassen, auf einen höheren Posten. Ich bin jedes Mal schockiert, wenn ich so etwas höre. Er hat nämlich noch überhaupt nichts geleistet. Und ich bin schließlich sein Boss. Er muss erst einmal hier etwas auf die Beine stellen. Mir wurde schließlich klar, dass er fest damit rechnet, eine Beförderung nach der anderen zu kriegen. Und darauf möchte ich hinaus – er ist so selbstsicher und so unbescheiden, dass ich einfach baff bin. Ich besitze zwar auch genügend Selbstvertrauen, aber ich bin trotzdem sehr viel bescheidener. Ich getraue mich erst zu fragen, wenn ich auch sicher bin, dass sie nicht nein sagen können. Und das ist auch die Crux, deshalb fällt es mir so schwer, mich hoch zu boxen. Weil ich diese Jobs nicht als mein Geburtsrecht betrachte." (Roman Gallese, 110 f.)

Diese weibliche Bescheidenheit selbst bei erfolgreichen Frauen scheint mir typisch zu sein.

Obwohl Frauen langsam ihre Stärken entdecken und sehr wohl merken, dass sie vieles mindestens genauso gut können wie Männer, kommt doch nicht selten die Botschaft wieder hoch, dass Männer im Umgang mit der Arbeitswelt sozusagen von "Natur aus" besser oder schlauer sind.

Selbstverständlich kann es dann und wann aus taktischen Gründen angebracht sein, einem Mann den Vortritt zu lassen. Aber bitte beobachten Sie sich selber, wie oft passiert Ihnen das, wenn keine taktischen Gründe vorliegen? Wie fühlen Sie sich dann? Welchen Preis zahlen Sie dafür?

"An unseren Meinungen leiden wir mehr als an den Ereignissen. Jeder ist so glücklich oder so unglücklich, wie er sich sieht."

Seneca

Redeangst – Hemmungen –Lampenfieber

Zwei sehr wichtige Möglichkeiten, Ängste abzubauen, haben Sie im Kapitel Selbstsicherheit kennen gelernt: die positive Selbstinstruktion und die Vermeidung eines unrealistischen Ich-Ideals.
Bevor wir uns mit weiteren Ursachen für Lampenfieber auseinander setzen und Mittel dagegen nennen, ist zunächst zu betonen, dass Lampenfieber etwas ganz Normales ist. Z. B. sind auch fast alle bekannten Künstler nicht vor Lampenfieber gefeit. So hat Sammy Davis jr. gemeint: "Ein Auftritt ohne Lampenfieber ist wie eine Liebe ohne Gefühl." Bis zu einem gewissen Maß kann Unruhe unsere Leistung fördern. Wir sind sozusagen hellwach, voll da. Jedenfalls dann, wenn es uns gelingt, uns auf das Thema und unsere Gesprächspartnerinnen und Gesprächspartner zu konzentrieren! Tappen Sie also nicht in die Falle, Ihre Gedanken nun nur um sich selbst, Ihre Nervosität, Ihre wahrscheinliche Wirkung auf andere kreisen zu lassen. Sie steigern nur Ihre Unsicherheit und ziehen Konzentrationskapazitäten vom Wesentlichen ab. Und schon beginnt sich der Teufelskreis der negativen, sich selbst erfüllenden Vorhersage zu drehen: Die Angst beeinträchtigt die Konzentrationsfähigkeit, schlägt auf die Stimme usw. Und Ihr Gesprächsbeitrag oder Vortrag wird tatsächlich so mäßig, wie Sie es in Ihren Alpträumen vorhergesehen haben. Noch einmal: positive Selbstinstruktion, Konzentration auf Thema und Gesprächspartner/-innen!
Mit so einem realistischen Umgang mit der Furcht vor dem Versagen können Sie zugleich besser mit dem stofflichen Geschehen umgehen, mit dem jede seelische Regung verbunden ist (Vester). In Stresssituationen werden blitzschnell zwei Hormone in den Blutkreislauf geschickt: Adrenalin und Noradrenalin. Diese sind als Stresshormone bekannt und dienen dazu, den Körper schlagartig für Höchstleistungen, zur Abwehr eines plötzlichen Angriffs oder zur Flucht zu präparieren. Zugleich wird jedoch durch diese Hormone unsere Fähigkeit, bewusst zu denken, eingeschränkt. Dieser Stressmechanismus muss im Zusammenhang mit Selbsterhaltung gesehen

werden, wo "Nachdenken" das schnelle rettende Reißaus vor einem Angriff verzögern würde. Schließlich konnte die Natur nicht ahnen, dass in unserer modernen Gesellschaft Stress- und Alarmreaktionen sich ausgerechnet mit Denken (und Lernen) verknüpfen.

Da Sie kaum fluchtartig die Stätte verlassen können, nehmen Sie die biologischen Vorgänge, die sich da in Ihrem Körper abspielen, kurz als gegeben hin: Aha, die Stresshormone. Dann, wie betont, richten Sie die verbleibende Kapazität auf Ihre Ausführungen und die Zuhörenden, statt sich selber zu beobachten, zu bedauern und so die Stressbelastung noch zu erhöhen.

Bedenken Sie außerdem:

Die Angst vor dem Sprechen liegt nicht in der Situation selbst begründet, sondern resultiert allein aus den Gedanken, die Sie hineininterpretieren. Diese ängstlichen Gedanken und Befürchtungen haben unterschiedliche Ursachen.

Zunächst muss die Situation Ihnen wichtig sein. Hier gilt erneut: Relativieren Sie die Bedeutung der Situation! Was kann denn wirklich schlimmstenfalls passieren? Kehren Sie auf den Boden der Tatsachen zurück, bleiben Sie auf dem Teppich ...

Viele Ursachen für Stress, den wir uns selber machen, zeigen sich immer wieder z. B. am Beginn eines Rhetorik-Seminars. Vor allem wenn es für die Beteiligten das erste Seminar dieser Art ist. Da ist zunächst die fremde Gruppe und die fremde Seminarleitung,

der fremde Ort,

eine neue Situation,

durch die Videoaufzeichnungen die Konfrontation mit dem eigenen Bild und der eigenen Stimme,

die Angst, sich zu blamieren (Selbstanspruch!).

Die Angst, mal nicht so gut zu wirken, führt bei vielen Menschen dazu, gar nichts zu sagen – und sich dann zu ärgern, wenn andere einen ähnlichen Gedanken äußern. Oder es führt dazu, sich bestimmten Situationen oder Anforderungen gar nicht erst auszusetzen. Diese Ängste lassen sich in einem Seminar gut abbauen. Denn dies ist eine Situation, in der alle in einem Boot sitzen, alle voneinander lernen, dass sie von Ängsten geplagt werden, jede/r üben kann, ohne dass etwas "passiert".

Neben Seminarbesuchen empfiehlt es sich, ein individuelles Übungsprogramm zu erstellen. Denn überwiegend durch Übung lassen sich Sprechängste abbauen!

Machen Sie sich eine Liste mit Sprechsituationen. Beginnen Sie mit Situationen, die Sie problemlos und sicher bewältigen. Dann folgen etwas schwierigere Situationen bis hin zu solchen, die Ihnen (wahrscheinlich aus mangelnder Übung) schwer fallen.
Beginnen Sie mit den etwas schwierigen Situationen. Nutzen Sie jede Gelegenheit zum Üben. Wählen Sie zunächst Situationen, wo es nicht um gewichtige Dinge geht. Wenn Sie diese Situation beherrschen, steigern Sie den Schwierigkeitsgrad.
Üben Sie einerseits, mit sorgfältigster inhaltlicher Vorbereitung zu sprechen. Üben Sie aber auch, aus dem Stegreif zu argumentieren (s. Kap. Gesprächsführung). Aus eigener Erfahrung kann ich Ihnen versichern, dass Sie nach Überwindung der ersten Barrieren sehr viel sicherer in Sprechsituationen sein werden!
Dabei ist es wichtig, dass Sie Ihr Sprechtraining nicht als dauernde Prüfungssituation auffassen, sondern als Gelegenheit zum Üben. Nicht vergessen – es geht nur sehr selten um alles oder nichts!
Bedenken Sie außerdem, dass Ihre Gegenüber keine Wunder erwarten, sondern zufrieden sind, wenn sie Dinge gut strukturiert und lebendig dargestellt bekommen, wenn auf ihre Interessen eingegangen wird.
Bauen Sie auch Ihre Ängste ab, etwas zu sagen, von dem Sie vermuten, Ihre Gegenüber sind anderer Meinung. Unterschiedliche Meinungen sind etwas völlig Normales. Aber gerade wir Frauen fürchten uns wohl besonders davor, Widerspruch hervorzurufen. Aber nur durch neue Gedanken und Anregungen kann etwas bewegt werden. Und es wird Ihnen nie gelingen, es allen recht zu machen! Je mehr Zuhörende, desto mehr Meinungen. Vertreten Sie fundiert Ihre Meinung und nehmen Sie Zweifel und Kritik als normal. Denken Sie daran, wie unterschiedlich ja auch beispielsweise Filme oder Romane beurteilt werden. Sie lesen positive Kritiken über ein Buch, es wird zum Bestseller. Sie lesen es und es gefällt Ihnen gar nicht.

Fazit:

1. Sprechängste sind nichts Ungewöhnliches
2. Die unangenehmen Gefühle, die uns überfallen, entstehen infolge hoher Adrenalinausschüttungen – Stresssymptome sind also auch ein biologischer Vorgang.
3. Durch die Konzentration auf Stresssymptome und unrealistische Ansprüche an sich selbst steigt das Lampenfieber.
4. Konzentrieren Sie sich auf Ihr Thema und Ihre Gegenüber!

Empfehlungen für die Praxis:

- Bereiten Sie sich sorgfältig vor. Benutzen Sie Stichwortkarten, so dass Sie sich sicher fühlen (s. Redevorbereitung).
- Kleiden Sie sich – dem Anlass angemessen – so, dass Sie sich wohl fühlen. Vermeiden Sie steife, einengende Kleidung. Meiden Sie ggf. sehr auffällige Kleidung, die die Aufmerksamkeit der Zuhörenden abziehen kann.
- Bei Vorträgen möglichst vorher den Raum anschauen – Sie wissen dann, was Sie erwartet, und ein Fremdheitsfaktor fällt weg. Sie können sich außerdem schon vorstellen, wie Sie dort agieren werden.
- Außerdem – frühzeitig da sein, ggf. Technik, Lichtverhältnisse, Präsentationsmöglichkeiten usw. prüfen.
- Vor Sprechbeginn entspannen. Atmen Sie einige Male langsam und tief durch.
- Beginnen Sie mit lauter, deutlicher Stimme.
- Denken Sie an Ihr Thema und die Interessen der Zuhörenden … und dann geht es fast wie von selbst!

Gesprächsführung

Gesprächsvorbereitung

Im Kapitel Sprechen stellten wir fest, dass Frauen ein kooperatives, unterstützendes Sprechverhalten haben, unterschiedliche thematische Positionen wahrnehmen, persönliches Engagement zeigen. Die Früchte dieser konversationellen Aufbauarbeit können Frauen aber sehr oft nicht ernten. Dies liegt einerseits am "Männerbonus" in Diskussionen. Andererseits aber auch an mangelndem Selbstvertrauen, traditionellen Unterlegenheitsgefühlen.
Außer der Erweiterung des eigenen Sprechrepertoires, was z. B. Stimmführung und eindeutige Formulierungen betrifft, ist gerade für viele Frauen auch eine intensive Vorbereitung von Gesprächen wichtig. Zu einer guten Gesprächsvorbereitung gehören argumentative und strategische Vorüberlegungen.
Während Frauen im privaten Bereich oft sehr erfolgreich geschickt taktieren oder die traditionelle weibliche indirekte Strategie fahren, um zum Ziel zu kommen, machen sie sich im Berufsleben oft sehr wenig Gedanken um strategische Aspekte. Dabei liegt es gerade Frauen aufgrund ihrer stärkeren Personenorientiertheit, auf Menschen einzugehen und sich in sie hineinzuversetzen.
Zuerst ist es also wichtig, möglichst genau zu analysieren, *wer Ihre Gesprächspartnerinnen und Gesprächspartner sind:*
Welches *Alter* haben sie?
Welches *Geschlecht?*
Welches *Bildungsniveau?*
Welche *Stellung* nehmen sie (im Betrieb) ein?
Handelt es sich um *Theoretikerinnen bzw. Theoretiker*, um *Praktikerinnen/Praktiker*, um *Kaufleute* oder *Technikerinnen/Techniker?*
Handelt es sich um Gesprächspartnerinnen oder Gesprächspartner, die Sie noch nicht kennen, lassen Sie alle Ihre Verbindungen spielen, fragen Sie, beschaffen Sie sich Informationen. Dies verlangt Ihnen möglicherweise anfangs einigen Mut ab, aber es lohnt sich meistens. Denn je mehr Sie über Ihre Gesprächspartnerinnen und Gesprächspartner wissen, desto genauer können Sie die Auswahl Ihrer Argumente vorbereiten. Je genauer Sie wissen, mit wem Sie sprechen, desto besser können Sie eine angemes-

sen Sprachebene wählen, an Erfahrungen Ihrer Gegenüber anknüpfen, deren Erwartungen erfüllen. Last not least erhalten Sie vielleicht sogar noch Hinweise für die vielen Frauen lästige Frage: Was ziehe ich passenderweise an?

Nur wenn Sie wissen, ob jemand z. B. technisch oder künstlerisch usw. ausgerichtet ist, können Sie Ihre Beispiele, Ihre Argumente entsprechend ausrichten.

Zwei Beispiele aus meiner eigenen Erfahrung:

Über den Präsidenten einer großen Behörde, mit dem ich um einen Auftrag verhandeln wollte, erfuhr ich Folgendes: Etwa 50 Jahre alt, sehr konservativ, leichter Sprachfehler, fragt gern nach dem beruflichen Werdegang. All diese Informationen erwiesen sich für mich als sehr hilfreich. Die sehr ausführlichen Fragen nach meinem beruflichen Werdegang, auch nach meiner früheren Ausbildung, hätten mich sonst wohl ziemlich irritiert. Bei Fragen zu meinem Familienstand verkniff ich mir meine sonst lockere Antwort, glücklich in wilder Ehe zu leben, womit ich sicherlich in den Fettnapf getreten wäre.

Vielleicht runzeln Sie über solche "Kleinigkeiten" die Stirn? Denken Sie an das Kommunikationsmodell aus dem Kapitel Sprechen: Der Beziehungsaspekt ist dem Inhaltsaspekt übergeordnet. Das heißt: Sie können die besten Argumente bringen – wenn Sie auf der Beziehungsebene im Fettnäpfchen landen, werden Sie Ihr Ziel dennoch kaum erreichen!

In meinem zweiten Beispiel handelte es sich um ein Gespräch mit dem Personalchef eines Industrieunternehmens, für das ich Seminare durchführte. Auch über ihn hatte ich einige Informationen bekommen, u. a. dass ich zusehen müsse, mit meinen Argumenten zum Zuge zu kommen, da er überwiegend selber die Unterhaltung bestreite. Dennoch bereitete ich meine Argumentationen vor. Was sich als gut erwies. Mein Gesprächspartner war nämlich relativ wortkarg und ließ mich reden!

Daher: sammeln Sie Informationen. Bedenken Sie aber, von wem diese Informationen kommen! Aus welcher Sicht werden Ihnen Anhaltspunkte geliefert? Aus wievielter Hand stammt die Information? Machen Sie sich also nicht ein festes Bild von Ihrer oder Ihrem Gegenüber, sondern bleiben Sie trotz aller Informationen offen für Ihren persönlichen Eindruck. Sehr nützlich kann es sein, sich über Gesprächspartnerinnen und Gesprächspartner, mit denen Sie öfter zu tun haben, Informationen in Stichworten aufzuschreiben. Wenn Sie in der Anwärmphase des Gesprächs oder zwischendurch locker einstreuen, dass Sie gerade in

Freiburg waren, wo Ihr Gegenüber doch studiert habe, oder sich nach dem Verlauf des Urlaubs mit dem Wohnmobil in Frankreich erkundigen, wird Ihr Gegenüber Sie sicherlich als aufmerksame und interessierte Gesprächspartnerin schätzen. Machen Sie sich auch Notizen über Hobbies, Abneigungen usw. Übertrieben? Wie empfinden Sie es, wenn andere sich so gut an "Kleinigkeiten" erinnern, Interesse zeigen? Ist die Atmosphäre nicht persönlicher, entspannter?
Der nächste Schritt ist, sich zu überlegen:
Was wollen Sie bei diesem Gespräch erreichen?
Überlegen Sie, um welche Art von Gespräch es sich handelt.
Dann legen Sie Ihre Ziele *konkret* fest.
Häufig habe ich in meinen Seminaren erlebt, dass dies gar nicht so selbstverständlich ist, wie es scheint.
Typisch war das Beispiel von Claudia, einer sehr tüchtigen und patenten Technischen Zeichnerin. Sie hatte nach und nach in ihrer Abteilung Aufgaben übernommen, die nicht zu ihrer eigentlichen Tätigkeit gehörten. Das machte ihr Spaß, stärkte ihr Selbstvertrauen, bedeutete aber zugleich viel konzentrierte Arbeit, auch Überstunden. Ihr Gehalt blieb gleich. Sie war unzufrieden, vor allem da sie nicht das Gefühl hatte, ihr Vorgesetzter würdige ihre Leistungen. Als wir nach Beispielen aus der Praxis der Teilnehmerinnen suchten, wurde Claudias Fall zum Bearbeiten ausgesucht, da sich viele der Frauen mit dieser Situation identifizieren konnten. Nach entsprechender Vorbereitung spielten wir die Situation durch. Das Gespräch verlief merkwürdig diffus und schwammig. Claudia machte zwar ihrem Vorgesetzten klar, dass sie ihre Leistungen zu wenig anerkannt fühlte. Und der "Vorgesetzte" reagierte wohl recht typisch: verlegen und beschwichtigend. Aber dann zerfaserte das Gespräch und endete ohne greifbares Ergebnis. Bei der Analyse wurde deutlich, dass Claudia, ausgenommen ihr Bedürfnis nach mehr Anerkennung, nicht wusste, *wie* sie selber ihre Arbeitssituation befriedigender gestalten wollte. Ihr war nicht klar, ob sie mehr Geld und eine neue Stellenbeschreibung oder z. B. lieber Entlastung von einigen Aufgaben wollte usw. D. h., sie ging ohne klare Zielvorstellung in das Gespräch. Der Gesprächsverlauf war daher für sie wenig befriedigend, es blieb ein vages Unbehagen zurück. Ähnlich wäre dieses Gespräch auch in der Praxis gelaufen, es sei denn, ein sehr einfühlsamer Vorgesetzter hätte mit seiner Mitarbeiterin gemeinsam Lösungsmöglichkeiten erarbeitet.

Wer nicht weiß, wo sie/er hinwill, muss sich nicht wundern, ganz woanders anzukommen. Daher:
Gesprächsziele konkret festlegen!
Überlegen Sie daher genau: Was ist Ihr *Hauptziel?*
(Z. B. Gehaltserhöhung.)
Gibt es *Nebenziele?*
(Z. B. Arbeitsentlastung.)
Welches ist Ihr *Rückzugsziel?*
Unter Rückzugsziel ist ein Kompromiss gemeint, der kleinste gemeinsame Nenner, von dem Sie sicher sind, dass sich Ihr Gegenüber darauf einlassen kann. Nicht vielen Verhandlungspartnerinnen oder Verhandlungspartnern bereitet es großes Vergnügen, jemanden auf der ganzen Linie kalt abblitzen zu lassen. Wenn Ihnen dies passierte, fragen Sie sich, ob Ihre Zielvorstellung realistisch war! Wenn ja, sind Sie vielleicht einer dieser unrühmlichen Ausnahmen begegnet. Oder waren Ihre Ziele und Erwartungen mit denen Ihres Gegenübers doch schlicht nicht vereinbar? So ein erfolgloses Gespräch auf der ganzen Linie bedeutet ja nicht nur für Sie einen Gesichtsverlust. Vielleicht kann Ihr Gegenüber sich ja auch zurzeit nicht mit Ihnen über Ihr Gesprächsziel einigen und ist wie Sie froh, mit einem kleinen Teilergebnis dieses Gespräch zu beenden.
Ein weiterer Schritt basiert auf der Frage:
Welche themenbezogenen Merkmale haben Ihre Gesprächspartnerinnen und Gesprächspartner?

a) Was wissen sie über das Thema bereits?
b) Welche Einstellung haben sie zu dem Thema?
c) Warum nehmen sie an dem Gespräch teil?
d) Welche Erfahrungen (und damit Argumente) gibt es mit dem zu besprechenden Thema für sie?

Außerdem ist es für Ihre Vorbereitung sehr wichtig zu bedenken:
Mit welchen Vorurteilen, emotional gefärbten Beiträgen, Empfindlichkeiten und Widerständen müssen Sie rechnen?
Diese Punkte können einerseits mit dem Thema zusammenhängen, wenn es z. B. in irgendeiner Hinsicht ein Reizthema ist wie Geld, Veränderungen von Gewohntem usw. Reizthema kann aber leider auch immer noch sein, dass SIE eine Verhandlungspartnerin sind. Wahrscheinlich kennen Sie Anmerkungen und Fragen in dieser Richtung. Überlegen Sie sich Antworten auf der Sachebene oder auf der humorvollen Ebene. Tauschen Sie Erfahrungen mit anderen Frauen aus! Je nach Beruf werden sich sol-

che Fragestellungen wiederholen. Beliebt sind dabei auch Fragen, die mehr oder weniger an der Kompetenz kratzen. Lassen Sie sich nicht verunsichern und bedenken Sie, auch wenn Sie die Frage nun schon oft gehört haben – Ihrem Gegenüber kann sie wichtig sein. Wenn mir z. B. mal wieder die Frage gestellt wird, ob es denn keine Probleme gäbe, wenn ich als Frau eine reine Männergruppe trainiere, so verdrehe ich zwar innerlich die Augen, antworte aber freundlich, dass es in den vergangenen sieben Jahren keine Probleme gegeben habe ...

In diesem Zusammenhang ist es wichtig zu überlegen:

Wie werden Sie selber eingeschätzt?

Werden Sie als Fachfrau, als Vorgesetzte, als Mitarbeiterin, als Beraterin usw. gesehen? Denken Sie an die Überlegungen zum Thema Selbstsicherheit! Machen Sie sich nicht kleiner als Sie sind! Wenn Sie es mit mehreren Gesprächspartnerinnen oder Gesprächspartnern zu tun haben, bedenken Sie:

Auf wen müssen Sie Ihre Argumentation besonders ausrichten?

Gibt es z. B. Hauptbetroffene von Veränderungen, Vorgesetzte, Vertreterinnen und Vertreter wichtiger Organisationen usw? Aber Vorsicht! Nicht immer kennen wir die internen Strukturen so genau, dass wir sicher wissen, wer letztlich die Entscheidung fällt. Konzentrieren Sie sich nicht augenfällig nur auf eine Person und lassen Sie nicht die Übrigen als "Staffage" links liegen. Überlegen Sie sich einleuchtende Argumentationen für alle Beteiligten.

Bevor wir uns nun mit der Auswahl und dem Aufbau von Argumenten beschäftigen, ist klarzustellen, dass viele der hier angesprochenen Fragen nur mit Vermutungen zu beantworten sind. Aber Sie werden in den meisten Fällen sehr hilfreich sein, um die Richtung festzulegen, um zu verhindern, dass Sie völlig danebentappen.

Wenn Sie aus Ihren Vorinformationen keine Vorausurteile gemacht haben (s. Kap. Zuhören) und mit ausgefahrenen Antennen in der Gesprächssituation selber agieren, dann werden Sie die endgültige Auswahl Ihrer vielen Argumente treffen können. Denn, Ihr letzter Vorbereitungsschritt ist zu überlegen:

Wie würde sich die Realisierung Ihrer Vorschläge für die Adressatinnen und Adressaten auswirken?

Welche Vorteile, welchen Nutzen können Sie anbieten? Gibt es Nachteile? Was können Sie dem entgegensetzen?

Strukturiert argumentieren

Das Argument ist der wichtigste Bestandteil der Diskussion, aber auch der Verhandlung oder der schriftlichen Stellungnahme.
Es ist die Begründung oder die Beweisführung dafür, warum die oder der Argumentierende eine bestimmte Behauptung oder Meinung für richtig hält.
Im Idealfall sieht eine vollständige Argumentation so aus:
Behauptung – Begründung – Beleg – Beispiel – Schlussfolgerung

Beispiel:

Behauptung:	Die Industrie braucht mehr Innovationen,
Begründung:	WEIL die anstehenden Zukunftsprobleme mit herkömmlichen Methoden nicht befriedigend gelöst werden können.
Beleg:	DENN bei Innovationen müssen Logik, Intuition und Phantasie zusammenfließen.
Beispiel:	Die Gehirnforschung hat ZUM BEISPIEL herausgefunden, dass Frauen einen leichteren Zugang zu ganzheitlichem Denken haben, was für innovative Ansätze von großer Bedeutung ist.
Schlussfolgerung:	DESHALB sind Frauengleichstellungsmaßnahmen zu forcieren, damit Frauen und Männer in gemeinsamer Teamarbeit zu besseren Problemlösungen kommen.

In der Praxis sieht eine Argumentation meist so aus:

Behauptung – Begründung – Schlussfolgerung
Belege und Einzelbeispiele werden mit der Begründung zusammengezogen. Als Faustregel gilt: Nicht mehr als drei Beispiele. Jedes Beispiel ruft sofort bei den Zuhörenden Bilder, Erfahrungen, Gefühle hervor. Zu viele Beispiele wirken daher nicht verstärkend, sondern verwirrend. Die Zuhörenden schweifen in Gedanken ab und/oder verlieren den roten Faden.
Die Gliederungshilfe zum Argumentieren können Sie mit einer ausdrücklichen "Ich-Formulierung" zu Beginn und einer Aufforderung am Schluss auch gut zum Vertreten von Standpunkten benutzen.

Beispiel:

Standpunkt:	"Ich plädiere dafür, in allen Betrieben mit mehr als 100 Beschäftigten verbindliche Frauenförderungsmaßnahmen durchzuführen, wie sie das Frankfurter Batelle-Institut erarbeitet hat.
Begründung:	In den vergangenen Jahrzehnten hat sich gezeigt, dass der bei zwei Prozent stagnierende Frauenanteil an höheren Positionen sich ohne unterstützende Aktionen auch in nächster Zeit nicht steigern wird.
Beispiel:	Das Beispiel der USA hingegen zeigt, wie erfolgreich die dortigen gesetzlich abgesicherten Förderungsprogramme gewesen sind. Die Führungspositionen der 50 größten amerikanischen Konzerne sind zu 5 % von Frauen besetzt. Der Anteil von Frauen am Management insgesamt stieg von 18 % im Jahr 1973 auf 32 % im Jahr 1983. Die USA nutzen also verstärkt die weiblichen Ressourcen für die Wirtschaft, deren allgemeine Vergeudung u. a. der Nobelpreisträger Samuelson beklagt. Die Teilhabe der Frauen am Management wird in den USA als außerordentlich wichtig für die Bewältigung der Zukunftsaufgaben angesehen, ebenso wie für wirtschaftliches Wachstum und für die Wettbewerbsfähigkeit.
Schlussfolgerung:	Wir in der Bundesrepublik können es uns nicht leisten, die Fähigkeiten von Frauen für das Wirtschaftsleben ungenutzt zu lassen. Auch wir müssen Barrieren wegräumen, die Frauen daran hindern, ihre Begabungen ins Wirtschaftsleben einzubringen.
Aufforderung:	Nutzen Sie also das qualifizierte Potential, das in Ihren eigenen Reihen bisher kaum gefördert wurde. Lassen Sie sich nicht weiter Talente ‚durch die Lappen' gehen, weil Sie sich nur auf männliche Spitzenkräfte konzentrieren. Reihen Sie sich ein in die Gruppe fortschrittlicher und zukunftsweisender Firmen wie Siemens, Deutsche Bank, Lufthansa, IBM, Henkel, Schering, Aral u. a., die bereits mit Frauenförderungsmaßnahmen Erfolge erzielen.

Fördern Sie auch in Ihrem Betrieb gezielt Mitarbeiterinnen, es wird Ihren Arbeitsergebnissen zugute kommen."

Die Standpunktgliederung können Sie gut für kurze Stellungnahmen bei Diskussionen, zur Strukturierung Ihrer Argumente bei Gesprächen nutzen. Wichtig ist stets, auf personenorientierte Formulierungen zu achten. Ähnlich wie beim Argumentieren können Sie auch bei der Standpunktgliederung in einem Beitrag nicht alle Begründungen bringen. Es empfiehlt sich, in einer Diskussion nur eine Begründung pro Wortmeldung zu bringen. Wird in eine Stellungnahme zu viel an Information gepackt und dies mit mehreren Begründungen verknüpft, geht dies oft auf Kosten der Klarheit und der Struktur.

Exkurs: Die Problemlösungsgliederung

Wollen Sie einzelne Teile Ihrer Argumentation nicht, wie bei der Standpunktgliederung, sofort mit Ihrer Meinung beginnen, so empfiehlt es sich, die Zuhörenden schrittweise heranzuführen. Gerade wenn es sich um Reizthemen handelt, besteht sonst die Gefahr, dass die Zuhörenden sofort abschalten und Ihre Begründung und Ihre weiteren Überlegungen gar nicht mehr aufnehmen. Soll also Ihre eigene Position nicht so stark im Vordergrund stehen und den Zuhörenden eine größere Entscheidungsfreiheit gelassen werden, können Sie die Problemlösungsgliederung anwenden (Rüdenauer, 91).

Problemlösungsgliederung:

(Thema)

Situation

(Augenblicklicher Zustand und negative Auswirkungen auf die Zuhörenden)

Ziel

(Wie sollte es sein?)

Lösungsalternativen

(Wie kann der augenblickliche Zustand dem Ziel entsprechend verändert werden?)

Problemlösung

(Die beste Alternative wird ausgewählt.)

Aufforderung

(Appell an die Zuhörenden, sich für die beste Alternative einzusetzen.)

Beispiel:

Thema: Wie können die Fähigkeiten von Frauen stärker in führenden Positionen genutzt werden?

Situation: Der Anteil von Frauen in Führungspositionen in Wirtschaft und Politik liegt seit langer Zeit stagnierend um 2 %. Damit werden weibliche Fähigkeiten, die unter anderem für die Qualität von Problemlösungen wichtig sind, nicht genutzt. Nicht nur der Nobelpreisträger Samuelson beklagt die Verschwendung weiblicher Ressourcen. Auch immer mehr Praktikerinnen und Praktiker sehen deutlich u. a. zwei Punkte, die die stärkere Beteiligung von Frauen an Führungspositionen nötig machen:

1. Für die neunziger Jahre ist ein Mangel an qualifizierten Führungskräften abzusehen.

2. Infolge gesellschaftlicher und wirtschaftlicher Wandlungen besteht immer dringender die Notwendigkeit eines kooperativen Führungsstiles. Dieser Stil wird von Frauen sowieso, wie Untersuchungen zeigen, bevorzugt und erfolgreich praktiziert.

Ziel: Wir müssen also überlegen, wie wir den Anteil von Frauen in Führungspositionen steigern können, um deren Fähigkeiten für die Lösung der vielfältigen anstehenden Probleme in Wirtschaft und Politik nutzbar zu machen. Können menschheitsbedrohende Probleme wie Umweltverschmutzung, Atomgefahren, Hunger auf der einen bei gleichzeitiger Überproduktion auf der anderen Seite noch weiter mit herkömmlichen Lösungsversuchen angegangen werden? Mehr als die Hälfte der Bevölkerung, nämlich die weibliche, ist bisher weder mit Kompetenz noch mit Intuition wirklich beteiligt. Wir müssen eine stärkere Zusammenarbeit von Frauen und Männern für die Lösung dieser Probleme erreichen.

Lösungsalternativen: Um die stärkere Beteiligung von Frauen zu gewähr leisten, können wir, ähnlich wie die USA in den siebziger Jahren, Firmen gesetzlich verpflichten, Frauenförderungsmaßnahmen durchzuführen. Dann würden bei gleicher Qualifikation so lange bevorzugt Frauen eingestellt, bis ein bestimmter Prozentsatz erreicht ist. Außerdem bestünde eine jährliche Berichtspflicht. Bei Ungleichbehandlung von Frauen ist mit hohen Geldstrafen zu rechnen. In den USA kostete dies in der Anfangszeit einige Firmen Millionen von Dollar. Eine andere Möglichkeit ist, mit intensiver staatlicher Unterstützung zu propagieren, dass die Firmen zunächst freiwillig Frauenförde-rungsmaßnahmen initiieren. Einige große Firmen wie Aral, Siemens, Deutsche Bank, Lufthansa, IBM u. a. sind hier schon mit gutem Beispiel vorangegangen. Dies hat ihnen nicht nur qualifizierte Kräfte aus den eigenen Reihen gebracht, sondern auch ein fortschrittliches Image in der Öffentlichkeit.

Schließlich können wir auch darauf setzen, dass infolge des ständig steigenden Anteils von Frauen mit qualifizierten Ausbildungen sich diese Frage automatisch erledigen wird.

Problemlösung: Nun, ich plädiere nicht für staatliche Eingriffe, bevor ausprobiert wurde, ob nicht Einsicht freiwillig gute Resultate bringt. Zu bezweifeln ist jedoch, dass sich ohne gezielte Maßnahmen der Anteil von Managerinnen erhöhen wird. Denn nach fast 40 Jahren gesetzlich verankerter Gleichberechtigung müssten wir dann in der Praxis sehr viel weiter sein! Daher bin ich der Meinung, dass alle Firmen freiwillig Frauenförderungsmaßnahmen durchführen sollen.

Aufforderung: Meine dringende Bitte an Sie alle lautet: Setzen Sie sich vorurteilsfrei mit dieser Frage auseinander. Informieren Sie sich über Frauenförderungsmaßnahmen. Setzen Sie sich dafür ein, dass in Ihrem Betrieb Frauen gezielt ermutigt und unterstützt werden. Dies wird Stück für Stück unsere Arbeitswelt positiv verändern, jedem einzelnen Betrieb und nicht zuletzt uns allen zugute kommen."

Die Problemlösungsgliederung eignet sich auch gut für kurze Überzeugungsreden (s. Vortragstechnik).
Die Auswahl der Alternativen kann manipulativ vorgenommen werden! Entweder decken sie die Bandbreite der Möglichkeiten nicht ab und/oder die von der Sprecherin oder dem Sprecher nicht gewünschten Alternativen werden entsprechend negativ dargestellt. Letzteres ist im obigen Beispiel der Fall. Die Maßnahmen in den USA werden mit hohen Strafsummen und jährlichen Berichten vorgestellt. Dies dürfte viele Zuhörende sicherlich verschrecken.
Achten Sie daher darauf, wenn Sie Alternativen vorgegeben bekommen, ob einzelne Aspekte besonders negativ dargestellt werden und ob diese Alternativen wirklich den gesamten Entscheidungsspielraum abdecken.

Kehren wir zurück zum Aufbau von Argumenten. Ein wesentliches Element des Aufbaus eines Arguments ist die Begründung. In der Realität laufen viele Gespräche, Verhandlungen und Diskussionen deshalb so unbefriedigend ab, weil häufig nur Behauptungen aufgestellt werden, Begründungen jedoch fehlen. Statt der Begründung wird eine neue Behauptung gebracht: "Das muss ja zu Aggressionen führen" (erste Behauptung), "denn Aggressionen sind nun einmal unvermeidlich" (zweite Behauptung). So unterbleibt ein wirklicher Gedankenaustausch. Aufmerksame Zuhörende werden, wenn sie mit unbegründeten Behauptungen oder als Tatsachen ausgegebenen Annahmen konfrontiert werden, alle weiteren Aussagen nur mit misstrauischem Vorbehalt aufnehmen.
Argumentieren dient nicht dazu, um jeden Preis Recht zu behalten, sondern dazu, durch Begründungen den Hintergrund der vertretenen Meinung zu erklären.
Das wirkungsvolle Argumentieren liegt in der eigenen Überzeugung (im Idealfall ...), die gründlich durchdacht sein muss. Das Erarbeiten von Argumenten bewahrt Sie davor, unfundierte Vorschläge zu machen. Es zwingt Sie auch, Argumente auf ihre Stichhaltigkeit zu überprüfen und analytisch zu durchdenken.
Bereiten Sie sich auf wichtige Gesprächssituationen schriftlich vor, indem Sie ein so genanntes Argumentefeld erstellen.

Eigene Argumente	Mögliche Gegenargumente	Entkräftung
Argument A	1.	1.
	2.	2.
	3.	3.
Argument B	1.	1.
	2.	2.

Beginnen Sie damit, alle Argumente aufzuschreiben, die für Ihre eigene Auffassung, für Ihre Vorschläge sprechen. Dann überlegen Sie Punkt für Punkt, welche Gegenargumente kommen können. Dies können, wie im Schema angedeutet, mehrere sein. Entsprechend fächert sich dann die Spalte mit den Entkräftungen dieser Gegenargumente auf.

Diese schriftliche Form des Argumente-Gegenüberstellens erinnert Sie vielleicht an gedankliches Durchspielen von Gesprächen. Sie ist aber viel intensiver durch die Gegenüberstellung. Sie erschließen dadurch das Thema mit allen seinen Aspekten systematischer. Gelegentlich wird befürchtet, ein Argumentekatalog führe zu einem sturen Abspulen in der Gesprächssituation selbst. Auch könne es verwirren, wenn Gegenargumente und Einwände ausgearbeitet würden, die dann nicht zur Sprache kommen. Daher sei es besser, sich auf die spontanen Gedanken, auf Improvisation zu verlassen. Bei diesen Überlegungen wird übersehen, dass diejenigen besser schalten, reagieren und ggf. improvisieren können, die sich durch das Erstellen eines Argumentefeldes gründlich mit dem Thema auseinander gesetzt haben. Oft entstehen dann im Eifer der geistigen Auseinandersetzung im Gespräch selber noch zusätzliche kreative Einfälle und Ideen.

Da im Austausch mit anderen sich häufig weitere Ideen entwickeln, ist es auch sehr nützlich, das Argumentefeld noch mit einer anderen Person durchzugehen – möglichst mit jemandem, der aus einem ähnlichen Umfeld wie Ihre tatsächlichen Ansprechpartnerinnen oder Ansprechpartner kommt.

Gerade bei Gebieten, in denen Sie selber zu Hause sind, ist die Gefahr groß, "Selbstverständlichkeiten" wegzulassen. Die eigene Kenntnis von Hintergründen und Zusammenhängen lässt das Argument unwesentlich oder platt erscheinen. Aus der Sicht Ihrer Gegenüber jedoch kann es ein sehr wichtiges und einleuchtendes Argument sein. Damit kommen wir zum nächsten Schritt, nämlich zu überlegen, welche Ihrer Argumente am zugkräftigsten sind.

Die Auswahl der Argumente

Sie haben nun eine ganze Reihe von Argumenten aufgelistet. Es genügt aber nicht, sich nun auf diejenigen zu konzentrieren, die Ihnen selber am gewichtigsten erscheinen. Im Gegenteil: es müssen die Argumente im Vordergrund stehen, die für Ihre Gegenüber am wichtigsten sind. D. h., dass Sie bei demselben Thema bei unterschiedlichen Gesprächspartnerinnen und Gesprächspartnern unterschiedliche Aspekte betonen. Dazu ist es nötig, möglichst viele Informationen über berufliche und auch private Hintergründe Ihres Gegenübers zu haben (vgl. Gesprächsvorbereitung).

"Der Nutzen ist das Mark und der Nerv aller menschlichen Handlungen."

Spinoza

Die personenbezogenen ausgewählten Argumente müssen Ihren Gesprächspartnerinnen und Gesprächspartnern außerdem deutlich machen, welche Vorteile damit für sie persönlich/beruflich/aufgabenorientiert verbunden sind. Diese Nutzenargumentation beinhaltet oft anfangs eine grundsätzliche gedankliche Umstellung. Denn es ist erforderlich, von den "Ich-finde-wichtig"-Gedanken zu den "Für-Sie-ist-wichtig"-Gedanken umzuschalten. Dies fällt aber gerade uns Frauen dann oft leichter als Männern, da wir aufgrund unserer Erziehung stärker darauf trainiert sind, uns in die Wünsche und Bedürfnisse anderer einzuspüren.

Fazit:
Stellen Sie neben den eigentlichen, personenbezogen ausgewählten Argumenten auch immer deren Auswirkungen und Nutzen für Ihre Gegenüber dar – das, was Sie diesen als Vorteil näher bringen wollen.
Vielleicht, liebe Leserin, verspüren Sie bei all diesen Überlegungen ein Unbehagen, gehen Ihnen Stichworte wie "Manipulation" oder "sich verkaufen" durch den Kopf. In der Tat ist es mit der bisher beschriebenen Vorgehensweise und mit vielen anderen Punkten, die noch folgen werden, möglich zu manipulieren. Dies empfehle ich Ihnen ausdrücklich nicht (s. Kap. Manipulation). Sie können diese Vorgehensweise aber auch ganz fair und personenorientiert anwenden. Außerdem, wenn Sie selber in der Situation sind, dass von Ihnen jemand eine Entscheidung, einen Auftrag

usw. will – dann wollen Sie doch auch wissen, welchen Nutzen das für Sie, Ihr Aufgabengebiet hat, oder nicht?

Das Unbehagen an dem "Sich-Verkaufen" teilen viele Frauen miteinander. Mir selber ist es sehr schwer gefallen, loszugehen und "mich zu verkaufen", sprich: Aufträge heranzuholen. Dieses Unbehagen kann unterschiedlichste Ursachen haben: Unsicherheit, Bedenken wegen Effekthascherei, ein Sich-Sträuben gegen Dominanz- und Kompetenzgehabe. Entwickeln Sie Ihren eigenen Stil. Gehen Sie argumentativ, systematisch und personenorientiert vor und bedenken Sie: Die beste Idee, die gute Leistung verpuffen, gute Vorschläge verhallen, wenn Sie sie nicht ansprechend verpackt präsentieren. Und dies heißt letztlich, sich Einflussmöglichkeiten zu nehmen und den Dingen ihren Lauf zu lassen.

Gesprächseinleitung

Sie haben Ihre Gesprächsvorbereitung gemacht und nach Erstellen des Argumentefeldes eine Vorauswahl von personenorientierten Nutzargumentationen getroffen. Nun ruhig durchatmen und mit positiver Selbstinstruktion hinein in Ihr Gespräch.

Gerade die Eröffnungsphase des Gesprächs ist wichtig für den Beziehungsaufbau, der für die Gesprächsatmosphäre von großer Wichtigkeit ist. Denn der oft entscheidende erste Eindruck bleibt haften und wirkt nach, obwohl er sich häufig als falsch herausstellt. Die Art und Weise Ihres Auftretens (und Eintretens), das *Wie*, hat großen Einfluss auf die positive oder negative Gestaltung der Atmosphäre. Erinnern Sie sich an die Sekretärin Gerda (s. S. 20), die sich wie ein bescheidenes Mäuslein durch die Tür drückte? Wichtig für *die Gesprächseinleitung ist:*

- Angemessene Haltung
  Gerade Schultern, erhobener Kopf, Unterlagen, Tasche oder Ähnliches in einer Hand – nicht mit beiden Händen festklammern.
- Zum Anlass passende Kleidung
  So, dass Sie sich wohl fühlen, stimmig mit sich selbst sind und sich nicht verkleidet fühlen.
- Blickkontakt
  Sehen Sie Ihren Gesprächspartnerinnen und Gesprächspartnern von Anfang an offen in die Augen, kein bescheidener, gesenkter Kleinmädchenblick mit geneigtem Kopf.
- Positive Grundeinstellung zum Gespräch
  Eine Selbstverständlichkeit, da Sie ja gut vorbereitet und mit positiver Selbstinstruktion in das Gespräch gehen. Äußern Sie ggf. Ihre Freude, dass dieses Gespräch stattfindet.
- Bejahende, situationsgerechte Begrüßung
  Dies ist in Deutschland üblicherweise immer noch per Handschlag. Normaler Händedruck – nicht zu zaghaft, aber auch nicht übertrieben kernig.

  Zur Begrüßung gehört ebenfalls die Namensnennung. Das Ansprechen mit Namen schafft Vertrauen, wirkt persönlicher. Kennen sich die Beteiligten noch nicht persönlich, stellen Sie sich als Erste vor. Merken Sie sich die Namen Ihrer Gesprächspartnerinnen und Gesprächspartner genau. Fragen Sie nach, wenn Sie den Namen nicht genau verstanden haben.

– Dialogsituation schaffen
Wenn Sie Ihre Gesprächspartnerin oder Ihren Gesprächspartner kennen, knüpfen Sie an vorherige Gespräche an. Dank Ihrer Notizen kann dies der Urlaub, ein Hobby, eine beruflich interessante Entwicklung sein – was auch immer. Kennen Sie Ihren Gesprächspartner noch nicht, kann es das vielstrapazierte Wetter sein, eine lobende Anmerkung zum Gebäude (nicht übertreiben), ggf. die Freude, sich nach vorherigen Telefonaten nun persönlich kennen zu lernen.
In der Realität wie in den Seminaren beobachte ich immer wieder, dass diese Anwärmphase des Gesprächs nicht wichtig genug genommen wird. Was auch dahinter stecken mag – Nervosität, Unterschätzung der Beziehungsebene und damit der Gesprächsatmosphäre – nach zwei halbherzigen Fragen über den Verlauf der Herfahrt o. Ä. wird zur Sache geschritten. Zwar muss die Anwärmphase in einem vernünftigen zeitlichen Verhältnis zur insgesamt zur Verfügung stehenden Zeit stehen, aber es kommt dem Gesprächsverlauf zugute, wenn die Beteiligten nicht gleich kopfüber ins Thema springen. Achtung: Auch dies ist kein Patentrezept! Auch wenn Sie Ihr Gegenüber bisher als anfänglich gern plaudernd erlebt haben, kann sie/er nun gerade in Zeitdruck, schlechter Tagesform o. Ä. sein.
Reagieren Sie situativ. Dazu gehört auch:
– Verbindlich sein und bleiben
Wenn z. B. Ihr Gegenüber Ihre freundliche Anmerkung über das Geschäftsgebäude mit der Anmerkung quittiert, sie/er finde diesen Protzbau fürchterlich – lassen Sie sich nicht aus der Fassung bringen. Sympathie und Antipathie beeinflussen sich gegenseitig. Antipathie verliert sich oft mit zunehmendem Kontakt. Ist es Ihnen nicht auch schon passiert, dass Sie mit einem Menschen anfänglich nicht warm wurden, sie/ihn dann aber schätzen lernten? Daher: ziehen Sie sich nicht in Ihr Schneckenhaus zurück, sondern versuchen Sie
– Verschlossenheit und Widerstand durch angemessene Offenheit den Stachel zu nehmen.

Überzeugen – aber wie?

Nach der Anwärmphase wendet sich das Gespräch dem eigentlichen Thema zu. Sie haben Ihre möglichen Nutzenargumentationen parat. Jetzt gilt es herauszubekommen, welche Nutzenargumentationen für Ihr Gegenüber wirklich interessant sind. Es ist von ausschlaggebender Wichtigkeit, Ihr Gegenüber nicht mit Argumenten zu überschütten, sondern durch Fragen zu ermitteln, wo sich aus ihren/seinen Bedürfnissen und Ihren eigenen gemeinsame Ziele finden lassen. So logisch und einfach dies klingt: in der Praxis werden Gesprächspartnerinnen und Gesprächspartner oft mit einer Flut von Argumenten "erschlagen". Die Aufnahmekapazität der/des Angesprochenen wird überfordert, die Argumente verpuffen. Vor allem aber: die Bedürfnisse der/des anderen sind durch Informations- und Bestätigungsfragen nicht hinreichend abgeklärt. Dabei können gerade wir Frauen, wenn wir die Scheu vor Fragen ablegen, hier sicherlich eine konstruktive, personenorientierte und nicht zuletzt erfolgreiche Gesprächsführung erreichen.

Eine Pharmazieberaterin charakterisiert ihre Vorgehensweise wie folgt: "Für mich ist unabdingbar, erst mal herauszufinden, in welcher Verfassung ist der Mensch, der mir gegenüber sitzt, das ist für mich die Voraussetzung eines Gespräches. Und dann versuche ich, in ihn hineinzukriechen, weil ich ihn so weit wie möglich erreichen möchte. Ich argumentiere ganz sachlich, wissenschaftlich, aber die Form, wie ich das tue, ist, glaube ich, typisch weiblich. Ich versuche wirklich, ihn zu erfühlen. Ich möchte ihn so gut wie möglich verstehen und seine Gründe verstehen, um mich darauf einstellen zu können. Diese Art der Gesprächsführung wird von Männern praktisch nicht gemacht. Die gehen auf den andern zu und sprechen mit ihm, und da fallen viele Dinge raus. Vielleicht sind Frauen auch deswegen so erfolgreich, weil sie darüber hinaus mit Dingen arbeiten, die Männer nicht nutzen, dieses Sich-Einfühlen, dieses Ernstnehmen der Widerstände ..." (Edding, 89).

Hier wird deutlich, liebe Leserin, dass personenorientiertes Sprechen keine Masche, kein Patentrezept ist, sondern die Konsequenz einer inneren Einstellung. Wenn Sie an der/dem anderen wirklich interessiert sind, wird es Ihnen auch gelingen, personenorientiert zu argumentieren.

Außer Einfühlungsvermögen, Interesse und Offenheit ist es dazu auch nötig zu fragen.

Fragen als Mittel der Gesprächsführung

Die Frage ist ein hervorragendes sprachliches Mittel, um Kontakte zwischen Gesprächspartnerinnen und Gesprächspartnern einzuleiten und enger zu verknüpfen.
Besprechungen aller Art können mit einer guten Fragetechnik unaufdringlich strukturiert und geleitet werden.

Mit Fragen können Sie z. B.:
- das Gespräch eröffnen, in Gang und beim Thema halten;
- die Vorkenntnisse, Erfahrungen, Ansichten und Meinungen Ihrer Gesprächspartnerinnen und Gesprächspartner zum Thema erfahren;
- die aktive Beteiligung aller sicherstellen;
- Ihre Gesprächspartnerinnen und Gesprächspartner anregen, zu folgern, Schlüsse zu ziehen und diese zu prüfen

sowie
- das Gespräch vertiefen, einschränken und beenden.

  Fragen können anderen zeigen: Ich bin an Ihnen interessiert, ich nehme Anteil, ich nehme Sie und Ihre Meinungen und Erfahrungen ernst.

Fragen werden jedoch nur dann als so positiv empfunden, wenn Sie folgende Punkte beachten:
Jede Frage löst bei der/dem anderen Gefühle aus. Dies muss bei der Formulierung der Frage berücksichtigt werden.
- Fragen sollen kurz sein.
- Fragen sollten keine Unterfragen enthalten.

  Wenn Sie gleich mehrere Fragen hintereinander stellen, hat dies mehrere Nachteile: Ihre Gesprächspartnerin oder Ihr Gesprächspartner kann sich überfordert oder gar wie in einer Verhörsituation fühlen. Auch besteht die Gefahr, dass sich Ihr Gegenüber erst mal die für sie/ihn angenehmste Frage heraussucht und die anderen Fragen schlicht untergehen.
- Fragen sollen in der Sprache der am Gespräch Beteiligten formuliert sein.
- Fragen dürfen vom Gegenüber nicht als ungehörig oder zu privat empfunden werden.

  Sie kennen solche Fragen wahrscheinlich aus eigener Erfahrung aus Vorstellungsgesprächen. Zum Beispiel die beliebte Frage: Wollen Sie noch Kinder bekommen?

- Fragen sollten nicht die Kompetenz der Gesprächspartnerinnen oder Gesprächspartner angreifen.
  Können Sie als Frau denn Vorgesetzte von Männern sein?
- Fragen sollten nicht die Wertvorstellungen der Gesprächspartnerinnen oder Gesprächspartner angreifen.

Fragen sollen also Interesse signalisieren, aber nicht den Eindruck erwekken, die/der Gegenüber solle ausgefragt oder verhört werden.

Für die Strukturierung von Diskussionen eignen sich:
Fragen zur Informationsfindung: WAS?
Fragen nach Ursachen, Gründen, zur Klärung der Information: WARUM, WIESO, WESHALB?
Fragen nach Lösungen, Aktivitäten: WOMIT, WIE?

"Wer viel fragt, lernt viel und macht sich angenehm, besonders wenn er seine Fragen dem Wissen der Gefragten anpasst;
denn er gibt ihnen so Gelegenheit, sich im Reden zu ergehen, und er selbst erntet fortwährend Erkenntnisse."

Francis Bacon

Vier wichtige Fragetypen

1. Aufschließende Frage
(Offene Informationsfrage)
Der/dem Antwortenden wird weitgehender Spielraum gelassen. Es kann in beliebiger Form, Genauigkeit, Richtung und Ausführlichkeit geantwortet werden.
Beispiele: Welche Erfahrungen haben Sie damit gemacht?
Was meinen Sie dazu?
Wie kam es zu dieser Situation?
Wo sehen Sie Schwerpunkte?
Empfehlung: Es kann günstiger sein, das Fragewort "warum" durch "aus welchen Gründen" zu ersetzen. Dies wirkt verbindlicher und "erschlägt" Ihr Gegenüber nicht. Außerdem können dann mehrere Gründe genannt werden.
Beispiel: Warum ist diese Arbeit nicht fertig?
Aus welchen Gründen ist diese Arbeit nicht fertig?
Die offene Informationsfrage ermöglicht der/dem Antwortenden freie Formulierungen und das Entwickeln neuer Gesichtspunkte. Es können auch Missverständnisse und unerwartete Bezugssysteme aufgezeigt werden. Da hier die informationsreichsten Antworten kommen, können Sie diesen Fragetyp gut in der Eröffnungsphase des Gespräches einsetzen, um Anhaltspunkte über das Selbstverständnis Ihrer Gegenüber von der eigenen Person, Rolle und Funktion zu bekommen.
Breit angelegte offene Fragen können aber zu einem Zerfließen des Gespräches führen. Sie stellen höhere Anforderungen an die Konzentration der Gesprächspartnerinnen und Gesprächspartner. Ergänzen Sie daher offene Fragen mit Kontroll- und Zustimmungsfragen, damit das Gespräch nicht den roten Faden verliert.

2. Kontrollfrage

(Geschlossene Frage)

Die Antwortmöglichkeit ist stark eingegrenzt. Überwiegend "Ja"- oder "Nein"-Antworten.

Beispiele: Wollen Sie dieses Seminar besuchen?
Sind Sie schon bei der Chefin gewesen?
Schaffen Sie es bis nächsten Montag?

Mit Kontrollfragen können Sie den Informationsstand der/des anderen feststellen oder auch, ob das Gesagte verstanden wurde (vgl. Rückkoppelungsfrage unter 4.).

Kontrollfragen erfordern mehr Wissen beim Fragenden. Die/der Antwortende braucht weniger spontane Aktivität. Achten Sie darauf, Kontrollfragen nicht zu geballt einzusetzen. Dies kann schulmeisterlich oder gar wie ein Verhör wirken.

3. Alternativfrage

(Sonderfall der geschlossenen Frage)

Ziel dieser Frage ist es, die Gesprächspartnerin oder den Gesprächspartner auf zwei oder mehrere angebotene Möglichkeiten festzulegen. Wahrscheinlich kennen Sie die Alternativfrage aus Verkaufsgesprächen, wo sie oft manipulativ eingesetzt wird. Es wird nicht mehr nach dem "Ob-Überhaupt" gefragt, sondern zum Beispiel: Wollen Sie Ausführung A oder B?
Passt es Ihnen Dienstag oder Mittwoch besser?
Beginnen Sie mit den Überstunden heute oder morgen?

Gehen Sie mit diesem Fragetyp vorsichtig um. Durchschaut Ihr Gegenüber einen solchen Manipulationsversuch, dürfte sie/er im weiteren Gesprächsverlauf schwierig sein.

4. Bestätigungsfrage

(Auch Suggestiv- und Rückkoppelungsfrage)

Die Zustimmungsfrage soll andere veranlassen, sich mit Ihnen und Ihrer Aussage einverstanden zu erklären. Bestimmte Wörter wie

sicherlich,
gewiss,
wohl,
doch,
auch

werden in eine geschlossene Frage eingebaut. Dies und die Nennung des

Namens können der Frage einen mehr oder weniger suggestiven Charakter geben.

Beispiele: "Sie sind doch auch der Meinung, Frau Schmidt, dass wir in diesem Gespräch einen wichtigen Fortschritt erreicht haben?"

"Sie sind als verantwortungsbewusste Mutter sicherlich darauf bedacht, dass ..."

"Herr Schulze, Sie als Fachmann stimmen gewiss doch auch da mit uns überein ..."

Vorsicht vor plumpen Suggestivfragen, die als Manipulationsversuch aufgefasst und entsprechend übel vermerkt werden!

In schwierigen Verhandlungssituationen können Sie mit einer Bestätigungsfrage wieder auf Gemeinsamkeiten lenken. Dies können Gemeinsamkeiten auf der Sachebene sein oder gemeinsame Antipathien.

Beispiel: In Punkt X waren Sie doch auch der Meinung, dass wir ... Wir werden eine Lösung finden – denn auf keinen Fall wollen wir doch wohl gegenüber Y dumm dastehen?

Rückkoppelungs- oder Spiegelungsfragen

hingegen sollen gegenseitiges Verstehen absichern. Die Aussagen der/des anderen werden in Frageform wiederholt.

Beispiele: Sie sind also der Auffassung, dass ...

Wenn ich Sie richtig verstanden habe, meinen Sie ...

Sie halten es also für denkbar, Frau Meyer, dass ...

Diese Frageform signalisiert Anteilnahme und Interesse. Sie erfordert natürlich, dass Sie konzentriert zuhören (s. Kap. Zuhören und Verstehen). Ihr Gegenüber kann korrigieren, wenn ihre/seine Auffassung bei Ihnen nicht exakt angekommen ist. Rückkoppelungsfragen können verhindern, dass aneinander vorbeigeredet wird. Sie eignen sich auch gut, um Gesprächsabschnitte zusammenzufassen und damit unauffällig zu strukturieren.

Oft verhindern Sie auch unnötige Missverständnisse.

Beispiel: Haben Sie den Bericht schon fertig, Frau Jacob?

Wie kann ich den Bericht denn fertig haben, wenn die Unterlagen von der Abteilung X nicht kommen, Herr Meyer!

Aber den Bericht meine ich doch gar nicht, ich meine ...

Hätte Frau Jacob Herrn Meyer gefragt, welchen Bericht er denn meine, wäre dieser leicht verärgerte Dialog konstruktiv geblieben. Denn die Verantwortung für eine reibungslose Kommunikation liegt ja bei allen

Beteiligten. Auch wenn in diesem Fall Herr Meyer seine Frage hätte präziser stellen müssen.

Fazit:
Gut gestellte, klare, präzise Fragen signalisieren Anteilnahme und Interesse. Sie bekommen wichtige Informationen. Mit Fragen können Sie das Gespräch steuern und Missverständnisse vermeiden.
Antwortet Ihr Gegenüber ausweichend, kann es besser sein, nicht sofort nachzuhaken, sondern die Frage umformuliert etwas später zu stellen. Ist die Antwort erneut ausweichend, kann es nützlich sein, die Frage zu begründen. Begründungen für Ihre Frage anzufügen, dies bietet sich häufig auch an, wenn Sie befürchten, dass Ihre Frage Ihrem Gegenüber überraschend oder als zu direkt, persönlich o. Ä. erscheinen könnte.

Sich überzeugend ausdrücken

Formulieren Sie konfliktfrei!

Der Erfolg eines Gespräches (wie eines Vortrages) hängt, wie nun schon oft betont, stark von einer positiven Atmosphäre ab. Tauchen auch in der besten Nutzenargumentation „Reizwörter" auf (s. auch Kap. Zuhören), können Gedankenketten ausgelöst werden, die oft unbewusst und damit ungeprüft die Akzeptanz des Gesagten mindern.

Solche Gedankenketten können auf unterschiedliche Arten hervorgerufen werden.

So z. B. durch (häufige) *Bewertungen* wie:

„So ein Unsinn", „Das ist das Allerletzte", „primitiv".

Ebenso kann vehementer Gebrauch von *Superlativen* Abwehr hervorrufen und/oder die Glaubwürdigkeit mindern:

„Dies ist das geschmackvollste Büro mit der herrlichsten Aussicht und der tollsten Technologie, das ich jemals gesehen habe!"

Sie können mit Ihren Überlegungen nur ankommen, wenn die Zuhörenden bereit sind, Ihren Beitrag positiv – wenn auch kritisch – zu würdigen. Kommen Ausdrücke, die negative Assoziationen hervorrufen, gehäuft vor, kann es bei den Zuhörenden zu Ablehnung und Aggression kommen.

Beispiel:

Wer gegen den Strom schwimmt, muss einiges schlucken können. (–)

Nur wer gegen den Strom schwimmt, kommt zur Quelle. (+)

Überprüfen Sie daher die eigene Ausdrucksweise. Stellen Sie dort, wo es angebracht ist, die „positivere" Seite der Medaille dar. Denken Sie an den häufig gebrachten Vergleich mit dem halb vollen und dem halb leeren Glas. (Ruhleder, 95 ff., auch zum Folgenden)

Übung: Negativ besetzte Ausdrücke durch positive ersetzen (zugleich Anreicherung des aktiven Wortschatzes)

Einwand
nicht geschafft
nicht gestattet
sich streiten
Tricks
belehren
wir müssen befürchten

Konkurrenz
unfähig
Schmiergelder
durchtrieben
nichts sagend
scharf gewürzt

(Vorschläge siehe Seite 271)

Verständlich sprechen

Neben Bewertungen, Superlativen und Reizwörtern gibt es noch Sprechunarten, unter denen die Verständlichkeit leidet. Komplizierte Ausdrucksweisen können unterschiedliche Ursachen haben:

1. Wir wollen zu viel auf einmal bringen und packen deshalb zu viele Gedanken in einen Satz.

Die Aufnahmefähigkeit der Zuhörenden wird überfordert. Schachtelsätze, die auch im Schriftdeutsch eine Zumutung sind, werden für die Adressaten/-innen eine Art Hindernisrennen. Jeder Satzteil wird zur Hürde, die mühsam überwunden werden muss. Wenn Sie in langen, verschachtelten Sätzen sprechen, machen Sie es sich auch selber schwer. Die Gefahr, im eigenen Satzlabyrinth stecken zu bleiben, ist ebenso groß, wie grammatikalische Schnitzer einzubauen. Eventuell gibt es auch Probleme mit dem Atmen.

Daher: Bilden Sie kurze, unverschachtelte Sätze. Je mehr Neues in einem Satz vermittelt werden soll, desto kürzer sollte er sein.

Faustregel: Neuer Gedanke – neuer Satz.

Gehen Sie mit Nebensätzen sparsam um, denn viele Nebensätze werden leicht zu Nebelsätzen. Ihre Gegenüber (und vielleicht auch Sie selber) verlieren den roten Faden.

Empfehlung:
Zu jedem Hauptsatz nur einen Nebensatz.
Die Hauptsache in den Hauptsatz und an den Anfang.
Beispiel: Anne fiel, da sie sich gründlich vorbereitet hatte, angenehm auf.
Anne fiel angenehm auf, da sie sich gründlich vorbereitet hatte.

2. Wir bemühen uns, besonders „schön" und gewählt zu sprechen.

Statt gehoben wird jedoch die Sprache leicht verschroben. Besonders groß ist diese Versuchung bei Fest- und Jubiläumsreden. Versuchen Sie nicht, sich mit Begriffen zu schmücken, die Ihnen nicht wirklich geläufig sind. Sollten Sie z. B. in einer Behörde arbeiten – pardon – „tätig sein", beachten Sie, dass das so genannte „Beamten- und Juristendeutsch" unter Beachtung der Verständlichkeit beim Sprechen in Wegfall kommen muss! Fazit nach diesem Beispiel: Benutzen Sie eine normale, einfache Sprache. Reden Sie, wie Ihnen der Schnabel gewachsen ist. Vorsicht ist jedoch bei „Modewörtern" wie „echt, wahnsinnig, stark, irgendwie" geboten. Diese werden in gehäufter Form zu Füllwörtern und können die Aussagekraft mindern.

3. Wir trennen nicht das Wesentliche vom Nebensächlichen.
Je eingehender Sie über eine Sache nachgedacht haben, desto klarer und pointierter können Sie meist eine Aussage treffen. In der Praxis geht dieser Mut zum Wesentlichen jedoch leicht unter. Nach meinem subjektiven Eindruck geht den Herren der Schöpfung leichter das Geltungsbedürfnis durch. Profilierungsversuche mit viel Wortgedonner gehen oft auf Kosten der Klarheit der Aussage. Außerdem kosten sie Zeit. Wir Frauen neigen eher dazu, persönliche und praktische Bezüge einzuflechten, ein paar Schlenker neben dem Thema einzubauen. Dies kann persönlich und offen wirken, wenn es aber zu häufig geschieht, verwirrend bis undiszipliniert … Achten Sie also darauf, dass Ihre Kernaussagen nicht untergehen.
Motto: Need to know – nice to know – very nice to know.
(Wichtig zu wissen, schön zu wissen, sehr schön zu wissen.)

4. Wir sind zu sehr an uns selber interessiert.
Die Zuhörenden dienen eher als Statisten unserer Selbst- und/oder Themendarstellung. Die Auseinandersetzung mit dem Thema, ggf. die intensive Vorbereitung, verführen dazu, sich selbst als Hauptperson zu sehen. Dabei wird leicht das Ziel aus den Augen verloren, das lautet, Gedanken, Argumente, Wissen überzeugend von einem Kopf zum anderen zu transportieren. Und dieser Transport muss sich an Ihren jeweiligen Gesprächspartnerinnen und Gesprächspartnern orientieren, also in Sprachebene und Beispielen angemessen sein. Achten Sie bei sich und anderen einmal darauf, wie oft bei einer solchen Selbstdarstellung das Wörtchen „ich" auftaucht. „Ich finde wichtig, dass …", „Ich sehe das Problem so" usw. Geschieht dies gehäuft, kann bei den anderen leicht der Eindruck entstehen, die/der Sprechende sei nur an sich und der eigenen Sicht der Dinge interessiert. Hier ist ein Umdenkprozess notwendig. Statt

zu fragen: „Was ist mir wichtig?“ müssen Sie überlegen: „Was ist für meine Gesprächspartnerin oder meinen Gesprächspartner wichtig?“ Zur Erläuterung folgen gleich noch einige Beispiele. Wenn Sie aber wirklich personenorientiert sprechen und argumentieren, brauchen Sie diese „Fingerübungen“ nicht. Denn dann werden Sie von ganz allein „Sie-Formulierungen“ benutzen.

Beispiele für „Sie-Formulierungen“:
„Ich kann Ihnen hierzu Folgendes erzählen …“
Besser:
„Hierzu kann Folgendes für Sie von Interesse sein …“

„Ich halte dies für besonders wichtig, weil …“
Besser:
„Dies ist in diesem Zusammenhang besonders wichtig, weil …“
„Dies ist für Sie besonders wichtig, weil …“

„Ich als Fachfrau muss Ihnen sagen …“
Besser:
„Aus fachlicher Sicht ergibt sich …“
„Für Ihre Fragestellung können Sie folgende fachliche Aspekte …“

Eigene Gegenargumente personenorientiert formulieren

Zum Wesen des Gespräches, der Verhandlung und der Diskussion gehört es, dass Fragen gestellt und beantwortet, Argumente ausgetauscht werden. Wie mit den Argumenten des Gegenübers in Ihren Erwiderungen umgegangen wird, bestimmt entscheidend die Atmosphäre des Gespräches mit. Daher ist es sehr wichtig, Ihre Entgegnungen so zu verpacken, dass die/der andere sich nicht der eigenen Auffassung halber völlig abgewertet oder abgelehnt fühlt.

Selbstverständlich müssen Sie „nein" sagen, wenn Sie in unzulässiger Weise manipuliert werden. Und selbstverständlich gibt es Situationen, in denen es angebracht ist, klar zu sagen: „Nein, da bin ich nicht Ihrer Meinung, weil ..." Es gibt aber viele Gesprächs- und Verhandlungssituationen, in denen ein direktes „Nein" sich ungünstig auf die Gesprächsatmosphäre auswirken kann. Gerade in der Anwärmphase kann es die Atmosphäre geradezu vereisen. Denken Sie an unser Beispiel: Sie loben das Geschäftsgebäude. Ihr Gegenüber sagt: „Nein, da bin ich überhaupt nicht Ihrer Meinung, ich finde das Gebäude fürchterlich protzig!" Folgen dann womöglich noch einige „Neins" dieser Art, wird die Beziehungsebene wahrscheinlich nicht gerade aufgeschlossen sein. Denn: ein Nein wird überwiegend als Ablehnung erlebt. Und dies kann für den Menschen, der damit konfrontiert wird, nicht nur Verunsicherung, sondern auch eine Verletzung des Selbstwertgefühls bedeuten. Damit ist meistens eine Ablehnung der Person, die das „Nein" gesagt hat, verbunden. Daher ist es wichtig, gegenteilige Auffassungen so zu verpacken, dass sie die andere oder der andere ohne Gesichtsverlust oder Verletzung des Selbstwertgefühls entgegennehmen kann.

Die „bedingte Zustimmung" wird oft als Technik oder Methode beschrieben. Sie wird meiner Auffassung nach jedoch nur dann auf die Dauer erfolgreich sein, wenn sie eine selbstsichere, offene, interessierte Einstellung zum anderen Menschen widerspiegelt. Das heißt, dass Sie den anderen Menschen ernst nehmen, akzeptieren, ihren/seinen Gesprächsbeitrag würdigen, auch wenn Sie anderer Meinung sind ...

„Es ist unsinnig, Türen zuzuschlagen, wenn man sie angelehnt lassen kann."

J. W. Fulbright

Verschiedene Möglichkeiten zu widersprechen:

a) Das Nein in direkter oder abgewandelter Form:
   Es schafft Standpunkte und klare Linien. Es kann aber Verunsicherung und Verletzung des Selbstwertgefühls Ihres Gegenübers hervorrufen.

b) Die „Ja, aber"-Entgegnung:
   Mit dem „Ja" wird formal das Recht Ihres Gegenübers akzeptiert, eine andere Meinung zu äußern, mit dem „Aber" wird dann das eigene Gegenargument eingeleitet. Der zustimmende Teil ist allerdings so kurz, dass er untergeht. Außerdem ist diese „Methode" im Verkaufstraining oft überstrapaziert worden.
   Empfehlung: Selten oder in Variationen einsetzen, z. B.:

c) Die ergänzende Entgegnung:
   Sich nicht in direkten Widerspruch stellen, sondern die Meinung der/des anderen mit der eigenen Meinung ergänzen.

d) Die Entgegnung in Portionen:
   Ist der Widerspruch sehr groß, dann nicht den ganzen Komplex auf einmal entkräften, sondern schrittweise Stück für Stück in Portionen. Das kann z. B. heißen, dass Sie zunächst nur ein Gegenargument bringen, etwas später aber den Punkt wieder aufgreifen und weitere Aspekte nachschieben.

e) Widerspruch durch ein Beispiel:
   Zeigen Sie die Problematik an einem parallel gelagerten Fall auf. Legen Sie dann dar, warum die Sache nicht funktionierte oder warum Sie auch in diesem Fall dem Wunsch oder der Forderung nicht nachkommen konnten.

f) Die Frage als Mittel des Widerspruchs:
   In Form von Fragen die entsprechenden Thesen weitergeben.
   „Ist es nicht aber so, dass …"

g) Die Prestigeentgegnung:
   Lehnen Sie die Forderung zwar ab, vermitteln Sie der oder dem Gegenüber aber einen kleinen Prestigeerfolg.

So weit einige Hinweise, wie Sie Ihre Entgegnung so verpacken können, dass das Selbstwertgefühl Ihres Gegenübers geschont wird, die Gesprächsatmosphäre konstruktiv ist.

Diese Empfehlungen sind aber nicht so gemeint, dass Sie nun nur noch auf Katzenpfötchen argumentieren sollen! Nach meinem Eindruck fällt uns Frauen das Verpacken von Entgegnungen leichter als Männern. Ja, wir

sind eher in Gefahr, unsere Standpunkte nicht mit dem nötigen Nachdruck – Stimmführung, Körpersprache – zu vertreten.
Vor allem aber, damit wir uns nicht missverstehen: Sagen Sie laut und deutlich nein, wenn Sie eine Bitte oder Forderung ablehnen, die Sie nicht erfüllen wollen. Dies kann während einer Gesprächs- und Verhandlungssituation sein. Meistens sind es aber Situationen wie: Sie werden um einen Gefallen gebeten, den Sie nicht erfüllen wollen. Sie sollen Überstunden machen und haben für abends Gäste eingeladen. Sie sollen einen Vortrag über ein Thema halten, über das Sie nur am Rande informiert sind. Ich hoffe, ich habe den Unterschied deutlich machen können. Denn auch dies zeigt die Seminarerfahrung: Gerade weil Frauen sensibel dafür sind, dass Mitmenschen sich durch Neinsagen zurückgewiesen fühlen können, sagen sie auch dann oft nicht nein, wenn sie ihre eigenen Interessen und Bedürfnisse verteidigen müssen.

Fazit:
„Bedingte Zustimmung" in Gesprächs- und Verhandlungssituationen heißt nicht Selbstverleugnung, sondern eigene Gegenargumente so zu formulieren, dass Ihr Gegenüber nicht als Person in ihrem/seinem Selbstwertgefühl verletzt wird.

Wichtige Aspekte während des Gespräches

– *Beobachten Sie genau die Reaktion Ihres Gegenübers.*
  Die gesamte Körpersprache, vor allem Mimik und Gestik, signalisiert Ihnen Interesse, Zustimmung, Ablehnung, Unmut. Durch Ihre Beobachtung können Sie die endgültige Auswahl Ihrer Nutzenargumentation steuern, bei Unsicherheits-, Unmuts- oder Ablehnungssignalen Ihre Vorgehensweise ändern. Versuchen Sie, die Beziehungsebene wieder zu harmonisieren, indem Sie z. B. vorläufig das Thema wechseln, Sympathie und Verständnis zeigen, Gemeinsamkeiten betonen. Vereist die Gesprächsatmosphäre plötzlich, können Sie versuchen, durch Metakommunikation (Kommunikation über die Kommunikation) das Eis zu brechen (s. Kap. Zuhören, S. 151 ff.). Hierzu eignet sich die so genannte Ich-Mitteilung, die z. B. lauten könnte: „Ich habe das Gefühl, irgendetwas ist nicht in Ordnung. Habe ich vielleicht unbeabsichtigt etwas gesagt, womit ich Sie verärgert habe?“ Dies ist eine Vorgehensweise, die zunächst einigen Mut erfordert. Meist sind Ihre Gesprächspartnerinnen und Gesprächspartner aber dankbar, so offen angesprochen zu werden. Die Ursache der Störung kann geklärt, eine konstruktive Beziehungsebene wieder hergestellt werden. Zugleich registriert die/der andere Sie als aufmerksame und interessierte Gesprächspartnerin. Sollte Ihre Frage verneint werden, können Sie evtl. vorsichtig nachhaken, sonst aber immer noch zu einem anderen Aspekt übergehen, von dem Sie annehmen, dass hier Übereinstimmung besteht.
– *Sprechen Sie während des Gespräches Ihre Gesprächspartnerinnen und Gesprächspartner öfter mit Namen an.*
  Die namentliche Ansprache vor dem Satz kann das Interesse Ihres Gegenübers besonders wecken. Wichtige Argumentationen sollten Sie so beginnen. „Frau Meyer, die Konsequenz für Ihren Bereich ist …, weil …, deshalb …“
  Verbindlich wirkt es, wenn Sie den Namen Ihres Gegenübers in den Satz hineinflechten. Wenn Sie hingegen ablehnende Reaktionen erwarten oder etwas Unangenehmes mitteilen müssen, sollten Sie die direkte Namensnennung vermeiden, da diese die Abwehr steigert.
  Benutzen Sie „Wir“-Formulierungen, wo es möglich ist.
  Aber Vorsicht: Unzutreffende „Wir“-Formulierungen können Abwehr und Ablehnung hervorrufen. Die geäußerte oder gedachte Reaktion ist:

„Wieso denn wir – ich bin doch gar nicht betroffen!“ So ist statt eines Gemeinsamkeitsgefühls das Gegenteil erreicht.

– *Lassen Sie sich von Gesprächspausen nicht irritieren.*
  Manchmal entstehen bei Gesprächen oder Verhandlungen Pausen, die für die Beteiligten endlos und unangenehm erscheinen. Erliegen Sie nicht der Versuchung, diese Pause um jeden Preis zu brechen. Die Gefahr ist groß, dass Sie, nur um etwas zu sagen, Aussagen machen, die Sie bei reiflicher Überlegung unterlassen hätten. Solche Pausen können aus ganz unterschiedlichen Ursachen entstehen – die oder der andere muss nachdenken, hat den Faden verloren, ist sich unsicher. Oder aber die Pause wird ganz bewusst eingesetzt, um Sie zu irritieren, aus der Reserve zu locken. Wenn Sie die Stille brechen wollen, stellen Sie eine unverfängliche Frage, fassen Sie einige besprochene Punkte zusammen. Reden Sie nicht einfach darauflos, sondern gehen Sie mit solchen Pausen bewusst und damit selbstsbewusst um.
– *Machen Sie sich Notizen.*
  Oft geht es in Besprechungen um viele Einzelheiten. Wenn Sie sich die wichtigsten Stichworte notieren, hat dies mehrere Vorteile:
– Sie behalten besser die Übersicht.
– Sie können den Stand des Gespräches leicht zusammenfassen.
– Sie signalisieren Interesse und Gründlichkeit.
– Sie können die Gesprächsnotizen mit Ihren Stichworten zur Gesprächsvorbereitung vergleichen und sehen, ob Sie auch nichts Wichtiges vergessen haben.
– Ihre Notizen sofort nach dem Gespräch über Inhalt, Verlauf und Ergebnis sind einfacher zusammenzufassen.

Natürlich ist mit dieser Empfehlung nicht gemeint, dass Sie fortwährend mitschreiben sollen. Dies würde zu sehr Ihren Blickkontakt als aufmerksame Zuhörerin stören. Wählen Sie außerdem die Formulierung Ihrer Stichworte so, dass Ihr Gegenüber, falls sie/er diese lesen kann, nicht irritiert wird. Bedenken Sie dies auch bei den Stichworten für die Gesprächsvorbereitung. Dann können Sie, wenn das Gespräch nach der Anwärmphase zum Thema kommt, Ihre Notizen aufschlagen und, wenn nötig, zu Rate ziehen. Achten Sie aber darauf, dass Sie mit den Augen nicht an Ihren Stichworten kleben bleiben. Viele Seminarteilnehmerinnen und Seminarteilnehmer äußern Bedenken, vorbereitete Notizen auf den Tisch zu legen. Wenn Sie jedoch nicht den Blickkontakt vergessen oder fahrig in einem Stapel Unterlagen wühlen, werden Sie keineswegs unsicher wirken, sondern, im Gegenteil, gut vorbereitet. Außerdem können Sie, wenn das Gespräch in seine Abschlussphase übergeht, kontrollieren, ob Sie alle aus Ihrer Sicht wichtigen Punkte auch angesprochen haben.

Die Abschlussphase des Gespräches

Sind alle wichtigen Aspekte behandelt, Argumente und Gegenargumente ausgetauscht, tritt das Gespräch in die Abschlussphase. (In der Realität enden allerdings Gespräche oft, ohne dass dies der Fall ist.) Ist die Besprechung gut gelaufen, wiegen sich die Beteiligten leicht in falscher Sicherheit. Sie meinen, es sei im Grunde alles klar und gehen zufrieden auseinander. Oft stellt sich dann hinterher heraus, dass das Gespräch, weil nicht klar zusammengefasst, von den Einzelnen unterschiedlich interpretiert wird. Oder dass sich gar jemand nicht gebunden fühlt, weil ja nichts Konkretes vereinbart wurde ... Dies kann zu erheblichen Missverständnissen, Problemen und Frustrationen führen. Bedenken Sie, dass jede/r auch bei konzentriertem Zuhören (s. dieses Kap.) doch ihre/seine Wahrnehmung und Interpretation unbewusst in das Gesagte hineinbringt. Daher ist es wichtig, nicht nur einzelne Gesprächsabschnitte zusammenzufassen, sondern vor allem das Endergebnis, ggf. mit seinen Auswirkungen.

Fazit:
Den Abschluss bewusst herbeiführen,
das Verhandlungsergebnis konkret festhalten,
selbst die Initiative dazu ergreifen!

Empfehlungen:

a) Überlegen Sie sich bereits im Rahmen Ihrer Gesprächsvorbereitung mögliche Abschlussfragen.
b) Achten Sie auf Abschlusssignale. Abschlusssignale können (aber müssen nicht) sein:
   - Gespannte Aufmerksamkeit der/des anderen bei einem speziellen Punkt. Dies kann sich z. B. in einer plötzlichen Körpergewichtsverlagerung äußern. So, wenn Ihr Gegenüber aus einer zurückgelehnten, entspannten Sitzhaltung sich plötzlich aufrichtet und sich interessiert vorbeugt. Während ein körpersprachliches Signal allein meist keine Aussagekraft hat, lassen plötzliche Verlagerungen des Körpergewichts auf Interesse oder besondere Aufmerksamkeit schließen (vgl. Birkenbihl, Körpersprache).
   - Zustimmender Gesichtsausdruck, wiederholtes Nicken. Hier ist Vorsicht geboten. Beachten Sie die körpersprachlichen Signale Ihres

Gegenübers von Anfang an genau. Möglicherweise gehört sie oder er zu den Menschen, die beim Zuhören nicken, auch mal „mhs" murmeln und damit lediglich signalisieren, dass sie aktiv und konzentriert zuhören. So irritiere ich manchmal meine Seminarteilnehmerinnen und Seminarteilnehmer mit diesem Zuhörbegleitprogramm, wenn ich auf den Gesprächsbeitrag mit einer gegenteiligen Ansicht erwidere.

– Bei verbalen Äußerungen vor allem vertiefende Fragen.

Beispiel:

Sie meinen also, für uns käme entweder Gerät X oder Y in Frage?

Ja, nach meiner Analyse scheiden alle anderen Firmen aus. Was meinen Sie, wollen wir uns die Vorführgeräte nicht vor oder nach den Feiertagen kommen lassen?

Vorsicht, wenn Sie mit einer solchen Alternativfrage arbeiten. Wird diese zu früh oder nicht mit dem nötigen Fingerspitzengefühl gestellt, so dass Ihr Gegenüber sich manipuliert fühlt, kann die Gesprächsatmosphäre nachhaltig gestört sein.

Dies gilt auch für:

c) Auflösung der Gesamtentscheidungen in Teilentscheidungen.

Das Ziel des Gespräches oder der Verhandlung wird jetzt nicht mehr in Frage gestellt.

Also nicht:	Entspricht die Anschaffung der Geräte Ihren Vorstellungen?
Sondern:	Entspricht Ihren Vorstellungen mehr das Gerät der Firma X oder das der Firma Y?

d) Dramatisieren Sie die Abschlussphase nicht!

Meist gibt es bei den eigenen Zielen eines Gespräches Aspekte, die einem selbst als besonders heikel, als „Knackpunkte", erscheinen. Bei meinen Auftragsverhandlungen können das z. B. Seminardauer, Anzahl der Teilnehmerinnen und Teilnehmer und natürlich die leidige Honorarfrage sein. Wahrscheinlich haben Sie auch schon die Erfahrung gemacht, dass ein Aspekt, um den Sie sich viele Vorgedanken gemacht haben, einfach nebenbei in Ihrem Sinn abgehandelt wurde. Manchmal kann es auch nützlich sein, solche Punkte einfach vorzuziehen. Wenn es z. B. an der Honorarfrage hängt, ob ein Auftrag sich lohnt oder nicht, wäre es unsinnig, die Geldfrage am Schluss zu klären. Achtung, wieder kein Patentrezept! Denn vielleicht beeinflusst ja auch der Gesprächs-verlauf den Eindruck der/des anderen, was eine Leistung ihr/ihm wert ist.

Achten Sie darauf, welche Aspekte Ihnen besonders heikel erscheinen. Sind sie es wirklich? Welche Erfahrungen machen Sie?

e) Nicht zu früh resignieren!

Wie reagieren Sie selbst, wenn Sie jemand gerade von etwas überzeugt hat? Sagen Sie sofort ja? Oft wird das Gespräch noch eine Weile hin und her gehen. Die meisten Menschen brauchen noch eine Bestärkung. Oft reichen ein oder zwei Versuche nicht aus. Oft auch ein oder zwei Gespräche nicht. Daraus folgt, vor allem wenn Sie etwas wollen – beharrlich sein! Diese Beharrlichkeit fällt oft schwer. Überlegen Sie einmal für sich: Wie oft haben Sie nach dem ersten Versuch aufgegeben? Warum? Hätte noch eine Möglichkeit bestanden, Ihr Ziel zu erreichen?

Eine Hilfe kann auch sein, sich klar zu machen, dass Ihr Gesprächsziel sachlich und menschlich in Ordnung ist und der/dem anderen Nutzen bringt.

„Die Kraft der Beharrlichkeit ist die ungekrönte Königin in der Welt des Wollens." Henry Ford

f) Definieren Sie alle Entscheidungen und Beschlüsse eindeutig mündlich oder schriftlich (Wiederholung, Gesprächszusammenfassung, Rückkoppelungsfragen). Halten Sie auch ggf. fest, wer was zu tun oder zu veranlassen hat.

g) Bemühen Sie sich darum, dass Ihr Gegenüber möglichst zufrieden und/oder positiv gestimmt aus dem Gespräch hinausgeht. Daher: schieben Sie unangenehme Mitteilungen nicht vor sich her, sondern bringen Sie diese in der Mitte des Gespräches. Haben sich Störungen auf der Beziehungsebene ergeben, bemühen Sie sich, diese Ebene wieder aufzubauen.

h) Sorgen Sie für ein harmonisches Auseinandergehen. Runden Sie das Gespräch mit einer für Ihr Gegenüber angenehmen Aussage ab. Wenn dies ohne ironischen Beiklang möglich ist, bedanken Sie sich für das Gespräch oder betonen dessen konstruktive Teile. Fassen Sie sehr kurz das Gesprächsergebnis zusammen.

Hüten Sie sich vor Floskeln wie: Das war's dann für heute! Formulierungen wie: „Es hat mich sehr gefreut, Sie persönlich kennen zu lernen", sollten Sie nur dann verwenden, wenn es auch Ihren Gefühlen entspricht. Der Abschied sollte in der Regel etwas freund-

licher ausfallen als die Begrüßung. Auch hier wieder mit Handschlag und Namensnennung.
Vereinbaren Sie ggf. den Termin für ein neues Gespräch.
Ein neuer Gesprächstermin, die Vereinbarung, Informationsmaterial, Interessantes für Ihr Gegenüber zuzusenden oder auch die Ankündigung, nach einem bestimmten Zeitpunkt sich telefonisch wieder zu melden, können auch Ihre Rückzugsstrategie sein. Dies ist, wie gesagt, wichtig, wenn Sie Ihr angestrebtes Ziel oder ein Teilziel *nicht* erreicht haben.
Sie können evtl. Ihr Bedauern ausdrücken, dass über bestimmte Punkte keine Einigung erzielt wurde. Vermeiden Sie jedoch, als „beleidigte Leberwurst" oder Türen knallend den Raum zu verlassen. Dies kann eine eventuelle weitere Begegnung sehr erschweren. Bedenken Sie, dass nicht jedes Gespräch ein Erfolg in Ihrem Sinn sein kann. Analysieren Sie den Verlauf des Gespräches. Fragen Sie sich, ob Ihre Ziele realistisch waren. Und vor allem: Verwerten Sie Ihre Erfahrungen für Ihre weiteren Gespräche!

Zuhören und verstehen

Nutzenargumentationen, Sie-Formulierungen, personenorientiertes Sprechen, Fragetechnik – zu all dem gehört noch eine offene Grundhaltung zu Gesprächspartnerinnen und Gesprächspartnern und konzentriertes Zuhören.

Denn Zuhören ist keineswegs eine passive Angelegenheit. Es verlangt vielmehr, dass Sie zeitweise eigene Meinungen und Absichten zurückhalten und nichts anderes möchten, als Ihr Gegenüber zu verstehen. Das heißt, neugierig darauf zu sein, was in der anderen Person vorgeht. Wer das nicht schafft, wird schon nach wenigen Worten seines Gegenübers eine Meinung haben, ungeduldig werden und sie/ihn unterbrechen oder sofort loslegen, wenn sich die Gelegenheit dazu bietet. Gute Zuhörerinnen und Zuhörer können zeitweise die Sicht der/des anderen übernehmen. Sie wollen zuerst verstehen, bevor sie einordnen und bewerten.

Es fällt schwer, sich klar zu machen, dass Verstehen und Bewerten zwei verschiedene Dinge sind. Wir hören doch gern einem Menschen zu, der unserer Meinung ist. Oft verweigern wir jedoch unsere Bereitschaft, verstehen zu wollen, sobald wir Ansichten hören, die den unseren widersprechen.
Häufig genügen bereits einige „Signalwörter“ oder „Reizwörter“, Kleinigkeiten im äußeren Erscheinungsbild, um das Gitter herunterfallen zu lassen oder Schubladen zu ziehen, Etikettierungen zu vergeben.
So ist Zuhören nicht nur eine Sache des Verstandes, sondern auch des Gefühls; der inneren Einstellung – frau/man muss die anderen akzeptieren, versuchen, sich in ihre Gedankenwelt hineinzuversetzen. Diese Art des Zuhörens scheint uns Frauen oft leichter zu fallen als Männern. Denn dieses intensive Zuhören muss in Zusammenhang gesehen werden mit anderen Charakteristika der weiblichen Gesprächsarbeit, wie auf Aspekte der Beziehungsebene zu achten und themenbezogen zu antworten.
Für ein intensiveres Zuhörverhalten von Frauen sprechen auch die im Kapitel Sprache aufgeführten Minimalreaktionen wie „mhm“, „ja“ oder nicken. Diese Minimalreaktionen, die Interesse und aufmerksames Zuhören zeigen, kommen bei Frauen überproportional häufiger vor als bei Männern. Übrigens ziehen Sprecherinnen und Sprecher ein „vokales Streicheln“ wie „mhm“ einem Nicken deutlich vor. Ein einziges Bestätigen durch einen Laut oder ein Wort, das Interesse und Zuhören signalisiert, ist genauso intensiv wie mehrfach zu nicken.
Interessanterweise wird in der gängigen Literatur im Zusammenhang mit Akzeptanz und Hineinversetzen in die andere Gedankenwelt konstatiert, dass dazu auch Selbstsicherheit gehöre.
Denn wer es sich nicht leisten kann, die eigene Meinung in Frage zu stellen, wird sich davor hüten, die andere zu verstehen. Also wird die andere Meinung sofort abgewehrt und nicht auf sie eingegangen. Vergleichen wir dies mit den Feststellungen von Untersuchungen, dass Männer die Kernaussagen von Redebeiträgen (oft) thematisch nicht wahr- oder aufnehmen. Weiterhin, dass Männer häufig nur scheinbar über das Gleiche reden und eben wegen der mangelnden Aufnahme der Kernaussage die Ansicht ihrer Gesprächspartnerinnen und Gesprächspartner nicht wirklich kennen zu lernen brauchen.
Ist männliches Dominanz- und Imponiergehabe auch eine Folge mangelnder Selbstsicherheit?

Wie passt dies nun alles zu dem beschriebenen widersprüchlichen Selbstbild von Frauen, zu den beschriebenen Unsicherheiten?
Nun – gut zuzuhören (vor allem wenn Männer sprechen …) ist den meisten von uns früh beigebracht worden. Auch ist die hingebungsvoll lauschende Frau, die seinen Taten die gebührende Aufmerksamkeit zollt, gesellschaftlich akzeptiert.
Es scheint, als ob es zwischen Frauen und Männern unterschiedliche Arten des Zuhörens gibt. Dies passt auch zusammen mit der Tatsache, dass Männer die Themenkontrolle in Gesprächen ausüben. Eine mangelnde Resonanz der Männer (durch mangelndes Interesse = Zuhören?!) führt dazu, dass von Frauen eingebrachte Themen signifikant seltener weiter verfolgt werden.
Der weibliche kooperative Gesprächsstil und intensives Zuhören – einschließlich des Erfassens von Signalen auf der Beziehungsebene und unterschiedlicher thematischer Positionen – gehören eng zusammen.
Mangelnde Anerkennung des weiblichen kooperativen Gesprächsstiles führt oft dazu, dass Frauen verunsichert werden. Nicht umsonst berichten Frauen in Seminaren immer wieder, dass sie in Gesprächen das Gefühl haben, ihre eigene Position weiche auf, zerflösse. Kein Wunder, wenn wir vor lauter Bemühen, andere zu verstehen, zuzuhören, weiterführende Fragen zu stellen, Verständnis zu zeigen und nach einer gemeinsamen Lösung zu suchen, kaum noch Zeit finden, unsere Argumente gebührend zu vertreten. Nutzen wir doch unsere Zuhörfähigkeiten mehr dazu, unsere Argumente stärker zur Geltung zu bringen!
Auch eine gründliche Gesprächsvorbereitung hilft, sich durch geballte Gegenmeinungen nicht verunsichern zu lassen.

> *„Frauen bevorzugen schweigsame Männer, weil sie irrtümlich annehmen, dass die Schweigsamen nicht nur schweigen, sondern ihnen auch zuhören.“*
>
> Sacha Guitry

Auch wenn wir Frauen gute Zuhörerinnen sind, so sind wir deshalb nicht gegen „Reizwörter“ und Vorurteile gefeit.
Vorurteile sind stark vereinfachte, generalisierte, klischeehafte Vorstellungen. Sie bieten sich als Orientierungshilfen an, die sich häufig als falsch erweisen. Ihre individuelle Funktion besteht im Wesentlichen darin,

Unsicherheit und Angst abzuwehren. Zu diesem Zweck sind Vorurteile nicht nur Träger von Überzeugungen, sondern auch von Gefühlen und Verhaltensmustern. Je stärker eine Person Ängsten ausgesetzt ist, desto eher wird sie versuchen, sich anhand von Vorurteilen ein „sicheres" Weltbild zu schaffen. Deshalb sind Vorurteile meist so strukturiert, dass sie das Selbstwertgefühl steigern bzw. Andersdenkende oder -handelnde herabsetzen. Damit wird auch die Schwerstarbeit der Einstellungs- und Verhaltensänderung umschifft.

Vorurteile in extremster Form mit furchtbaren Konsequenzen kennen wir durch die Judenvernichtung im Dritten Reich. Aber auch in unserer Gesellschaft gibt es massive Vorurteile – so z. B. die wachsende Ausländerfeindlichkeit, die sich am stärksten gegen die für uns fremdartigste Gruppe, die Türken, richtet. Verunsicherung vermeiden, das eigene Weltbild retten, das Selbstwertgefühl steigern, andere herabsetzen – dies trifft auch alles zu, wenn Männer ihre Abwertungsstrategien wie Herabsetzen oder Lächerlichmachen gegenüber Frauen einsetzen. Eine erfolgreiche Frau muss dann ja ein eiskaltes Mannweib sein!

Aber auch Frauen untereinander sehen sich z. T. durch unterschiedliche Lebensentwürfe in ihrem Selbstbild bedroht. Die Mutter zweier kleiner Kinder neidet der erfolgreichen berufstätigen Frau das eigene Auto und die vielen Geschäftsreisen. Diese hingegen spürt jedes Mal einen Stich, wenn sie die Kinder sieht, und denkt über die Vorzüge eines etwas ruhigeren Lebens nach. So kommt es dann leider zu „Nur-Hausfrauen", „Glucken", „Rabenmüttern", „Emanzen", „Karrierefrauen" usw. Und die eine neidet der anderen deren Anteil vom gesamten Kuchen, obwohl in unserer Gesellschaft diesen gesamten Kuchen wohl kaum eine haben kann …

Es versteht sich von selbst, dass kein Mensch ohne Voraus-Urteile leben kann. Beispielsweise kann nicht jeder neuen Situation oder jedem Menschen, den wir zum ersten Mal sehen, so begegnet werden, als ob wir gestern geboren wären. Nur sollten sich diese Urteile nicht zu verfestigten Werturteilen verhärten oder zu blitzschnellem Schubladendenken verführen. D. h., eine Beurteilung darf nicht vorschnell erfolgen und vor allem: ein Urteil muss revidierbar bleiben.

Vorurteile beinhalten Bilder von anderen Objekten, die diesen wenig oder gar nicht gerecht werden. Sie sind aus einer innerpsychischen Bedürfnissituation entstanden und brauchen deshalb mit der äußeren Realität nicht übereinzustimmen.

Vorurteile schränken die Wahrnehmung ein. Eine solche selektive

Wahrnehmung kann auch durch Assoziationen (Gedankenverbindungen) ausgelöst werden. Denken Sie an unsere Überlegungen zum konfliktfreien Formulieren! Assoziationen lehnen sich meist an reale Erfahrungen bzw. Gelerntes an. Im Gegensatz zu Vorurteilen sind Assoziationen oft flüchtiger, weniger verfestigt. Sie können durch neue Erfahrungen und bewusste Reflexion überlagert oder verändert werden.

Beispiele für Assoziationen:

- Erfolgreiche Unternehmen hören sich einen Vortrag an. Es fällt das Stichwort „Kommunismus"/ein DKP-Mann.
- Eine Frau spricht über die Benachteiligung von Frauen/eine „Emanze".

Der ganze Bereich selektiver Wahrnehmung ist der Feind guten Zuhörens und Verstehens. Selektive Wahrnehmung manipuliert die Nachricht, bevor sie überhaupt verarbeitet wird.

Auch durch unzulässige Gedankenverbindungen und Interpretationen werden Informationen verfälscht.

Machen Sie mit der folgenden kleinen Übung eine Probe aufs Exempel:

Sie finden im Folgenden eine kurze Geschichte. Bitte lesen Sie die Geschichte langsam und sorgfältig durch. Lesen Sie bitte genau, denn danach sollen Sie einige Fragen beantworten:

Eine Abteilungsleiterin erschien eines Morgens nicht im Büro. Auf Rückfrage des Vorgesetzten sagte ihre Freundin zu diesem, dass sie sich schon gestern krank gefühlt hätte. Auf ihrem Schreibtisch lag eine Zigarettenschachtel, auf der „Georg" gekritzelt war.

Im Folgenden sind nun einige Feststellungen zu dieser Geschichte aufgeführt. Wenn Sie der Meinung sind, dass die jeweilige Aussage zutrifft, dann kreuzen Sie bitte „R" an, wenn sie falsch ist, dann „F". Wenn die Richtigkeit der Aussage aufgrund der Ihnen vorliegenden Informationen nicht eindeutig feststellbar ist, also aus dem Text nicht hervorgeht, kreuzen Sie bitte das Fragezeichen an.

1. Die Abteilungsleiterin war erkrankt.	R	F	?
2. Der Vorgesetzte fragte bei ihrer Kollegin nach.	R	F	?
3. Auf die Zigarettenpackung war etwas gekritzelt.	R	F	?
4. Der Freund der Abteilungsleiterin hieß Georg.	R	F	?

Die richtigen Lösungen:

Bei 1. ist „?" anzukreuzen, denn aus der Geschichte geht nicht eindeutig hervor, ob die Abteilungsleiterin wirklich erkrankt war. Vielleicht war sie nur aufgehalten worden, hatte verschlafen usw. Auch bei der zweiten Frage ist „?“ anzukreuzen, denn es ist nicht gesagt, dass die Freundin zugleich die Kollegin ist. Die dritte Feststellung ist richtig (R). Die vierte Feststellung hingegen ist wiederum „?“, denn vielleicht gehört die Zigarettenschachtel gar nicht der Abteilungsleiterin oder deren Mann heißt Georg usw.

Sicherlich ist diese kleine Geschichte raffiniert aufgebaut. Sie zeigt aber sehr gut, wie stark wir unzulässige Verknüpfungen bilden, Interpretationen verwenden, Bewertungen vornehmen. eine Möglichkeit, solche Verzerrungen von Informationen aufzudecken, haben wir beim Thema Fragetechnik kurz angesprochen, nämlich die Rückkoppelungs- oder Spiegelungsfrage.

Reflektierendes Zuhören

Wichtig bei diesen Rückkoppelungsfragen ist, dass Sie Ihrem Gegenüber weder durch Körpersprache, Betonung oder Formulierung signalisieren, dass Sie mit der geäußerten Meinung nicht einverstanden sind. Ihre Wiederholung muss das enthalten, was gesagt wurde. Ohne Veränderung oder Interpretationen – mit Ihren Worten und eventuell zusammengefasst. Ein Vorteil des Wiederholens liegt auf der Hand: Sollten Sie Ihr Gegenüber missverstanden haben, z. B. durch Ihre eigene unzulässige Interpretation, so lässt sich dies durch den Widerspruch der/des anderen sofort klären.
Natürlich lässt sich dieses reflektierende Zuhören nicht dauernd und bei jeder Gelegenheit sinnvoll anwenden. Wenn wir schlicht um eine Information gebeten werden wie: „Können Sie mir sagen, wann die Chefin zurückkommt", wäre es unsinnig zu antworten: „Sie möchten also wissen, wann die Chefin wieder da ist?" Die oder der Fragende würde schlicht an unserer Auffassungsgabe zweifeln. Reflektierendes Zuhören lässt sich bei folgenden Gelegenheiten wirksam einsetzen:

- Sie sind sich nicht sicher, ob Sie richtig verstanden haben.
- Sie wissen noch nicht genau, was Sie antworten sollen und gewinnen durch die Wiederholung Zeit.
- Sie wollen unterbrechen, ohne Ihr Gegenüber zu verärgern. Durch die Wiederholung wird das Selbstwertgefühl der/des Unterbrochenen nicht gestört.
- Sie merken, dass das Gespräch droht zu entgleisen und/oder sich zu verbeißen. Durch die Wiederholung, ggf. durch einen Hinweis auf Punkte, über die Einigkeit herrscht, können Sie das Gespräch wieder auf eine sachlichere Ebene bringen.
- Sie merken, dass das Gesprächsklima sehr kühl ist. Durch Wiederholungen signalisieren Sie Aufmerksamkeit und Interesse an den Worten der/des anderen und können daher die Beziehungsebene positiv aufwärmen.

Selbstverständlich lässt sich reflektierendes Zuhören auch von allen Beteiligten anwenden. Es dient ja im Prinzip der besseren Verständigung und ist keine manipulierende „Methode".
Reflektierend zuhören können sie nicht nur auf der inhaltlichen Ebene. Oft ist es auch sehr wichtig, Gefühle der/des anderen zu reflektieren. Die Spiegelung eigener Gefühle als „Ich-Mitteilung", um Störungen auf der Beziehungsebene zu klären, haben wir im Rahmen wichtiger Aspekte

während eines Gespräches betrachtet. Nun geht es darum, die Gefühle Ihres Gegenübers in angemessener Form zu umschreiben. Das Ansprechen von Gefühlen hilft, die gefühlsmäßigen Zusammenhänge zu verdeutlichen. Dies hat den großen Vorteil, dass eine größere Klarheit der Gefühlszusammenhänge die Klärung der sachlichen Komponenten erleichtert, oft sogar erst ermöglicht (Scheerer 2).

Das Ansprechen von Gefühlen signalisiert Verständnis. Zugleich klärt es die Beziehungsebene und ermöglicht der/dem anderen:

- näheres Beschreiben von Emotionen und Gefühlen bzw. schafft die Möglichkeit, überhaupt Gefühle direkt und nicht versteckt auszusprechen;
- aufzunehmen, dass Sie versuchen, sich in sie/ihn hineinzuversetzen, ihr/sein Anliegen ernst nehmen;
- intensiver über die eigenen Gefühle zu reflektieren;
- die Gefühle überhaupt erst mal loszuwerden, „Dampf abzulassen", angestauten Druck zu verringern, um sich dann mit den sachlichen Aspekten auseinander setzen zu können;
- sich bei persönlichen, emotionsbeladenen Schwierigkeiten ggf. über die tiefer liegenden Ursachen klarer zu werden;
- über den eigentlichen Kern des Problems zu sprechen.

Dieses so genannte Verbalisieren von Gefühlen gelingt nach meiner Erfahrung Frauen untereinander in Seminaren sehr gut, während sie sich in gemischten Seminaren oft nicht hervorwagen. Wahrscheinlich fällt uns Frauen das Wahrnehmen und Widerspiegeln von Gefühlen doch leichter als Männern. Männer neigen eher dazu, gefühlsmäßige Komponenten gar nicht erst zu registrieren oder sie zu verdrängen, weil sie sich irritiert fühlen (s. Kap. Sprache).

Für uns alle, Frauen wie Männer, gilt jedoch, dass Verbalisieren von Gefühlen anderer nur dann hilfreich ist, wenn wir folgende Punkte beachten:

- *Keine Interpretationen, psychologische Betrachtungen, keine Patentrezepte, keine Bewertungen, keine Rückschlüsse.*

Verbalisieren heißt, die Gefühle Ihres Gegenübers, die direkt oder indirekt geäußert wurden, ohne Wertung zu beschreiben.

Reflektierendes Zuhören – Übung mit Beispielen

Sehen Sie sich bitte die folgenden Beispiele an und stellen Sie sich vor, dass Sie direkt angesprochen werden. Sehen Sie sich die Reaktionsmöglichkeiten an und entscheiden Sie, welche Inhalt oder Gefühl angemessen und genau wiedergibt. Decken Sie dazu den Kommentar zunächst zu.

1. Wenn jetzt noch jemand kommt, um irgendetwas zu fragen, gehe ich in die Luft!"

a) „Regen Sie sich doch nicht auf! Freuen Sie sich doch, wie sehr alle Wert auf Ihre Meinung und Ihre Erfahrung legen."

b) „Sie Ärmste. Ihre Geduld, mit der Sie auf diese ständigen Störungen reagieren, bewundere ich wirklich. Wie kommen Sie dabei nur zum Arbeiten?"

c) „Diese beständigen Störungen machen Sie nervös."

Kommentar:

a) Ratschlag, wie sich die andere fühlen sollte, verbunden mit einer Streicheleinheit.

b) Vordergründiges Mitleid und Lob.

c) Spiegelung von Gefühlen.

2. Ihr Mann/Partner sagt zu Ihnen:
„Du arbeitest in letzter Zeit zu viel. Wir haben überhaupt nicht mehr richtig Zeit füreinander."

a) „Das stimmt doch überhaupt nicht. Wir waren vorgestern im Kino und morgen wollen wir doch schön Essen gehen."

b) „Willst du damit sagen, dass du mit unserem Privatleben in letzter Zeit nicht mehr ganz zufrieden bist?"

c) „Warum bist du nicht aktiver und triffst dich mal wieder mit Bernd und Ernst auf ein Bier? Das würde dir bestimmt Spaß machen."

Kommentar:

a) Diese Zurückweisung wird wahrscheinlich eine polemische Antwort provozieren und zu einem fruchtlosen „Aufrechnen" führen.

b) Spiegelung von Gefühlen. Der andere wird ermutigt, über seine Gefühle zu sprechen, sie näher zu erklären. Es wird eine positive Atmosphäre auf der Beziehungsebene geschaffen, die die Erarbeitung einer gemeinsamen Problemlösung ermöglicht.

c) Zurückweisung und Abwimmeln mit Vorwurfscharakter. Es wird kein Versuch unternommen, die Gefühle des anderen zu verstehen.

3. „Wo sind die Unterlagen für das Projekt Y?“

a) „Ich war auf Geschäftsreise, ich weiß es nicht.“
b) „Sie suchen die Unterlagen über das Projekt Y?“
c) „Sie scheinen sich in der Ablage nicht auszukennen?“
d) „Die sind bei Frau Dr. Schäfer nebenan bei den aktuellen Vorgängen.“

Kommentar:
a) eine ehrliche und sachliche Antwort.
b) Spiegelung des Inhalts; hier weder weiterführend noch nützlich.
c) Unangemessene Spiegelung des Inhalts. Je nach Tonfall wahrscheinlich verbunden mit einer Störung auf der Beziehungsebene, da mit einer Abwertung verbunden.
d) Die Informationsfrage wird direkt beantwortet.

4. „Ich habe bei der Besprechung drei fundierte Vorschläge gemacht, aber sie wurden nicht diskutiert.“

a) „Du scheinst dich darüber zu ärgern.“
b) „Ich weiß nur allzu genau, wie du dich fühlst. Typisch für die Männer, dass sie Vorschläge von Frauen einfach unter den Tisch fallen lassen!“
c) „Warum hast du denn nicht in gebührender Form darauf aufmerksam gemacht, dass deine Vorschläge ignoriert wurden?“

Kommentar:
a) Sie vergewissern sich, ob Ihre Verbalisierung korrekt ist. Sollte die andere z. B. antworten: „Das ist gelinde ausgedrückt – ich schwanke zwischen Zorn und Resignation!“, so ist größere Klarheit geschaffen.
b) Sie bieten Ihr Mitgefühl aus eigener Erfahrung an. Die Sprecherin bleibt in ihrem akuten Gefühlszustand hängen.
c) Dies kann ein guter Vorschlag sein. Aber es wird sofort ein Ratschlag erteilt, ohne dass die Sprechende die Möglichkeit hat, ihren Gefühlen weiter nachzugehen. Vielleicht stimmt sie dem Vorschlag zu und fühlt sich nun noch zusätzlich unglücklich, dass sie bei der Besprechung nicht so gehandelt hat.

5. „Ich muss so viele zusätzliche Terminarbeiten für den Chef machen, dass ich überhaupt nicht weiß, wie ich diese Woche durchstehen soll.“

a) „Ich kann dich so gut verstehen. Ich muss jede Menge Überstunden für das Projekt Y machen, mein Kind ist krank, die Kollegin Löffel ist im

Urlaub, und dann haben meine Eltern noch goldene Hochzeit."

b) „Du scheinst dich durch den großen Arbeitsdruck sehr überlastet und abgehetzt zu fühlen."

c) „Ich weiß, dass du wieder schrecklich viel zu tun hast. Aber lass dich nicht unterkriegen – du wirst es wie immer schaffen, und es ist ja absehbar bis zum Ende der Woche."

d) „Ich kann gut verstehen, dass du dich ausgebeutet fühlst. Warum gehst du nicht zum Chef und redest ein passendes Wort mit ihm?"

Kommentar:

a) Zwar wird Verständnis signalisiert. Aber die Antwortende nutzt die Gelegenheit, sich selbst in den Vordergrund zu spielen. Dies heißt auf der Beziehungsebene: Ich bin mit meinen Problemen beschäftigt, ich bin wichtiger als du. Außerdem könnte in der Aussage der Sprecherin ein Appell um Hilfe stecken. Dieser wird in dieser Entgegnung ebenso wie in c) und d) radikal abgewürgt und zurückgewiesen.

b) Versuch, die Gefühle der anderen zu verbalisieren. Möglichkeit, deren Gefühlen und dem Problem weiter auf den Grund zu gehen.

c) Das einleitende Verständnis wird durch Bagatellisierung und Beschwichtigung entwertet. Die Sprecherin wird sich abgewimmelt und ihre Gefühle als auf der Beziehungsebene nicht ernst genommen empfinden.

d) Verständnis wird mit einem Ratschlag vermischt, der der anderen möglicherweise signalisiert: Du hast selber Schuld, wenn du dich nicht wehrst (Bloom, Coburn, Pearlman).

Sie sehen, liebe Leserin, reflektierendes Zuhören ist dann weiterführend und konstruktiv, wenn wir uns vor Bewertungen und voreiligen Ratschlägen hüten. Wichtig ist, das „Echo“, welches Sie beim reflektierenden Zuhören sind, von der Formulierung wie vom Tonfall entsprechend zu gestalten. Hier sind vorsichtige Wendungen angebracht, auch in der fragenden Form.
„Ich frage mich, ob Sie damit meinen …“
„Höre ich da richtig heraus, dass …“
„Das klingt so, als hätten Sie das Gefühl, dass …“
„Habe ich Sie richtig verstanden, dass Sie …“
Vorsichtige, einfühlsame, fragende Formulierungen – wohl für die meisten von uns Frauen kein Problem!

Fazit:

Reflektierendes Zuhören bedeutet:
- Der/dem anderen Mut zu machen, sachliche und gefühlsmäßige Gesprächsinhalte näher zu beschreiben.
- Überhaupt mehr Klarheit über sachliche und gefühlsmäßige Zusammenhänge zu gewinnen.
- Die mit einer Sache verbundenen Gefühle zu bearbeiten, um mit klarerem Kopf an das Thema herangehen zu können.

Zusammenfassung: Wichtiges fürs Zuhören

Drei Fragen, die Sie sich als Zuhörerin stellen sollten:
1. Worauf kommt es der/dem Sprechenden an?
2. Welches ist ihre/seine Zielsetzung, was sind die Motive?
3. Welchen Nutzen hat der Beitrag für sie/ihn, für mich und die gemeinsame Sache?

Drei Gedanken, die Sie als Zuhörerin vermeiden sollten:
4. Keine voreiligen Typisierungen, kein Schubladendenken.
5. Keine vorschnellen Interpretationen.
6. Keine gedanklichen Antwortvorformulierungen, keine Erwiderungen, bevor das Gesagte verstanden wurde. (Verstehen heißt ja nicht zustimmen, doch nur, was verstanden wurde, kann Gegenstand und Grundlage eines Gespräches sein.)

Drei Hilfsmittel, die das Zuhören erleichtern:
7. Merkzettel mit Stichwörtern unterstützen die Konzentration und das Gedächtnis.

8. Rückkoppelungs- bzw. Spiegelungsfragen unterstützen die Konzentration und das Gedächtnis.
9. Zugewandte Körpersprache stellt die Verbindung zur/zum Sprechenden her und signalisiert Interesse.

Weitere Empfehlungen:

– Ablenkungen vermeiden!
  Lesen Sie z. B. während des Gespräches keine Post. Zeichnen Sie keine Kritzeleien oder stapeln Sie keine Papiere, sehen Sie nicht häufig auf die Uhr. Lassen Sie möglichst keine Telefonate durchstellen. (Es sei denn, Sie haben es mit jemandem zu tun, den Sie loswerden wollen. Sollte es sich bei diesem nicht gerade um einen Querulanten oder jemand Unfaires handeln, ist es jedoch meist besser, das Gespräch auf konstruktive Weise umzusteuern oder zu beenden!)
– Geduld!
  Nehmen Sie sich Zeit. Möglichst nicht unterbrechen!
– Durch Vorwürfe und Kritik nicht aus dem Gleichgewicht bringen lassen!
  Nicht resignieren, aber auch nicht streiten. Wenn Sie sich auf ein Wortgefecht einlassen und „gewinnen“ – langfristig haben Sie meist dabei verloren …
– Nicht sprechen!!!
  Sie können nicht zuhören, wenn Sie selber sprechen …

Empfehlungen für schwierige Gesprächssituationen

Gehaltserhöhung

Wie bereits angesprochen, tun sich die meisten von uns Frauen schwer, sich ihrer Qualifikation angemessen darzustellen und für ihre Arbeit auch eine angemessene Entlohnung zu fordern. Schließlich gilt Ehrgeiz bei Frauen als leicht anrüchig, Erfolg sollten sie als zufällig und ihnen unwichtig hinstellen (s. Kap. Selbstsicherheit) und Geld schließlich als Begleiterscheinung erscheinen lassen.
Es wird immer wieder berichtet und eventuell beklagt, dass Frauen weniger verdienen als Männer, und dies auf allen Ebenen. Selbst die aktiven amerikanischen Managerinnen streichen bei weitem nicht das gleiche Salär ein wie ihre männlichen Kollegen.
Insgesamt gesehen gibt es für die ungleiche Bezahlung eine Menge „Gründe". Einige davon sind: Tradition, Frauen sind schwächer als Männer, Frauen arbeiten in Bereichen, die nicht so gut bezahlt werden. Dies gilt für die früher so genannten Leichtlohngruppen, wie es im industriellen Bereich überhaupt eine lange, schlimme Tradition ist, Arbeiterinnen wesentlich schlechter zu bezahlen. Oft arbeiten qualifizierte Frauen aber auch in Positionen, in denen sie überwiegend nach „innen" gerichtete Tätigkeiten ausüben und mit Verwaltungsaufgaben weniger Geld verdienen als mit verkäuferischen Tätigkeiten.
Nicht umsonst zeigt sich bei zahlreichen Befragungen, dass für Frauen in gehobenen Positionen Prestige und Geld eine geringere Rolle spielen als für Männer.
Nun, sind wir tatsächlich so bescheiden, so wenig interessiert am schnöden Mammon oder spielt schlicht auch eine Rolle, dass wir Frauen Unsicherheit in uns nagen fühlen, uns nicht trauen, mehr Geld zu fordern? Und ist da nicht in vielen von uns eine (un)bewusste Scheu, „richtig" Geld zu verdienen? Ein gutes Gehalt bedeutet viele unterschiedliche Dinge. Selbständigkeit, Ernsthaftigkeit, Unabhängigkeit, Tüchtigkeit, Engagement und Interesse am Beruf, Erfolg und auch ein Stück Macht. Die meisten dieser Stichworte werden viele Frauen kaum mit einem selbstverständlichen Nicken und positiven Gefühlen aufnehmen. Zu tief sitzt das Gefühl, über

Geldfragen Bescheid zu wissen, über Geld zu sprechen oder gar Geld zu fordern sei unweiblich.

Zwar sind einige Frauen Meisterinnen darin, mit dem Einkommen für die Familie hauszuhalten – in dem Bereich wird dies von Frauen erwartet und auch positiv honoriert. Auf der anderen Seite aber ist Geld ein Machtfaktor, Und die Verteilung von Geld sieht in unseren kapitalistischen Systemen immer noch so aus, dass die größere finanzielle Macht die Männer haben. Aus Unbehagen an diesem System haben einige Frauen die Konsequenz gezogen, damit nichts zu tun haben zu wollen. In der Frauenbewegung wird z. T. die Auffassung vertreten, dass Frauen von anderen Frauen für Leistungen kein oder weniger Geld nehmen sollten. Im Gegensatz dazu ist es für andere Frauen gerade wichtig, durch eigenes Geld unabhängig zu sein. Diese Unabhängigkeit heißt aber in der Konsequenz auch Selbständigkeit und Verantwortung für sich selbst. Colette Dowling beschreibt in ihrem Buch „Der Cinderella-Komplex“, wie qualvoll es für sie war, wirklich die Verantwortung für ihre Einnahmen zu übernehmen, zu planen und über ihre Finanzen genauestens Bescheid zu wissen. Obwohl sie sich psychisch schlecht und depressiv fühlte, erlag sie lange der Versuchung, sich an ihren Partner anzulehnen und ihm die finanziellen Realitäten zuzuschieben.

Kaum eine Frau ist in dem Bewusstsein erwachsen geworden, sie habe selbständig und ihr Leben lang dafür zu sorgen, so viel Geld zu verdienen, dass sie und eventuell gar ihre Kinder, sollte sie einmal geschieden oder verwitwet sein, davon möglichst gut leben können.

Vielleicht fragen Sie sich, liebe Leserin, was soll dieser lange Vorspann? Nun, wenn wir uns die spiespältigen Gefühle und Einstellungen zum Thema Geld nicht klar machen, wie können wir dann selbstbewusst und überzeugt z. B. mehr Geld oder überhaupt nur angemessene Bezahlung für unsere Arbeit verlangen? Solange wir in der Vorstellung gefangen sind, dass Geld verdienen und -fordern unweiblich seien und wir gleichzeitig immer wieder in Selbstzweifel und Unsicherheit verfallen, ob unsere Leistungen denn wirklich gut seien, so lange wird es für die meisten Frauen ein Alptraum bleiben, eine Gehaltserhöhung auszuhandeln, Gebühren und Honorare festzusetzen, Bezahlung zu fordern.

Die anerzogene Bescheidenheit und die innere Unsicherheit ist inzwischen auch in wissenschaftlichen Untersuchungen belegt worden. So stellt eine amerikanische Psychologin fest, dass Frauen dazu neigen, sich unter Wert zu verkaufen (psychologie heute, Juli 86). In einem Experiment wurde Studentinnen und Studenten eine kurzfristige Teilzeitarbeit z. T. als gleich anspruchsvoll, z. T. als traditionelle Frauenarbeit, z. T. als typische Männerarbeit vorgestellt. In Wirklichkeit jedoch machten alle dieselbe Arbeit. Zum Schluss sollten alle ihre Leistung beurteilen und ihren Lohn einschätzen. Unabhängig von den Vorinformationen erwarteten die Frauen deutlich weniger Lohn als die Männer. Alle Studenten, die eine angeblich „weibliche" Tätigkeit ausgeführt hatten, erwarteten ebenfalls weniger Lohn. Und als die Gruppe die Lohnvorstellungen vergleichen konnten, verglichen sich Männer mit Männern, Frauen hingegen nur mit Frauen! Dies könnte ein weiterer Grund sein, dass sich Frauen häufiger mit weniger Geld zufrieden geben.

Dass die Arbeit von Frauen weniger Geld wert ist, ist in den Köpfen von Frauen und Männern oft tief verankert. Ich selber habe Jahre gebraucht, um (die für Männer) üblichen Tageshonorare zu verlangen. Und dabei passierte es mir prompt, dass ein Verhandlungspartner sagte: „Donnerwetter, für eine Frau verlangen Sie aber ganz schöne Preise!" Andererseits gilt, dass, wer sich und seine Arbeit preislich zu niedrig ansetzt, womöglich für weniger gut gehalten wird. Was teuer ist, muss auch gut sein.

Erwarten Sie nicht, dass sich durch das Motto: „Tue dein Bestes und dann wirst du schon mehr Geld und eine Beförderung bekommen", die Frage von allein löst. Vorgesetzte werden meist annehmen, dass ihre Mitarbeiterin wohl zufrieden sei, wenn sie nichts sagt. Oder gar meinen, dass ihre Mitarbeiterin nicht weiter vorwärts kommen wolle und als mögliche Beförderungskandidatin gar nicht in Frage komme. Bereiten Sie Ihren Wunsch nach einer Gehaltserhöhung sehr gründlich vor. Dies wird Ihnen dann auch mehr Sicherheit geben. Da diese Verhandlungssituation bisher in jedem meiner Frauenseminare als schwierig angesehen wurde, wollen wir sie uns intensiv ansehen. Zugleich werden sich einige Punkte, die Sie aus den Überlegungen zur Gesprächsvorbereitung und Durchführung kennen, so mit weiterer Anschauung füllen.

1. Vorbereitung

a) Was ist Ihre Arbeit wert?

Lassen Sie alle Ihre Verbindungen spielen, um herauszubekommen, wie viel in Ihrer Firma für vergleichbare Positionen bezahlt wird. Für einige von Ihnen wird dies schwierig sein, weil Arbeitgeber gern die für sie so praktische Ansicht „Über Geld spricht man nicht" propagieren. Dieses aus der Sicht der Arbeitgeber verständliche Interesse geht aber nicht so weit, dass das Reden über Geld verboten werden kann. Arbeitnehmerinnen und Arbeitnehmer können also durchaus Vergleiche anstellen. Unsicher ist allerdings, ob eine Klausel im Arbeitsvertrag Gespräche über das Gehalt verbieten kann. Die Rechtsprechung hat solche Praktiken schon für rechtens gehalten, weil solche Geheimhaltung besser für das Betriebsklima sei. Sollten Sie also in Ihrer eigenen Firma nicht fündig werden, versuchen Sie herauszubekommen, wie viel andere (auch und gerade Männer!) in Ihrer Stadt oder Region in vergleichbaren Positionen verdienen. Erkundigen Sie sich beim Arbeitsamt und ggf. bei Ihrem Berufsverband. So werden Sie Stück für Stück eine Vorstellung bekommen, wo Sie mit Ihrem Gehalt oder auch mit Ihren Honorarforderungen liegen.

b) Überlegen Sie nun genau, was Sie in letzter Zeit geleistet haben.

Schreiben Sie auf, was gut gelaufen ist, wo Erfolge zu verzeichnen waren, wie viel Überstunden Sie eventuell gemacht haben, wo Sie gelobt wurden. Haben Sie Verbesserungsvorschläge gemacht oder, ganz besonders wichtig, ein neues, zusätzliches Arbeitsgebiet übernommen? Schreiben Sie außerdem auf, welche Stärken, welche positiven Eigenschaften Sie in Ihre beruflichen Aufgaben mit einbringen. Dies ist eine wichtige psychologische Rückenstärkung gegen die plötzlich wieder auftauchenden Selbstzweifel, dass die tägliche Arbeit doch eigentlich gar nichts Besonderes sei!

c) Bescheidenheit ist eine Zier – doch weiter kommt Frau ohne ihr!

Arbeiten Sie nicht nur an einem realistischen Selbstwertgefühl über Ihre Leistungen und Fähigkeiten, sondern sprechen Sie auch über Ihre Leistungen. Damit sind wir wieder bei der Schwierigkeit vieler Frauen angelangt, sich zu „verkaufen". Klappern gehört aber nun mal zum Handwerk!

Haben Sie bisher das bescheidene Veilchen im Moose gespielt, sollten Sie vor dem Gehaltserhöhungsgespräch eine Vorwärmphase einlegen. Weisen Sie auf Ihr Engagement hin, auf Problemlösungen, auf die Meisterung schwieriger Situationen. Weisen Sie auf ein Lob hin, das von einem Kunden kam. Fragen Sie Ihre Vorgesetzte oder Ihren Vorgesetzten, wo Sie sich noch verbessern oder qualifizieren können. Nehmen Sie, auch wenn dies für Sie familiär schwierig sein sollte, unbedingt Weiterbildungsmöglichkeiten wahr. Machen Sie deutlich, dass Sie an anspruchsvolleren Arbeiten interessiert sind und dass Sie sich diese zutrauen. Eine solche beständige Kommunikation, in der Sie ja auch die Rückmeldung bekommen, wie Ihre Arbeit auf vorgesetzter Ebene beurteilt wird, dient Ihrem Selbstwertgefühl und Ihrer Selbstsicherheit und ist

zugleich auch eine mittelfristige Vorbereitung für ein erfolgreiches Verhandlungsgespräch (LaRouche).

Ein Gespräch über eine Gehaltserhöhung hat ja stets eine vorangegangene Entwicklung. Über größeren Arbeitsanfall, neue Aufgaben oder Aspekte, die delegiert werden, muss ja gesprochen werden. Achten Sie bereits dann darauf, sich als interessierte Mitarbeiterin zu präsentieren, zeigen Sie, dass Sie mitdenken. Signalisieren Sie Ihr Interesse, in der Firma weiterzukommen, mit Überlegungen, die z. B. erst in einigen Jahren greifen können. Seien Sie jedoch vorsichtig mit mehr oder weniger diskreten Hinweisen, wie sehr Sie in der Abteilung X geschätzt seien oder dass eine Kollegin der Firma Y Sie neulich gefragt habe, ob Sie nicht eine Frau wüssten, die sich für eine Stelle als (Ihre jetzige Position oder eine Stufe höher) interessiere. Sie könnten so leicht den Eindruck erwecken, dass Sie mit Ihrem Weggang drohen oder eine andere Stelle suchen. Und dies muss nicht unbedingt dazu führen, dass Ihre Chefin oder Ihr Chef nun das Gespräch mit Ihnen sucht, um Sie zu halten. Genauso gut könnte ihr/sein Eindruck sein, dass es sich nicht mehr lohne, Sie weiter im Auge zu behalten oder zu fördern. Insgesamt ist es nach meiner Erfahrung ratsamer, dass Sie sich um ein offenes und konstruktives Kommunikationsverhalten zu Ihrer oder Ihrem Vorgesetzten bemühen, statt mit Andeutungen oder indirekten Strategien zu arbeiten. Ist die Beziehungsebene zwischen den Beteiligten in Ordnung, ist die Chance auch größer, dass berechtigte, wenn auch unbequeme Forderungen (und das ist eine Gehaltserhöhung fast immer) Aussicht auf Erfolg haben.

Erinnern Sie sich an Ulla, die Assistentin in der Patentabteilung einer großen Firma, die bei der Probe eines Gehaltserhöhungsgesprächs im Seminar nach zwölf Minuten immer noch nicht auf ihr Anliegen zu sprechen gekommen war? (Selbstsicherheit S. 83) Wir vermuteten im Seminar, dass Ulla die oft kurz angebundene, manchmal gar schroffe Art ihres Vorgesetzten durch ihre zu umständliche Art, Dinge beim Namen zu nennen und auf den Punkt zu bringen, zum Teil selber provozierte. Ulla nahm sich vor, das Thema Gehaltserhöhung erst wieder auf den Tisch zu bringen, wenn sich das Verhältnis gebessert hatte. Sie bereitete ein halbes Jahr lang alles, was zu besprechen war, so vor, dass es zügig und effektiv abgehandelt werden konnte. Nach und nach besserte sich das Klima zwischen ihr und ihrem Chef. Rückendeckung erhielt sie außerdem von zwei Seminarteilnehmerinnen, mit denen sie ab und zu Erfahrungen austauschte. Nach diesem halben Jahr fragte sie ihren Chef in einem kurzen Gespräch, was sie aus seiner Sicht für ihre Weiterbildung tun könne, da sie sich weiterentwickeln wolle. als sie merkte, dass er zögerte, nannte sie Alternativen aus ihrer Sicht. Die Vorschläge ihres Chefs nahm sie zum Teil auf und nach einem weiteren Vierteljahr führte sie ein Gespräch über eine Gehaltserhöhung. Und sie hatte Erfolg, obwohl sie bereits außertariflich bezahlt wurde. An diesem Beispiel zeigt sich erneut, dass zu einer Verhandlung oft eine gründliche Situationsanalyse, eine realistische Strategie und Geduld gehören.

d) Bereiten Sie das Gespräch schriftlich vor.

Legen Sie fest, wie viel mehr Gehalt Sie ins Gespräch bringen wollen. Ihre Vergleichszahlen liefern Ihnen Anhaltspunkte. Kalkulieren Sie Ihren „Marktwert“ und die betrieblichen Gehaltsstrukturen mit ein. Bedenken Sie, dass die meisten Frauen zu wenig verlangen. Nicht selten haben männliche Seminarteilnehmer, mit denen ich über meine Sekretärinnenseminare sprach, dem Sinne nach gesagt: „Meine Assistentin z. B. ist wirklich hervorragend. Sie ist sehr selbständig und nimmt mir vieles ab. Ohne sie würde vieles nicht laufen. Mittlerweile ist sie eine der am besten bezahlten Sekretärinnen im Haus. Sie ist es wert und ich habe mich dafür eingesetzt.“ Ergo: Gut bezahlte Mitarbeiterinnen schmücken auch einen Vorgesetzten …

Je wichtiger Sie für Ihre oder Ihren Vorgesetzten sind, desto eher können Sie an die obere Grenze Ihres Zahlenmaterials gehen.
Haben Sie festgestellt, dass Sie bisher stark unterbezahlt wurden, gehen Sie nicht von 5–10 % aus, sondern argumentieren Sie mit den Gehältern in vergleichbaren Positionen. Gewöhnen Sie sich an den Gedanken, die Summe, um die es geht, nicht als überzogen anzusehen. Sagen Sie sich laut: In vergleichbaren Positionen werden x-tausend Mark verdient. Und ich will für meine gute Arbeit auch entsprechend bezahlt werden.
Überlegen Sie sich auch Rückzugsziele (Stufenplan, Erhöhungen in kurzen Abständen, notfalls Termin für ein weiteres Gespräch usw.). Aber: setzen Sie aus lauter Angst, Ihr Hauptziel nicht zu erreichen, dies nicht gleich wieder herunter. Bedenken Sie auch, dass es oft mit einem Gespräch nicht getan sein wird. Oft wird eine Vorgesetzte oder ein Vorgesetzter nicht gleich entscheiden können oder sich die Angelegenheit in Ruhe überlegen wollen.
Nachdem Sie sich über die Größenordnung klar geworden sind, erstellen Sie jetzt Ihr Argumentefeld. Sammeln Sie zunächst alle Punkte, die für Ihre Gehaltserhöhung sprechen. Sie haben ja unter b) bereits aufgeschrieben, was Sie in letzter Zeit alles geleistet haben und wo generell Ihre Stärken liegen. Wenn Sie jetzt eine Vorauswahl Ihrer Argumente treffen, achten Sie darauf, die wirklich zugkräftigen auszuwählen. Monika, eine tüchtige Sachbearbeiterin, geschieden und ihre kleine Tochter versorgend, berichtete über ein missglücktes Gespräch. Sie hatte gesagt: „Sie wissen ja, Herr X, dass ich mein Bestes gebe, aber davon abgesehen brauche ich dringend mehr Geld. Von meinem jetzigen Gehalt kann ich meine Tochter und mich nicht durchbringen." Ihr Chef hatte zwar Verständnis gezeigt, aber eine Gehaltserhöhung abgelehnt. Es leuchtete nach einiger Diskussion ein, dass solche „privaten" Gründe kaum eine Chefin oder einen Chef dazu bewegen werden, eine Gehaltserhöhung zu gewähren. Monika bereitete mit einer Gruppe von Seminarteilnehmerinnen das Gehaltsgespräch erneut vor. Dabei stellte sich heraus, dass Monika seit einem Dreivierteljahr selbständig ein zusätzliches Gebiet betreute und zudem die Chefassistentin vertrat, die durch ihre Schwangerschaft öfter zum Arzt musste und keine Überstunden mehr machen konnte.
In diesem Probegespräch stellte Monika ihre Leistungen heraus. Sie sprach auch ihre private Situation an, aber dieses Mal so: „Herr X, Sie wissen ja, dass ich meine Tochter alleine versorge. Seit meiner Scheidung

habe ich mir viele Gedanken über meine berufliche Zukunft gemacht und mir überlegt, dass ich mittelfristig in unserer Abteilung ..." Monika erzählte bei einem Aufbauseminar, dass ihr Chef ihr eine Gehaltserhöhung gewährt und mit ihr besprochen habe, welche Möglichkeiten es für sie gäbe, in der Abteilung voranzukommen. Ihre Pro-Argumente sollten sich also auf Ihre Leistungen beziehen – möglichst solche, von denen Ihre Chefin oder Ihr Chef besonderen Nutzen, sprich Entlastung, oder z. B. Beiträge zum Erfolg der Abteilung hat. Nun setzen Sie sich mit möglichen Gegenargumenten auseinander. Verhandlungen um mehr Geld sind oft eine sehr zähe und spröde Angelegenheit. Stellen Sie sich darauf ein, dass Ihr Gegenüber Ihnen alle möglichen Widerstände entgegensetzen wird. Machen Sie sich klar, dass diese Abwimmelungsversuche bei den meisten Gehaltsverhandlungen schlicht zum „Spiel" gehören. Seien Sie auch auf eventuelle „harte Konter" gefasst, wenn Ihnen in den letzten Jahren beispielsweise irgendein mehr oder weniger großer „Flop" unterlaufen ist. Überlegen Sie sich eine selbstbewusste Antwort und achten Sie darauf, nicht in die Rechtfertigungsfalle zu geraten. Weisen Sie z. B. darauf hin, dass gerade dieser Fehler Sie angespornt hat, Sie seitdem mehr Erfahrungen und Erfolge zu verzeichnen haben. Nachdem Sie Ihr Argumentefeld erarbeitet haben, machen Sie sich nun Gedanken darüber, wann Sie das Gespräch führen sollten.

e) Wählen Sie einen strategisch günstigen Zeitpunkt.

Besonders günstig wäre es, wenn Sie seit einiger Zeit besondere Leistungen gebracht haben und dies auch gegenüber Vorgesetzten und Mitarbeiterinnen wie Mitarbeitern deutlich werden ließen. Also statt „Veilchen im Moose" zu spielen, angemessen und selbstbewusst auf Ihre erfolgreiche Arbeit hingewiesen haben. Außerdem sollten Sie das Gespräch früh genug vor der Festlegung des Personaletats oder den Tarifverhandlungen führen. Suchen Sie das Gespräch lieber zu früh als zu spät – wird Ihnen gesagt, es sei noch zu früh für ein solches Gespräch, dann lassen Sie sich einen festen Termin geben. Dies hat außerdem noch den Vorteil, dass Ihre Chefin oder Ihr Chef jetzt um Ihr Anliegen weiß und eher auf Ihre Leistungen achten wird. Auf ihre/seine Abwehrstrategien sind Sie ja sowieso vorbereitet!

Versuchen Sie außerdem, einen günstigen Zeitpunkt abzupassen. Wenn es z. B. gerade Probleme oder viel Hektik gibt oder eine Vorgesetzte bzw. ein Vorgesetzter gerade ihre/seine sprichwörtliche schlechte Laune pflegt, sollten Sie das Gespräch wenn möglich, verschieben. Überlegen Sie sich eventuell einen anderen Besprechungspunkt, den Sie im äußersten Notfall vorschieben können. Aber auch nur dann!

2. Zur Durchführung des Gehaltserhöhungsgespräches

Gut vorbereitet und mit Ihren Stichworten versehen, gehen Sie nun in das Gespräch. Kommen Sie nach einer angemessenen Anwärmphase (je nach Persönlichkeit Ihres Gegenübers) ruhig direkt zur Sache. Als Überleitung von der Anwärmphase zu Ihrem Anliegen können Sie über eine gelungene Problemlösung oder irgendetwas Positives berichten. Nachdem Sie Ihren Wunsch nach der Gehaltserhöhung ausgesprochen haben, begründen Sie ihn. Stellen Sie das Gesamtbild dar, das zusammengefasst Ihrem Gegenüber deutlich macht, welchen Wert Ihre Arbeit für sie/ihn hat. Achten Sie auf eine selbstsichere Körpersprache und Stimmführung!

Die meisten Vorgesetzten haben Erfahrung damit, Forderungen und Wünsche unterschiedlichster Art abzublocken. Zusätzlich zu Ihren eigenen Überlegungen finden Sie im Folgenden einige typische Gegenargumente mit Gegenüberstellungen von mehr oder weniger Erfolg versprechenden Reaktionsmöglichkeiten.

Ein Vorgesetzter sagt:

a) „Ich bin mit Ihrer Arbeit wirklich zufrieden, aber Ihren Wunsch nach mehr Geld verstehe ich nicht. Sie machen Ihre Aufgaben und dafür werden Sie bezahlt."

Weisen Sie darauf hin, dass Sie eben mehr als das tun, was in Ihrer Aufgabenbeschreibung steht, dass neue Tätigkeiten hinzugekommen, Umfang und Schwierigkeiten gewachsen sind usw. Nicht verunsichern lassen, nicht rechtfertigen.

b) „Da sehe ich aber auch interne Schwierigkeiten. Sie machen doch die gleiche Arbeit wie die Assistentin von Frau X."

Hier kommt es u. a. darauf an, ob Sie die Tätigkeit der Vergleichsperson kennen. Sollte es Ihnen bei Ihrer Vorbereitung nicht gelungen sein, möglichst viele Informationen über vergleichbare Positionen zu bekommen, können Sie vorschlagen, die Stellenbeschreibungen zu vergleichen. Damit wird die Aussage, falls Sie zutrifft, überprüfbar gemacht. Fahren Sie aber im gleichen Atemzug fort darzustellen, wo Ihre (zusätzlichen) Leistungen liegen. Sollte der Vergleich vorgeschoben gewesen sein, ist er wahrscheinlich vom Tisch.

Möglicherweise aber steckt in dem Vergleich auch eine verschleierte Abwertung Ihrer Tätigkeit, da Sie mehr Aufgaben wahrnehmen als die einer Assistentin. Weisen Sie darauf hin und begründen Sie es.

c) lächelnd: „Sie wollen also mehr Geld. Ah, Sie planen bestimmt wieder eine Ihrer exotischen Reisen!" (Strategie: Nichternstnehmen, Lächerlichmachen.)

Hier empfiehlt es sich, weder aggressiv – „Speisen Sie mich nicht mit Scherzen ab" – noch ironisch zu werden: „Sie scheinen Ihre Kreuzfahrten aber auch nicht gerade lästig zu finden!" Signalisieren Sie z. B. Humor und Selbstbewusstsein mit einem verständnisvollen leisen Grienen: „Na, wenn das kein durchschlagender Grund für eine Gehaltserhöhung ist", und machen Sie sofort auf der Sachebene weiter: „Mir geht es darum, dass ich seit einem Jahr ..."

d) „Aber Sie sind doch verheiratet und damit doppelt gesichert. Und nun wollen Sie mehr Geld!" (Strategie: Ausweichen und Appellieren.)

Mit dieser Strategie wurden zahlreiche meiner Seminarteilnehmerinnen konfrontiert. Bei vielen hatte der Versuch, zu verunsichern und ein schlechtes Gewissen zu erzeugen, gut funktioniert. Renate, eine gut verdienende Bankmanagerin, berichtete, sie sei innerlich zusammengezuckt, habe ihre Einkommensverhältnisse mit anderen Frauen aus ihrem Freundeskreis verglichen und im ersten Moment wirklich das Gefühl gehabt, sie stelle unangemessene, unsoziale Forderungen. Später habe sie sich gefragt, welchem Mann denn wohl gesagt würde, wieso er mehr Geld wolle – seine Frau verdiene doch auch gut.

Claudia, eine technische Zeichnerin, erinnerte sich, dass ihr sofort einige arbeitslose Frauen und Männer aus ihrem Bekanntenkreis einfielen und wie froh sie doch sein könne, dass ihr Mann und sie zwei Einkommen hätten. Hüten Sie sich also vor dieser Falle. Vorsicht ist aber auch bei der Reaktion geboten, von der eine andere Frau berichtete. Sie hatte ihren Chef direkt damit konfrontiert, dass diese Einstellung überholt, verfassungswidrig und frauenfeindlich sei. Zwar teile ich in der Sache diese Meinung, geschickter ist es aber hier, darauf hinzuweisen, dass es um Ihre Leistungen und nicht um Ihren Familienstand geht.

Dies gilt auch für die Variante, dass Sie das Geld doch kaum nötig haben, da Sie doch allein stehend seien. Zwar ist auch diese Strategie diskriminierend. Doch würde sehr wahrscheinlich eine solche Antwort eine Abwehrhaltung mit sich bringen, die Sie als die Klügere vermeiden können.

e) „Aber Sie wissen doch sicher, wie sehr wir gerade dieses Jahr zu kämpfen haben. Die Zeiten sind so schlecht, dass wir sogar mit Entlassungen rechnen müssen."

Diese sehr beliebte Strategie wird hier gleich mit einer indirekten Drohung verbunden. Streichen Sie nicht die Segel, und überhören Sie die Drohung. Äußern Sie Verständnis für die Situation, machen Sie aber zugleich klar, dass es im Interesse der Firma liegen muss, ihre tüchtigen Leute weiterhin zu motivieren.

Sollten Sie es direkt mit dem Eigentümer zu tun haben, achten Sie darauf, dass Sie nicht in die Mitleidsfalle tappen. Eine Seminarteilnehmerin berichtete von ihrem Chef, er habe ihr so viel vorgestöhnt, dass sie das Thema Gehaltserhöhung gar nicht mehr gewagt habe anzusprechen. Allerdings sei ihr Verhältnis zur Firma danach nicht mehr so engagiert gewesen – sie hatte von einer befreundeten Kollegin aus der Buchhaltung erfahren, dass die Firma für künftige Investitionen größere Rückstellungen vorgenommen hatte und insgesamt gut dastand. Womit wir wieder einen Fall hätten, wo sich ein Manipulationsversuch letztlich nicht ausgezahlt hat.

Gehaltserhöhungen werden selten gern gewährt. Wenn sich Vorgesetzte mit mehr oder weniger unfairen Strategien versuchen, sollten Sie diese erkennen können und sich nicht verunsichern lassen. Zugleich ist es eine Überlegung wert, dass diese Strategien oft nicht gegen Sie persönlich gemünzt sind, obwohl sie so formuliert werden.

Auch für dieses Verhandlungsgespräch gelten die Punkte der Abschlussphase. Fassen Sie zusammen und bestehen sie auf konkreten Zahlen und Terminen.

Ist die Entscheidung nicht gleich gefallen, machen Sie konkrete Termine fest, wann weitergesprochen werden soll.

Vielleicht, liebe Leserin, holen Sie jetzt tief Luft und fragen sich: „Wozu dieser ganze Aufstand? Warum kann eine Gehaltserhöhung nicht einfach von sich aus gewährt werden, wenn sie berechtigt ist?" Nun, sie wird es in den meisten Fällen nicht. Vor allem dann nicht, wenn Frauen sich nicht trauen, dafür einzutreten, dass sie leistungsgerecht bezahlt werden. Dann bleibt es halt beim alten bescheidenen Veilchendasein. Eine amerikanische Unternehmensberaterin, Betty Harragen, stellte bei der Vorbereitung eines Buches über (männliche) Spielregeln im Beruf fest, dass die meisten Frauen, mit denen sie sprach, nie eine Gehaltserhöhung verlangt hatten (Schenkel). Und wie steht es mit Ihnen?

Wenn ich das Bild vom Veilchen im Moose gebraucht habe, so meine ich nicht in logischer Konsequenz, dass Frauen nun die stolze Rose werden sollen, die immer bewundert sein will. Genauso wenig geht es mir um die Nachahmung männlichen Imponiergehabes, das Sie an einigen Kollegen und Vorgesetzten studieren können. Es geht darum, dass Frauen selbstbewusst und selbstsicher zu ihren eigenen Leistungen stehen und ihren Anspruch auf eine leistungsgerechte Entlohnung geltend machen.

„Jeder Mensch kann Kritik vertragen – wenn es eine gute ist.“

Viktor Berg

Der Umgang mit Kritik und Lob

1. Schwierigkeiten und ihre Ursachen

Den meisten Menschen fällt es schwer, zu kritisieren oder selber Kritik entgegenzunehmen. Das Wort „Kritik“ hat für fast alle einen negativen Beigeschmack. Die Schwierigkeiten beim Umgang mit Kritik haben unterschiedliche Ursachen. Dass Kritik als so schmerzlich empfunden wird, beruht oft schon auf negativen Erlebnissen aus der Kindheit. Viele Eltern und Lehrerinnen bzw. Lehrer kritisieren pauschal und destruktiv. Erinnern Sie sich an unsere Überlegungen zum Thema Selbstsicherheit und den Teufelskreis der negativen Selbsteinschätzung. Wird zu einem Kind gesagt: „Du hast zwei linke Hände“, „Du bist dumm“, so werden nicht bestimmte Verhaltensweisen des Kindes in einer bestimmten Situation kritisiert, sondern das Kind in seiner Persönlichkeit insgesamt. Diese Pauschalisierungen, diese Etiketten werden außerdem als Zurückweisung und Ablehnung empfunden, was diese pauschale Kritik ja auch ist.

Verstärkt wird die destruktive, vernichtende Komponente dieser Kritik noch durch Formulierungen wie:

„Sie haben schon wieder ...“

„Sie machen immer ...“

Die Pauschalisierung von Kritik auf die gesamte Person statt auf Verhaltensweisen, verbunden mit Zurückweisung, Ablehnung, Strafe oder gar Liebesentzug – alle diese Komponenten begleiten auch leidvoll unser Erwachsenenleben. Kritik wird als Angriff formuliert und vom Kritisierten so empfunden. Der Vorwurfscharakter vermittelt der oder dem Kritisierten zudem oft ein schlechtes Gewissen. Abgelehnt zu werden – und sich ein schlechtes Gewissen zu machen – ist für viele Frauen infolge der „typisch weiblichen“ Erziehung zu „Lieb-Sein“ und zu Konformität ein größeres Problem als für die meisten Männer.

Deshalb trifft Ablehnung und Kritik Frauen oft härter als Männer. Diese schmerzhafte Empfindlichkeit gegenüber Kritik ist häufig verbunden mit der Falle eigener emotionaler Ablehnung: „Sie/ihn kann ich nicht ausstehen – mit ihr/ihm kann ich nicht zusammenarbeiten.“ Frauen lernen von klein

auf, sich über Beziehungen zu anderen Menschen zu definieren und Beziehungen aufrechtzuerhalten. Misst nun eine Frau getreu ihrer rollengerechten Erziehung der Qualität ihrer Beziehung höchste Priorität zu, so wird es ihr schwer fallen, Kritik und vorübergehende Schwierigkeiten mit so viel Distanz zu durchschauen, dass sie sich nicht als Persönlichkeit in Frage gestellt und abgelehnt fühlt.
Bevor wir uns mit der Frage auseinander setzen, wie Frauen sich mit Kritik weniger aufreibend auseinander setzen können, sei noch auf die sehr positive Seite unseres Strebens nach harmonischen Beziehungen verwiesen. Frauen in Führungsaufgaben schaffen überwiegend ein gutes, konstruktives und kooperatives Betriebsklima – eben weil sie persönliche Beziehungen, auch und gerade in der Arbeitswelt, wichtig nehmen.

2. Die Zwillingsschwester der Kritik: das Lob

So lässt sich für viele Frauen eine Voraussetzung, ein konstruktives Kritikgespräch zu führen, leicht erfüllen: nämlich auch ab und zu ein Lob auszusprechen. Denn wenn gute Leistungen anerkannt werden, ist mit Kritik auch leichter umzugehen. Nach Schilderungen meiner Seminarteilnehmerinnen und -teilnehmer sieht die Realität aber so aus, dass überproportional viel kritisiert und sehr wenig gelobt wird. Eine Seminarteilnehmerin formulierte eine weit verbreitete Erfahrung so: „Wenn ich zu meinem Vorgesetzten gerufen werde, erwarte ich nichts Gutes. Ich ziehe, ehrlich gesagt, schon innerlich den Kopf ein. Ich habe ein bisschen das Gefühl wie ein Kind, das nicht weiß, was es ausgefressen hat, und gehe innerlich in Abwehrstellung." Wäre diese Frau von ihrem Vorgesetzten auch mal zum Chef gerufen worden, weil dieser eine gute Arbeit anerkennen will, so hätte sie nicht von vornherein abgeblockt. Denn dieses Abblocken verhindert ja – neben pauschalen, destruktiven Formulierungen –, das Ziel eines Kritikgespräches erreichen zu können: der/dem anderen klar zu machen, dass bestimmte Arbeits- und/oder Verhaltensweisen als uneffektiv, unangemessen, störend oder als nicht konstruktiv empfunden werden.
Sollte Ihnen, liebe Leserin, inzwischen das Loben vergangen sein, so aktivieren Sie diese Fähigkeit wieder. Angemessenes Lob und angemessene Kritik gehören zusammen. Oft wird in Seminaren die Befürchtung geäußert: „Ja, aber wenn ich Mitarbeiterinnen oder Mitarbeiter über den grünen Klee lobe, dann fallen sie aus allen Wolken, wenn ich etwas zu kritisieren habe. Und womöglich sagen sie mir dann noch, ich hätte sie doch kürzlich gerade gelobt."

Bei der Empfehlung zu loben, liegt die Betonung auf angemessen, und hinzuzufügen ist: ehrlich. Es bringt nichts, nun ohne innere Überzeugung „Streicheleinheiten" zu verteilen, weil diese ja so motivierend sein sollen! Oft wird das von den so „Beglückten" auch (un)bewusst als Manipulationsversuch aufgefasst, da Wortwahl, Stimmführung und Körpersprache nicht zusammenpassen. Und dann geht der löbliche Lobversuch nach hinten los! Loben muss Ihrer Persönlichkeit angemessen sein. Liegt es Ihnen zum Beispiel nicht, große Worte zu machen, so achten Sie darauf, dass Sie öfter mal ein anerkennendes Nicken, ein bestätigendes: „Das haben Sie prima hinbekommen!" einflechten.

Weisen Kritisierte tatsächlich auf früher gelobte Leistungen hin, nicht zuletzt, um ihr Selbstwertgefühl zu verteidigen, so ist es kein Problem, sachlich zu reagieren. Die vorherige gute Leistung wird ja nicht bestritten, sondern es geht jetzt um einen bestimmten aktuellen Punkt – und nicht um die Person insgesamt.

Zu tief greifenden Störungen kann es aber auch kommen, wenn Vorgesetzte meinen, sie müssten tüchtige enge Mitarbeiterinnen oder Mitarbeiter nicht loben. Diese müssten doch einfach spüren, wie sehr sie geschätzt werden, wie wertvoll ihre Arbeit ist. Das Resultat ist häufig, dass Mitarbeiter sich in ihrer Leistung und ihrem Engagement nicht gewürdigt fühlen und mit unterschiedlichen Frustrationen reagieren. So kann auch im Prinzip gute Zusammenarbeit zu Konflikten führen. Ein typisches Beispiel aus einem Kommunikationstraining für ein Ministerium soll diesen wichtigen Aspekt des Lobens unterstreichen.

Ein Behördenchef war mit einer Abteilungsleiterin dabei. Der Chef, Mitte 50, war ein zwar zurückhaltender, aber konstruktiver Teilnehmer, während die Abteilungsleiterin, etwa Ende 30, auf mich mal sehr munter, mal sehr gebremst wirkte. Am zweiten Seminarnachmittag wurde das Thema Motivation und Lob und Kritik besprochen. Abends sagte die Abteilungsleiterin unter vier Augen zu mir: „Alles, was wir über das Loben besprochen haben, ist so, als ob Sie meinen Chef als Beispiel genommen hätten." Nach reiflicher Überlegung ließ ich die beiden am nächsten Morgen ein Lob-Gespräch durchspielen. Die Abteilungsleiterin wurde zunächst hinausgeschickt und der Chef, Herr Bastian, wurde gefragt, was er loben wolle. Er fühlte sich sichtlich unbehaglich, rutschte auf seinem Stuhl hin und her und zupfte heftig an seinem Schnurrbart. Am liebsten hätte er gepasst, aber wir konnten ihn überzeugen, dass es ja Sinn eines solchen Seminars sei, Dinge auszuprobieren, die einem nicht so leicht fallen.

Mit merklichem Seufzen willigte er schließlich ein, es zu probieren, ohne zuvor jedoch spezielle Leistungen seiner Abteilungsleiterin anzugeben.

Das Gespräch verlief ausschnittsweise wie folgt:

Chef: „Tja, Frau Siefers, Sie wissen sicherlich, äh ..., also, ich wollte Ihnen sagen“ (er veränderte seine Sitzhaltung so, dass er ihr nicht mehr gerade gegenüber saß, sondern seitlich und ihr damit die „kalte Schulter“ zeigte), „wie sehr ich Ihre Arbeit schätze“ (seine Stimme sackte zum Schluss ab).

Frau Siefers saß sehr aufrecht und angespannt, die Hände im Schoß stark verkrampft.

Eine lange, unbehagliche Pause hing im Raum. Dann:

Chef: „Warum sagen Sie denn nichts, Frau Siefers!“

Frau Siefers: „Was soll ich dazu sagen?“

Chef: „Schließlich habe ich gesagt“ (wurde lauter), „dass ich, ja, äh ... Ihre Arbeit schätze!“

Frau Siefers: „Also wissen Sie, ich weiß wirklich nicht, was ich sagen soll. Wir arbeiten jetzt fünf Jahre zusammen und ich habe immer vergeblich auf ein Lob gewartet. Nun kommt es mehr oder weniger gezwungen hier – und es ist überhaupt nicht glaubwürdig.“ (Resigniert) „Was soll ich da noch sagen?“

Wieder eine Pause. Der Chef gab sich einen spürbare Ruck.

Chef: „Frau Siefers, was wir hier über Motivation usw. besprochen haben, das sehe ich theoretisch alles ein, und es war mir im Grunde auch vorher klar. Aber ich kann da eben nicht über meinen Schatten springen. Als ich Kind war, wurde ich von meinen Eltern nie gelobt!“

Frau Siefers sagte nichts, entkrampfte sich aber etwas und sah ihren Chef an und ermutigte ihn dadurch weiterzusprechen.

Chef: „Das war eben eine ganz andere Zeit. Wann sind wir schon mal gelobt worden. Und irgendwie ging es ja auch. Und jetzt soll ich ..., also, äh, ich will hier doch nicht Persönliches ...“ (Er schlug plötzlich mit der Hand auf die Sessellehne und platzte laut heraus: „Sie sind die beste Abteilungsleiterin, die ich je hatte. Und das müssen Sie doch wissen!“

Frau Siefers: (ruhig und nachdrücklich) „Nein, Herr Bastian, das ist mir in den ganzen Jahren nicht klar gewesen.“

Chef: (beugt sich etwas vor, mit leiser Stimme) „Glauben Sie mir denn jetzt?“

Frau Siefers: (sah ihn an, nickte) „Jetzt ja.“

Bei dieser Übung waren die beiden Beteiligten in ihre wirklichen Rollen

hineingeraten und es kam zu einem Aha-Erlebnis, das sich für die künftige Zusammenarbeit sehr positiv auswirkte. Beeindruckend für die Beobachtenden war außerdem, zu sehen und zu hören, wie der „unfreiwillige" Lobversuch danebenging. Daher noch einmal die Empfehlung: Teilen Sie keine Streicheleinheiten nach Plan aus, sondern üben Sie, Ihrer Persönlichkeit angemessen zu loben. Dann kommt Ihr Lob auch an!
Infolge der überwiegend negativen Erfahrungen mit Kritik ist es für viele Teilnehmerinnen und Teilnehmer von Seminaren ein beeindruckendes Erlebnis, dass konstruktive Kritik aufbauend sein kann, indem sie die Wirkung von Verhaltensweisen auf andere widerspiegelt und alternative Verhaltensmöglichkeiten aufzeigt.
Konstruktive Kritik beruht auf einem insgesamt konstruktiven Miteinander, das auf gegenseitiger Akzeptanz beruht. Dazu gehört auch Rückmeldung über gelungene Arbeit, Lob. Dass im beruflichen wie im privaten Bereich so wenig gelobt wird, kann, parallel mit destruktiver Kritik, zu einem psychologischen Teufelskreis werden.

3. Unterschiede zwischen den Herangehensweisen bei Frauen und Männern

Zunächst wage ich die These, dass es Ihnen – wenn Sie Ihre Angst vor Ablehnung relativieren können – leichter fallen wird als vielen Ihrer Kollegen, konstruktive (Kritik-)Gespräche zu führen. Harald Scheerer legt in seinem Buch „Erfolgreich führen durch Überzeugung" dar, dass das Verhältnis von Gesprächspartnern untereinander durch eine „Sprache der Macht", durch ein traditionell auf „Sieg" ausgerichtetes Verhalten negativ beeinflusst wird. Dies sei für keinen Betrieb erfreulich oder nützlich, da jeder Sieg einen neuen Krieg erzeugt. Scheerer nennt einige Ursachen für die Verhaltensweise, sozusagen Türen zuzuschlagen, weil einem die Meinung des anderen gleichgültig ist oder nicht passt. Einige Punkte, wie Vorurteile und Ärger, treffen auf uns Frauen sicherlich auch zu. Bei den folgenden Punkten aber habe ich meine Zweifel, ob sie für die meisten Frauen zutreffend sind. So zum Thema Überheblichkeit, wo Scheerer (S. 36) meint:
„Man hält von sich selbst sehr viel, von seiner eigenen Meinung. Man hält sich selbst für sehr wichtig – zum Mindesten für viel wichtiger als den anderen."
Trifft dies für Frauen, die oft von Selbstzweifeln geplagt sind und ihre eigene Wichtigkeit traditionell zurückstellen, zu? Auch bei den folgenden

Punkten gibt es meiner Meinung nach Unterschiede zwischen männlicher und weiblicher „Rhetorik“ und deren Ursachen: „Rücksichtslosigkeit: Man hat nie gelernt, auf andere Rücksicht zu nehmen, andere als Persönlichkeit ernst zu nehmen, ihnen die Chance zu geben, sich verständlich zu machen.“

Zu Rücksichtnahme werden Frauen von klein auf angehalten.

„Gedankenlosigkeit: Man hält es für selbstverständlich, dass man Recht hat. Warum soll man denn den anderen überhaupt erst anhören?“

Dies deckt sich mit Überlegungen zum Thema Zuhören und dem thematischen Aneinander-Vorbeireden, dem Männer leichter erliegen.

„Kurzsichtigkeit: Man will unter allen Umständen siegen. Dazu ist jedes Mittel recht. Nur dem anderen nicht die Chance geben, sich zu rechtfertigen oder seine Meinung zu äußern. Wie sich das später auswirken könnte, interessiert uns nicht.

Erziehung: Man hat gelernt, dass es überall nur Sieger oder Verlierer gibt und dass es feiner ist, zu den Siegern zu gehören. Das möchte man unter allen Umständen auch. Deswegen ist es gefährlich, den anderen zum Zuge kommen zu lassen.“ (S. 37)

Auch unter allen Umständen siegen zu wollen oder zu müssen, wird den wenigsten Frauen an der Wiege gesungen.

Weshalb habe ich diese Überlegungen so ausführlich zitiert? Nun, nicht um die bösen Männer „vorzuführen“, sondern weil es eminent wichtig ist, dass wir Frauen und dass die Männer sich klar machen, von welch unterschiedlichen Voraussetzungen aus wir oft in Gespräche gehen. Nur wenn uns diese Unterschiede bewusst sind, können wir an Veränderungen arbeiten und einen konstruktiven Gesprächsstil – auch bei Kritikgesprächen – entwickeln.

Wenn Uneinigkeit vorliegt, Kritik vorgetragen wird, reagieren Männer vom Trend her anders als Frauen. Männer werden eher argumentieren, streiten, versuchen zu gewinnen, während Frauen eher nachgeben, sich zurückziehen oder schimpfen. Selbstverständlich gibt es wie bei allen Generalisierungen auch umgekehrte Verhaltensweisen. Zu überlegen ist jedoch, ob Frauen und Männer Konfliktsituationen anders erleben und unterschiedlich mit solchen Situationen umgehen (de Groot, ter Veld).

Ein Mann erlebt möglicherweise eine Meinungsverschiedenheit, Kritik, Nicht-Recht-Bekommen als unangenehm. Er wird versuchen, eine solche zu vermeiden, indem er kämpferisch gewinnen will. Dieses „Spiel“ kennt er von klein auf. so dass die Wahrscheinlichkeit groß ist, dass er Ablehnung

seiner Vorstellungen und Meinungen als Ablehnung eines mehr oder weniger großen Teilbereiches seines Weltbildes erlebt.
Frauen hingegen haben meist weniger dieses die Persönlichkeit schützende Gefühl des Teilbereichs. Dazu trägt auch ihr Gesprächsverhalten bei, das stärker auf die Beziehungsebene ausgerichtet ist und damit empfindlich reagiert, wenn Redebeiträge abgelehnt werden (vgl. Kap. Sprache). So scheinen Frauen Konflikt- und Kritiksituationen eher als Ablehnung ihrer ganzen Person, nicht als Ablehnung von Ideen oder Meinungen zu empfinden. Während Männer eher gekränkt sind, fühlen sich Frauen regelrecht verletzt. Die Wunde in dem so notwendigen Gefühl, akzeptiert, gemocht zu sein, löst primär Enttäuschung oder Traurigkeit aus. Frauen neigen dann dazu, sich zurückzuziehen, oder sie haben eine ohnmächtige Wut im Bauch, die sich durch Weinen oder Schimpfen Luft macht. Selten kommen Frauen auf die Idee, einen konstruktiven Klärungsversuch zu probieren. Sie sind häufig so betroffen, dass ihnen im wahrsten Sinne des Wortes die Luft wegbleibt. Um die Harmonie wieder herzustellen, geben sie oft mehr nach, als ihren Überzeugungen und ihrem Selbstwertgefühl gut tut. Es entsteht eine Scheinharmonie, die auf Kosten eigener Vorstellungen geht und somit beim geringsten Konflikt wieder auseinander brechen kann.
Die anerzogene Abneigung zu kämpfen und zu gewinnen, die Furcht vor Ablehnung lässt sich jedoch durchschauen und abbauen. Mit Kenntnis dieser Mechanismen können Frauen auch in Konfliktsituationen einen konstruktiven Auseinandersetzungsstil entwickeln, der nichts mit gewinnen um jeden Preis zu tun hat.
Aus all diesen Überlegungen ergibt sich aber auch, dass es für die meisten Frauen andere Kritikgesprächsstile geben muss.
Dies liegt nicht nur an unterschiedlicher Erziehung und unterschiedlichen Einstellungen, die sich zu unterschiedlichen Herangehensweisen ausbilden. Eine Frau, die – vor allem gegenüber einem Mitarbeiter – ein destruktives, pauschalisierendes Kritikgespräch führt, dürfte noch weniger akzeptiert werden als ein Mann.
Hier liegt jedoch eine große Chance für Frauen, denen ein konstruktives Miteinander wichtig ist. Denn die neuen Tendenzen für die Führungspraxis, zu denen Kritik wie Lob als wichtige Elemente gehören, gehen eindeutig, wenn z. T. auch sehr langsam in der Realisierung (warum wohl?!), in Richtung eines kooperativen Führungsstiles.

4. Sie wollen ein Kritikgespräch führen – Vorüberlegungen

Sicherlich macht es einen Unterschied, ob Sie Kritik an Ihnen unterstellten Mitarbeiterinnen oder Mitarbeitern, Kolleginnen oder Kollegen oder Vorgesetzten führen wollen. In allen Fällen jedoch sollten Sie genau überlegen, ob die Fehler nicht durch Ihr eigenes Verhalten mitbedingt sind.

Sind Sie z. B. klar und eindeutig in Ihren Arbeitsaufträgen?

Vergewissern Sie sich durch Rückkoppelungsfragen, ob Ihre Anweisungen richtig verstanden wurden?

Haben Sie anfangs des Öfteren Fehler übergangen, in der Hoffnung, die Sache würde sich noch einspielen?

Haben Sie den Sinn und Zweck der Arbeit klar gemacht und auch deren Wichtigkeit betont?

All diese für Sie vielleicht selbstverständlich klingenden Punkte werden in der Realität oft vernachlässigt.

Brigitte, Sachgebietsleiterin in einer Maschinenbaufirma, berichtete über große Schwierigkeiten mit einer jüngeren Assistentin. Nach entsprechender Vorbereitung spielte sie ihr Kritikgespräch durch.

Brigitte: „Also Marlene, ich wollte mit dir sprechen, weil ich meine, dass sich in unserer Zusammenarbeit mal wieder einige Probleme ergeben haben."

(Vorwurfscharakter, „mal wieder".)

Marlene: „Ja, wieso, ich dachte, es läuft alles ganz gut, und ich habe doch jetzt sogar meine Sekretärinnenprüfung gut bestanden."

Brigitte: „Gerade deshalb habe ich gedacht, du würdest selbständiger arbeiten, dir die Arbeit selber einteilen. Und trotz der Prüfung müssen auch Dinge wie Kaffeekochen und den Geschirrspüler bedienen getan werden."

(Vorwurfscharakter.)

Marlene: „Das ist es ja gerade. Wozu habe ich die Prüfung, wenn ich nach wie vor die uninteressantesten Arbeiten machen muss!"

(Gegenangriff.)

Brigitte: „Bevor wir über anspruchsvollere Aufgaben sprechen können, muss ich erst den Eindruck haben, dass du deine Aufgaben zuverlässig erledigst. Zum Beispiel habe ich dich schon vor etwa vier Wochen gebeten, diese lästige Aufarbeitung der X-Akten für die Umstellung auf EDV zu machen."

(Sie bezieht sich auf eine Arbeitsanweisung ohne Terminvorgabe und hat die Arbeit an sich auch noch als unattraktiv charakterisiert.)

Marlene: (zwischen kleinlaut und aggressiv) „Mir war nicht klar, dass es eilt."

Brigitte: „Ich habe leider den Eindruck, dass dir so manches nicht klar ist. Du wusstest doch, wie wichtig der Besuch unseres Kunden Wulfert für uns war. Ausgerechnet an dem Tag musst du hier im Indienkleid erscheinen und ein ellenlanges Gesicht ziehen, als ich dich bat, uns Kaffee zu kochen."

(Frontalangriff, das Gespräch artet in ein Tribunal aus.)

Marlene: „Also, mir war nicht mehr klar, dass dieser Wulfert gerade an dem Tag kommen wollte ..."

Brigitte war, als wir das Gespräch analysierten, zunächst ziemlich erschrocken über ihre Gesprächsführung.

Als wichtig und hilfreich für Kritikgespräche arbeiteten wir dann gemeinsam heraus:

1. Negative Einstiege vermeiden.

Brigitte lobte bei der Wiederholung des Gespräches zunächst Marlenes bestandene Prüfung, fragte sie nach ihren weiteren Berufsvorstellungen und entwickelte mit ihr gemeinsam die Festlegung von Aufgabengebieten, schnitt auch das Thema Kleidung an.

2. Auf klare, eindeutige Arbeitsaufträge achten, Termine setzen, weniger interessante Arbeiten nicht noch zusätzlich runtermachen, so dass sie noch stärker als Last oder gar Strafe von der Auszuführenden empfunden werden.

„Bis zum 15., Marlene, arbeitest du bitte die X-Akten für die Umstellung auf EDV um. Das ist eine umfangreiche, aber sehr wichtige Arbeit, weil es uns dann viel Routineschreiberei erspart. Die Kolleginnen und Kollegen von der Versandabteilung gehen parallel vor. Solltest du Schwierigkeiten mit der Terminhaltung voraussehen, sprich mich bitte rechtzeitig an."

3. Anderen nicht ohne weiteres unterstellen, sie müssten wissen, was im Arbeitsbereich und in einem selber vorgeht.

Brigitte berichtete, dass sie Marlene eigentlich sehr schätze und sympathisch finde. Sie sei aber im Laufe der Zusammenarbeit sehr oft enttäuscht worden, da Marlene oft überhaupt kein Gespür dafür habe, was wichtig sei oder was sie, Brigitte, für wesentlich halte. Und dies bei einer so engen Mitarbeiterin. Abgesehen von den unpräzisen Arbeitsanweisungen war

Brigitte hier in eine weit verbreitete, sehr gefährliche Falle getappt. Oft unterstellen wir Menschen (und gerade Frauen), mit denen wir intensiv zusammenarbeiten, dass sie erahnen müssen, was in uns vorgeht. Diese Fehleinschätzungen komplizieren nicht nur private Beziehungen – nach dem Motto: „Wenn sie/er mich liebt, muss sie/er wissen, was in mir vorgeht." Auch in der Arbeitswelt richtet dieser Irrtum sowohl im Team als auch auf unterschiedlichen Hierarchieebenen oft großen Schaden an. Im Fall von Marlene und Brigitte führte dieser Mythos zu Enttäuschung, Missverständnissen und Frustrationen, die die Beziehung und damit die Zusammenarbeit nachhaltig störten.

Sowohl bei Lob, wie wir am Beispiel von Herrn Bastian und seiner Abteilungsleiterin, Frau Siefers, sahen, als auch bei Kritik, ist es daher außerordentlich wichtig, nicht dem Mythos aufzusitzen, dass andere erspüren, was in uns selber vorgeht.

Fragen Sie sich daher: Loben Sie ausreichend und angemessen? Und wie ist es bei Kritik? Setzen Sie nicht auch manchmal voraus wie Brigitte, dass Mitarbeiterinnen oder Mitarbeiter bestimmte Punkte doch ahnen könnten? Erwarten Sie von Ihrer Umgebung nicht einen siebten Sinn, der meist auch bei großem Einfühlungsvermögen nicht leistbar ist? Hingegen können Sie Arbeitsbeziehungen u. a. dadurch entkrampfen und stabilisieren, dass Sie es fördern, über eigene Gefühle und die von Mitarbeiterinnen und Mitarbeitern konstruktiv und ohne Vorwurfscharakter zu sprechen. So lässt sich eine Menge Konfliktpotential und Frust fast „nebenbei" aus der Welt schaffen.

5. Empfehlungen für Kritikgespräche

- Überprüfen Sie zunächst, ob die Fehler durch Ihr eigenes Verhalten mit bedingt sind.
- Machen Sie sich zum Motto, dass konstruktive Kritik reversibel, d. h. umkehrbar sein muss.

Dies bedeutet zum Beispiel, dass nicht nur Vorgesetzte ihre Mitarbeiterinnen oder Mitarbeiter kritisieren, sondern auch eine umgekehrte Rückmeldung nicht nur möglich, sondern erwünscht ist. Kritisieren Sie so, wie Sie selber wünschen, kritisiert zu werden!

- Eröffnen Sie das Gespräch positiv, betonen Sie Ihre Kooperationsbereitschaft.
- Vermeiden Sie strikt Pauschalisierungen und Angriffe.
- Beziehen Sie die Kritik auf ein bestimmtes Verhalten oder eine Leistung.

- Bezeichnen Sie Abweichungen von Sollwerten oder Standards genau und konkret.
- Bleiben Sie freundlich, ruhig, aber bestimmt, wenn Ihr Gegenüber aggressiv reagiert oder zum Gegenangriff übergeht, weil sie/er das eigene Selbstbild verteidigt.
- Vermischen Sie Feststellungen/Tatsachen nicht mit Mutmaßungen über ihre Ursachen.
- Dieses „Psychologisieren" kann leicht in ein Kritikgespräch hineinrutschen, wenn Ihnen Vorinformationen zu Ohren gekommen sind. Zum Beispiel über private Sorgen oder berufliche Änderungswünsche. Vorsicht, dass Sie solche Dinge nicht als Tatsachen hineininterpretieren. Erarbeiten Sie ggf. fragend, wo der Schuh drückt.
- Besprechen Sie die Auswirkungen und Konsequenzen des kritisierten Verhaltens.
- Erarbeiten Sie gemeinsam Lösungsmöglichkeiten.
- Finden Sie konstruktive Lösungsvorschläge, die der/dem Kritisierten helfen, sich an die Vereinbarung zu halten.
  Sie können z. B. sich oder (in Absprache) andere als Anlaufstation für Fragen vorschlagen. Oder gemeinsam überlegen, ob eine fachliche oder fachübergreifende Weiterbildung (Kommunikation, Rhetorik usw.) hilfreich sein könnte.
- Vereinbaren Sie, welches Verhalten, welche Leistung künftig gebracht werden soll.
- Vereinbaren Sie, wann Sie ein Nachgespräch führen wollen, um zu sehen, ob die vereinbarten Schritte erfolgreich waren.
- Betonen Sie abschließend, wie wichtig Ihnen eine konstruktive Zusammenarbeit ist.

Ein solches konstruktives Kritikgespräch ist nicht – wie leider meist gewohnt – eine Infragestellung, sondern kann eine echte Hilfestellung sein. Üben Sie diese Art, Kritik zu üben – damit bauen Sie gleichzeitig Ihre Hemmungen ab, andere zu kritisieren.

6. Sie werden kritisiert – und lassen die Welt nicht untergehen

Kritisiert zu werden, versetzt viele Frauen in Weltuntergangsstimmung, ihr oft instabiles Selbstwertgefühl gerät bei Kritik vollends ins Wanken. Andere wehren Kritik so vehement ab, dass die Hilfestellung, die in einer Kritik stecken kann, nicht ankommt.

Um mit Kritik besser umgehen zu können, ist es wichtig, sich nicht als

Person angegriffen zu fühlen – auch wenn es von anderen pauschal so formuliert wird. Eine weitere Hilfestellung ist es, zu unterscheiden, mit welcher Art von Kritik Sie konfrontiert werden. Als Konfrontation empfinden wir vor allem ungerechtfertigte und destruktive Kritik, besonders, wenn diese uns unerwartet trifft. Versuchen Sie einige Wochen lang jede Kritik, die Ihnen gegenüber geäußert wird, zunächst einzustufen. Handelt es sich um eine konstruktive, gerechtfertigte Kritik, um eine nicht zutreffende Kritik oder will Sie jemand verletzen oder kränken? Schon diese Unterscheidung macht es leichter, mit Kritik umzugehen. Wie dies bei den unterschiedlichen Arten von Kritik aussehen kann, wollen wir uns jetzt ansehen.

1.) Umgang mit zutreffender Kritik

Sie werden kritisiert und Sie wissen, dass die Kritik stimmt. Sie haben ein wichtiges Telefonat vergessen, Sie sind häufiger zu spät gekommen, Sie haben einige Kilo zugenommen, Sie sind unordentlich usw. Diese zutreffende Kritik kann konstruktiv ausgedrückt sein, leider ist sie aber auch häufig pauschalisierend und destruktiv formuliert. In beiden Fällen hilft es Ihnen, diese Kritik schlicht anzunehmen . „Ja, ich bin unordentlich", „Ja, es stimmt, ich habe den Anruf vergessen". Sie stellen sich der Kritik aus dem Bewusstsein heraus, dass auch Sie nicht perfekt sind, Fehler machen und Ihre Stärken und Schwachpunkte haben. So gehen Sie nicht in Verteidigungs- oder Abwehrstellung und vermeiden die Falle, sich als gesamte Person in Frage gestellt zu fühlen. Dies bedeutet aber nicht, in einer Flut von Entschuldigungen, Besserungsvorschlägen und Selbstvorwürfen zu versinken. Eine Entschuldigung, wenn es angebracht ist, genügt.

Seien Sie aber auch ehrlich, wenn etwas an Ihnen kritisiert wird, was Sie selber nicht so negativ sehen. Wenn mein Mann z. B. stöhnend feststellt, dass ich jeden Tag tausend neue Ideen habe, macht es wenig Sinn, wenn ich sage: „Ja, das stimmt, es tut mir wirklich leid, dass mir dauernd etwas anderes einfällt." Sondern ich stimme ihm zu, sage dann aber meine Meinung, nämlich, dass ich diesen Ideenreichtum auch für kreativ halte.

Werden Sie für etwas kritisiert, das Sie gerade zu verbessern versuchen, können Sie dies Ihrer Zustimmung hinzufügen. „Ja, es stimmt, dass ich wieder ein Chaos verbreitet habe. Es fällt mir schwer, immer alles gleich wieder systematisch an seinen Platz zu räumen. Ich bemühe mich aber und halte meist schon besser Ordnung." Wie Sie diese bejahende

Feststellung zur Steuerung eines Kritikgespräches einsetzen können, werden wir uns nach der Betrachtung der weiteren Kritikarten ansehen.

2.) Umgang mit ungerechtfertigter Kritik

Sie werden kritisiert und wissen, dass diese Kritik nicht auf Sie zutrifft. Wissen Sie es wirklich? Viele Frauen neigen dazu, sofort zu überlegen, ob die Kritik nicht doch stimmt, nur weil die/der andere diese Meinung ausgesprochen hat.

Sagt beispielsweise jemand zu Ihnen, Sie seien verschwenderisch mit Geld, überprüfen Sie blitzschnell in Gedanken Ihre letzten Einkäufe. Sie denken an den teuren Pullover und an das Parfüm – und obwohl Sie überwiegend auf Sonderangebote achten, „schlucken" Sie die Kritik, obwohl Sie diese als unzutreffend empfinden. Wehren Sie diese Kritik freundlich, aber bestimmt ab. „Das trifft nicht zu, weil …", „Mein Eindruck ist ein ganz anderer …", „Das stimmt insofern nicht, weil …" Achten Sie darauf, dass Ihre Zurückweisung ungerechtfertigter Kritik nicht in langatmige Rechtfertigung abgleitet und dass Stimmführung und Körpersprache Selbstsicherheit ausdrücken.

3.) Umgang mit kränkender und verletzender Kritik

Diese Spielart ungerechtfertigter Kritik ist besonders gefährlich – vor allem, wenn sie wunde Punkte trifft. Solche Kritik kann auch subtil verpackt sein, so dass es Ihnen erst nach einiger Zeit auffällt, was Ihnen da untergeschoben wurde. „Als Frau sind Sie da natürlich besonders empfindlich!" Viele Variationen dieser Kritik haben wir bei den Strategien Herabsetzen, Lächerlichmachen, Nichternstnehmen bereits näher unter die Lupe genommen. Diese Verunsicherungs- und Manipulationsversuche sind dann besonders wirkungsvoll, wenn sie an die geheime Furcht rühren, mittlerweile wirklich überempfindlich zu sein, an eingeschränkter Wahrnehmung zu leiden usw. In solchen Punkten ist es nützlich, den Erfahrungsaustausch mit anderen zu suchen, um der Neigung gegenzusteuern, frau sauge sich solche Kränkungen aus den Fingern.

Sie können solchen mehr oder weniger subtilen Kränkungen mit gleicher Münze entgegentreten. „Für einen Mann haben Sie das ja bemerkenswert sensibel mitbekommen." Aber auch hier gilt wieder, dass mit Ironie und Schlagfertigkeit eine sachliche Auseinandersetzung meist nicht gefördert wird.

Versuchen Sie, die Kränkung als das zu durchschauen, was sie ist, nämlich als einen Angriff auf Ihr Selbstwertgefühl, und spielen Sie nicht mit! Überlegen Sie in einer stillen Stunde, welche Vorwürfe und Kränkungen Sie bisher besonders aus der Fassung gebracht haben, forschen Sie nach den Ursachen und überlegen Sie sich sachliche Reaktionen. Jede von uns hat andere „wunde" Punkte. Die eine mag z. B. der Vorwurf, eine schlechte Mutter zu sein, weil sie berufstätig ist, oder aggressiv, hart, ehrgeizig zu sein, treffen, die andere zuckt zusammen, wenn an ihrer Kompetenz, ihrem Gewicht, ihrer Kleidung herumkritisiert wird.

Das Nachdenken darüber, wo Ihre empfindlichen Punkte sind, hilft auch gegen plötzliche Tränenfluten. Zwar fand ich in der amerikanischen Ratgeberliteratur für berufstätige Frauen auch den Tipp, diese „weibliche Waffe" ruhig und eventuell sogar gezielt einzusetzen. Aber diese Empfehlung scheint mir sehr fragwürdig zu sein. Mögen gerade männliche Gesprächspartner auch zunächst etwas hilflos und beschwichtigend reagieren – passieren solche Tränenausbrüche häufiger, werden weinende Frauen sicherlich nicht als selbständige, selbstsichere Gesprächspartnerinnen geschätzt. Die Gefahr ist groß, schnell als wenig belastbare, überempfindliche Heulsuse eingestuft zu werden. Damit meine ich nicht, dass in einer besonders schwierigen Situation Weinen für Frauen genauso ein Tabu sein muss wie für Männer. Wenn Frauen aber im Beruf häufiger nah am Wasser gebaut haben, so ist es hilfreich, sich zu fragen, wo Empfindlichkeiten ihre Ursache haben. Ein klärendes Gespräch in konstruktiver Form wird häufig für alle Beteiligten entlastend sein. Denn oft retten sich Frauen dann in einen Tränenausbruch, wenn der berühmte Tropfen das Fass zum Überlaufen bringt. Statt mutig Punkte anzusprechen, die Unzufriedenheit oder Frustrationen auslösen, neigen viele Frauen dazu, mit Dulderinnen-Attitüde alles in sich hineinzufressen. Und dies ist eine Verhaltensweise, die dem inneren Gleichgewicht sicherlich nicht zugute kommt.

7. Ein Weg zu besserem Verständnis – bitten Sie gezielt um Kritik!

Die Fähigkeit, unterschiedliche Arten von Kritik zu erkennen, sich nicht als Person in Frage stellen zu lassen und sich mit den eigenen wunden Punkten auseinander zu setzen, wird Ihnen den Umgang mit Kritik merklich erleichtern.

Es wird Situationen geben, wo es nützlich für Sie sein kann, herauszubekommen, was sich hinter der Kritik – sei es eine Attacke oder ein tiefer

Nadelstich, verbirgt. Möglicherweise vermuten Sie auch, an der Kritik könne etwas Wahres dran sein. Ergreifen Sie die Initiative und fragen Sie nach. Durch Nachfragen können Sie auch herausbekommen, ob es eine im Kern treffende Kritik ist oder ob es sich um eine ungerechtfertigte Kritik handelt. Entpuppt sich die Kritik als zutreffend, haben Sie nicht nur einen wichtigen Hinweis für sich selbst erhalten, sondern haben auch durch Ihre Rückfrage die Kommunikation zwischen sich und der oder dem Kritisierenden verbessert. Sie verwandeln sich von der angegriffenen zu einer so selbstsicheren Person, dass Sie vor Kritik nicht zurückschrecken, aber diese Kritik vernünftig erläutert haben möchten.

Beispiele:

„Sind Sie mit der Qualität meiner Arbeit generell unzufrieden?“

„Irritiert es Sie, dass Sie sich unerwartet einer weiblichen Verhandlungspartnerin gegenüber sehen?“

„Hätte ich Sie in diese Entscheidungsfindung aus Ihrer Sicht stärker miteinbeziehen sollen?“

„Haben Sie den Eindruck, ich hätte Sie bei diesem Projekt stärker unterstützen müssen?“

Erinnern Sie sich an das reflektierende Zuhören durch Rückkoppelungsfragen? Nun, hier haben Sie eine weitere, sehr wichtige Anwendungsmöglichkeit für das Verbalisieren.

Schließlich können Sie, liebe Leserin, wenn Sie das Gefühl haben, dass irgendetwas nicht stimmt, andere auch zur Kritik auffordern. Da, wie wir festgestellt haben, sich viele Menschen vor Kritik scheuen, kann dies eine große Hilfe sein, um Störungen auf der Beziehungsebene zu beseitigen. Natürlich müssen Sie damit rechnen, Dinge gesagt zu bekommen, die Ihnen nicht angenehm sind. Aber so kommen Sie überhaupt ins Gespräch, während der Konflikt sonst störend weiterschwelen würde.

Beispiele:

„Mich interessiert es sehr, welche Erfahrungen andere Frauen in diesem Beruf machen. Empfinden Sie mich als indiskret, wenn ich Ihnen so viele Fragen stelle?“

„In den letzten Wochen war ich sehr gereizt, weil ich viel privaten Ärger hatte. Bin ich Ihnen gegenüber ungerecht gewesen?“

„Es fällt mir manchmal schwer, Probleme abstrakt zu diskutieren. Irritiert es Sie, wenn ich Beispiele und persönliche Erfahrungen einbringe?“

„Ich bin zur Zeit von meinem Buch sehr stark in Anspruch genommen. Fühlt ihr euch genervt oder zurückgesetzt?"
Solche mit Fragen verbundenen Aussagen können Sie verwenden, wenn Sie kritisiert werden, um ein Gespräch konstruktiv zu strukturieren. Sie können aber auch von sich aus, zu einem von Ihnen gewählten Zeitpunkt, andere ermutigen, mögliche Kritik an Ihnen offen auszusprechen. Sie werden merken, dass Sie von anderen mit dieser Verhaltensweise keineswegs als unsicher oder als wenig selbstbewusst eingeschätzt werden. Im Gegenteil: Es schafft oft Erleichterung bei Gesprächspartnerinnen und Gesprächspartnern, wenn ein Mensch über sich reflektiert und andere offen fragt, wie die eigenen Verhaltensweisen auf diese wirken.

Fazit:
Kritik- und Konfliktsituationen sind bei der Zusammenarbeit (und im Zusammenleben) normal und unvermeidlich. Um so wichtiger ist es, wie mit diesen Konflikten umgegangen wird. Werden sie unter den Teppich gekehrt, so schwelen sie weiter. Oft werden sie zur Zeitbombe, die dann scheinbar überraschend explodiert, wenn eine „Kleinigkeit" der Auslöser ist. Wird Kritik pauschal, mit Etiketten als Angriff auf die Person vorgetragen, kommt es zu Abwehr, Kampf und verletzten Gefühlen – es wird Unheil angerichtet, statt Veränderungen herbeizuführen.
Hüten Sie sich daher vor den „Sie müssen"-, „Sie haben schon wieder"-, „Sie sollten"-Aussagen und meiden Sie die Befehlsempfängerebene. Der scheinbare „Aufwand" lohnt sich: für Sie selbst, für andere, für eine gedeihliche Zusammenarbeit. Denn „verdonnerte" oder „überredete" Mitarbeiterinnen und Mitarbeiter, die nicht an einer tragbaren Lösung beteiligt wurden, werden mittelfristig mit stiller Wut oder mit Resignation, mit Dienst nach Vorschrift oder innerer Kündigung reagieren. Werden Konflikte jedoch personen- und sachorientiert gelöst, so zeigt sich, dass wir mit Konflikten leben und sie lösen können, ohne uns gegenseitig kaputt oder klein zu machen.

„Der Zorn ist eine kurze Raserei."

Horaz

Wie Sie mit Beschwerden umgehen können

Zornige und wütende Gesprächspartnerinnen oder Gesprächspartner stellen für viele Frauen ein Problem dar. Seminarteilnehmerinnen, die öfter in der Situation sind, Beschwerden aller Art annehmen zu müssen, berichten, dass die Konfrontation mit diesen geballten Emotionen, die sich durch große Lautstärke, unfaire persönliche Angriffe usw. äußern können, bei ihnen regelrechte Angst und Hilflosigkeit auslöse.

Solche heftigen Beschwerden können in vielen Situationen und Bereichen vorkommen: Reklamationen aller Art, geplatzte Termine, Urlaubsverschiebungen usw. Margret, Leiterin einer Bankfiliale, muss zum Beispiel mit Beschwerden von Kunden zurechtkommen, wenn irgendetwas nicht geklappt hat. „Da baut sich dann so ein völlig wütender Mann vor mir auf, brüllt, droht mit seinen guten Verbindungen auf höchster Ebene, mit seinem Rechtsanwalt, mit der Presse. Und ich komme überhaupt nicht durch. Ich komme nicht zu Wort – und wenn ich es schaffe, habe ich das Gefühl, ich spreche zu einer Wand. So, als ob meine Argumente gar nicht ankommen würden."

Wieso Margret mit ihren Argumenten nicht ankam, werden wir gleich überlegen. Rollen wir zunächst diese schwierige Gesprächssituation systematisch auf:

Zweck und Ziel eines Beschwerdegespräches sollte es sein, einen Konflikt beizulegen oder zu beseitigen. Außerdem muss ein konstruktives Gesprächsklima hergestellt werden. Denn bei einer Beschwerde, die Sie entgegennehmen, auch wenn Sie den Grund nicht selber verursacht haben, ist die so wichtige Beziehungsebene mit fast 100-prozentiger Sicherheit stark gestört. Im Regelfall wird es weiterhin Ihr Ziel sein, Verständnis und Vertrauen herzustellen oder zu erneuern.

Teilnehmen werden an diesem Gespräch meist nur die (beiden) Beteiligten. Wenn Sie eine weitere sachverständige Person hinzuziehen, vermeiden Sie unbedingt den Eindruck, die oder der Beschwerdeführende solle durch zahlenmäßige Übermacht verunsichert oder gar mundtot gemacht werden.

Der Ablauf eines Beschwerdegespräches

Sorgen Sie für ein möglichst störungsfreies Gespräch.

Lassen Sie keine Telefonate durchstellen, sagen Sie Bescheid, dass Sie nicht gestört werden möchten. Äußern Sie diese Wünsche ggf. vor Ihrer oder Ihrem Gegenüber und signalisieren Sie damit, dass Sie sich ernsthaft mit der Angelegenheit befassen wollen. Außerhalb des Hauses suchen Sie sich eine möglichst „ruhige Ecke". Wir gehen im Folgenden der Einfachheit halber davon aus, dass das Gespräch an Ihrem Arbeitsplatz stattfindet.

- Empfangen Sie Ihre Gesprächspartnerin oder Ihren Gesprächspartner höflich, bieten Sie einen Platz an.
- Versuchen Sie, eine positive Grundeinstellung zu ihr oder ihm zu haben, versetzen Sie sich in die Lage der oder des anderen.
- Versuchen Sie, die Ziele der oder des Beschwerdeführenden zu erkennen, die Motive zu ermitteln.
- Zeigen Sie Interesse, machen Sie selber aber nur kurze Äußerungen (aktives Zuhören).
- Fangen Sie nicht an zu argumentieren, bevor Sie *das Ende des Luftablassens abgewartet haben, und unterbrechen Sie keinesfalls zu früh!*

  Genau deshalb nämlich war Margret mit ihren Argumenten nicht angekommen. Sie hatte versucht, mit dem aufgebrachten Kunden „vernünftig" zu reden, als dieser ins einem angestauten Zorn vernünftigen Argumenten noch gar nicht zugänglich war. Aus der Realität und aus Beschwerdegesprächen im Seminar weiß ich, wie schwierig es sein kann, diese Empfehlung umzusetzen. Es ist oft schwer zu ertragen, sich diesem Strom von Wut, eventuell von Drohungen und persönlichen Angriffen gegenüber ruhig und abwartend zu verhalten. Aber wie geht es Ihnen, liebe Leserin, wenn Sie mal richtig wütend sind? Der gesammelte Frust muss erst mal raus –erst dann ist die Aufnahmebereitschaft für eine sachliche Auseinandersetzung wieder gegeben.
- Bleiben Sie verbindlich.

  Wenn Sie (persönliche) Angriffe mit gleicher Münze zurückzahlen, ist die Gefahr groß, dass das Gespräch eskaliert und die Phase des Luftablassens länger wird oder wiederauflebt. Unterstellungen hingegen können Sie in sachlicher Form zurückweisen. Der empörte Kunde in Margrets Beispiel warf Margret z. B. vor, ihre Filiale sei ein chaotischer Saustall, sonst hätte das Durcheinander und das Verschwinden seiner Kontoauszüge kaum passieren können. Margret, nun auch schon wütend, hatte gekontert, mit dem Überblick des Kunden könne es auch nicht weit her sein, sonst hätte er dies wohl nicht erst nach sechs Wochen bemerkt. Dieser Konter fachte die Wut des Kunden unnötigerweise an. Als er Margret hingegen vorwarf, sie als Leiterin der Filiale sei so unfähig, dass die elementarsten Dinge nicht klappten, reagierte Margret richtig. Sie sagte: „Ich verstehe Ihren Ärger – ich leite diese Filiale seit fünf Jahren, ohne dass wir nennenswerte Pannen hatten. Und wir werden auch das Problem mit Ihren Kontoauszügen wieder in Ordnung bringen."

- Arbeiten Sie ggf. das Kernproblem fragend heraus.
- Spielen Sie das Problem nicht herunter, sondern erkennen Sie es als bedeutsam an.
- Sprechen Sie Lösungsmöglichkeiten bald an.

Statt dass Margret beschwichtigend sagt: „Also wissen Sie, das kann bei einer Computerumstellung mal passieren, dass ein paar Kontoauszüge durcheinandergeraten, wir werden die fehlenden Auszüge schon wiederfinden", versetzt sie sich in die Lage des Kunden und sagt: „Ja, ich verstehe, dass dies für die Kontrolle Ihrer Eingänge und Ihre Buchhaltung sehr wichtig ist. Wenn es Ihnen recht ist, veranlasse ich sofort telefonisch, dass von Ihrem Konto die Computerauszüge fotokopiert werden, dann haben Sie die Eingänge morgen in der Post." Damit hat Margret auch die nächste Empfehlung mit eingebaut, nämlich:

- Einzelprobleme, für die Sie Lösungsmöglichkeiten anbieten können, möglichst groß herausstellen.
- Ggf. Ausweichlösungen anstreben oder Alternativlösungen aufzeigen.
- Versuchen Sie, zu überzeugen und nicht zu überreden.
- Geben Sie in kleinen Dingen nach und signalisieren Sie, dass Sie „unbürokratisch" vorgehen wollen.
- Ziehen Sie ein Fazit des Gespräches mit allen Punkten, die besprochen wurden und allen Dingen, die zu veranlassen sind.
- Entschuldigen Sie sich ggf., weil die Angelegenheit Ihrer Gesprächspartnerin oder Ihrem Gesprächspartner Ärger bereitet.

  Vermeiden Sie aber Schuldanerkenntnisse, langatmige Rechtfertigungen oder Aussagen wie: „Es wird nie wieder vorkommen. Die Gefahr ist sonst groß, dass Sie sich vor lauter Erleichterung, die Sache fast hinter sich gebracht zu haben, plötzlich klein machen.
- Bitten Sie um Verständnis.
- Betonen Sie die konstruktiven Teile des Gespräches.

– Bieten Sie weitere Beratung oder Hilfe an.
– Nennen Sie die Mindestbearbeitungszeit und sagen Sie die Erledigung zu.
– Drücken Sie Ihre Hoffnung auf eine zukünftige bessere Problemlösung aus.

Gerade im Beschwerdegespräch ist es besonders wichtig, auf Formulierungen zu achten. Eine unglückliche Formulierung, ein belehrender oder ironischer Tonfall kann empfindliche Beschwerdeführerinnen oder Beschwerdeführer blitzschnell zusätzlich auf die Palme bringen. Daher sind hier die Empfehlungen zum konfliktfreien Formulieren von großer Bedeutung. Hier noch eine Auswahl aus Beschwerdegesprächen:

Konfliktfrei formulieren bei Beschwerden:

nicht:	sondern:
„Nein, so wie Sie das sehen, ist das falsch!“	„Ja, …, sicherlich …“ „ja, …, und …“
„Sie müssen das so sehen.“	„Die Zusammenhänge sind in diesem Fall …“ „Ich verstehe Ihre Einstellung, in unserem Haus jedoch …“
„Passen Sie bitte auf!“	„Dazu kann ich Ihnen einen Hinweis geben …“
„Das haben Sie falsch verstanden.“	„Ich habe mich unklar ausgedrückt, ich meinte …“*

* Bei diesem Formulierungsvorschlag gibt es in Seminaren häufig Diskussionen. Seminarteilnehmerinnen und -teilnehmer meinen z. B., hier werde das konfliktfreie Formulieren nun wirklich übertrieben. Schließlich habe doch hier die oder der Beschwerdeführende etwas nicht verstanden. Mag sein, aber – erinnern wir uns, wie leicht in Gesprächen Störungen auf der Beziehungsebene auftauchen, es zu Missverständnissen kommen kann. Wie sicher können Sie daher sein, ob Ihre oder Ihr Gegenüber schlecht zugehört haben, begriffsstutzig sind? Oder haben Sie vielleicht zu viel Kenntnisse vorausgesetzt, nicht personenorientiert gesprochen? Ausgehend von dieser Überlegung fällt uns meiner Meinung nach der Schritt nicht schwer, die Ursache für das Missverständnis auf uns zu nehmen.

„*Das* ist in etwa richtig, deshalb können/müssen/dürfen *wir* …

„Ja, das schätzen Sie ganz zutreffend ein, wären Sie daher damit einverstanden, dass …“

Wie schon bei anderen Beispielen betont, können dies nur Hinweise sein, die Sie, liebe Leserin, auf sich und die jeweilige Situation zuschneiden müssen.

Lassen Sie sich also von Beschwerdegesprächen, so unangenehm diese auch oft sein mögen, nicht unnötig verängstigen. Die hier angeführten Empfehlungen wurden übrigens von einer Gruppe von über 150 Seminarteilnehmern, die dauernd mit Beschwerden zu tun haben, ausprobiert. Sie berichteten im Aufbauseminar, dass der Umgang mit Beschwerden so weniger aufreibend und im Ergebnis befriedigender verlaufe.

Manipulation erkennen und gegensteuern

Die Bandbreite von Bedeutungen für Manipulation und manipulieren ist weit. Sie reicht von geschickter Handhabung, Handgriff, Kunstgriff über arrangieren, steuern bis hin zur Machenschaft. Für die meisten von uns hat Manipulation einen negativen Beigeschmack.

Wir verstehen zum Beispiel darunter, zu etwas gebracht zu werden, was wir eigentlich nicht wollten, ausgetrickst oder mit Tricks und Drehs überfahren zu werden.

Wenn wir den Begriff Manipulation weit fassen, so haben wir, liebe Leserin, schon einige Manipulationen betrachtet. Übrigens müssen Manipulationen nicht unbedingt verbal ablaufen. Denken Sie an die männliche Körpersprache von Macht und Dominanz, die, bewusst oder unbewusst eingesetzt, Zurückweichen und Kleinmachen von Frauen erreichen soll. Auch die im Kapitel Sprache behandelten Strategien Herabsetzen, Lächerlichmachen, Unterbrechen und Zwischenrufe, Nichternstnehmen sind Manipulationsversuche, Methoden unfairer Gesprächsführung.

Sicherlich sind Sie selber schon Opfer solcher Manipulationsversuche

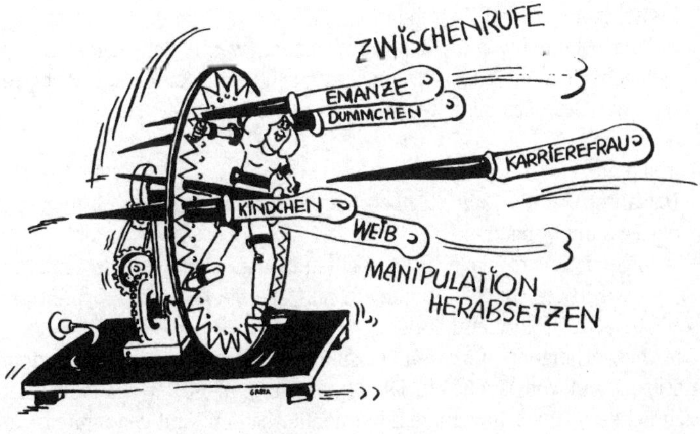

gewesen. Die folgenden unfairen Mittel von Gesprächsführung sollen Ihnen helfen, solche Strategien zu erkennen, um gegensteuern zu können. Natürlich könnten Sie diese Tricks und Drehs auch lernen und anwenden. Aber: Erinnern Sie sich, welche Gefühle Sie hatten, wenn ein mit allen Wassern gewachsenes Gegenüber Sie verunsicherte, in Widersprüche verwickelte, provozierte und Sie schließlich mit Ihren Argumenten einfach nicht durchkamen? Vielleicht kamen schon in der Situation selber Wut, Zorn und Antipathie auf. Denn selbst wenn einem die Argumente ausgehen – frau/man ist ja nicht überzeugt, sondern im wahrsten Sinne des Wortes überredet. Und dies kann sich in der Folge bitter rächen. Manipulation bringt, wenn überhaupt, nur kurzfristige „Erfolge“. Gesprächspartnerinnen oder Gesprächspartner, die so überfahren wurden, werden in weiteren Gesprächen wenig umgänglich sein, da die Beziehungsebene nachhaltig gestört ist!

Empfehlung:
Setzen Sie keine unfairen Methoden der Gesprächsführung ein!
Verwenden Ihre oder Ihr Gegenüber unfaire Methoden, können Sie ggf. unfair reagieren.

Sie sollten dabei:
- weniger unfair sein als Ihr Gegenüber (also nicht noch eins drauf setzen, sonst droht die Gefahr, sich gegenseitig so „hochzuschaukeln“, dass kein konstruktives Klima wieder hergestellt werden kann. Vgl. Zwischenfragen und Zwischenrufe).
- unfaire Methoden nur dann anwenden, wenn sich keine andere Möglichkeit mehr bietet. Wenn dies machbar ist, kann es z. B. besser sein, das Gespräch abzubrechen oder zu vertagen (Lay).

Vor allem:
- Bewahren Sie die Ruhe, bleiben Sie gelassen, lassen Sie sich nicht aus der Fassung bringen.

Die folgenden Vorschläge für Abwehrstrategien sind Beispiele und kein Patentrezept! Sie sollen Anregungen sein, die Sie für sich auf Ihren persönlichen Stil umformen können.

Die beschriebenen unfairen Gesprächs-„Beiträge“ erheben keinen Anspruch auf Vollständigkeit. Die Unterteilung dient der besseren Übersichtlichkeit, Überschneidungen wurden deshalb in Kauf genommen.

Die folgenden Tricks und Drehs werden unterschieden nach der beabsichtigten Wirkung:

1. Beeindrucken
2. Manipulieren (Entscheidungsfreiheit der anderen einschränken)
3. Verteidigen
4. Abschießen

1. Beeindrucken

Hier werden eigene Argumente mit aller Macht aufgepäppelt. Einige Menschen lassen kaum eine Gelegenheit aus, um das, was sie sagen, mit solchem Begleitfeuerwerk zu schmücken. Andere scheuen keinen Aufwand, Argumente, die ihnen wichtig sind, unangefochten über die Runden zu bekommen. Zugeständnisse zu machen, sich überzeugen zu lassen, wird einem Gesichtsverlust, einer persönlichen Niederlage gleichgesetzt. Nach meinem persönlichen Eindruck neigen Frauen im Berufsleben weniger zu solchem Beeindruckungsgebaren. Sie neigen im Gegenteil eher dazu, dort, wo es nicht angebracht ist, ihr eigenes Licht unter den Scheffel zu stellen. Dies gilt auch für die Variante:

a) Einfaches Imponiergehabe

Eine Reihe von Äußerungen ist für die Diskussion bedeutungslos. Sie dienen lediglich dazu, die sprechende Person aufzuwerten. Dies kann (auch von Sprecherinnen) die locker eingeflochtene letzte Urlaubsreise auf den Bahamas sein. Typisch sind auch Äußerungen wie: „Wie auch mein Freund, der Minister, letzte Woche zu mir sagte …“

„Dies entspricht auch den neuesten Erkenntnissen des Nobelpreisträgers X, wissen Sie, der ja in den USA der führende Experte ist und in den siebziger Jahren in Kalifornien die neue …“

„Auf dem letzten internationalen Kongress für X in Singapur, hochinteressant übrigens, fahre ich immer hin, wurde zu unserem Thema …“

b) Meinungen als Fakten ausgeben

Vermutungen werden nicht als solche geäußert, sondern als erwiesene Fakten aufgetischt. Statt zu argumentieren, werden Behauptungen gebracht. Sie können versuchen, diese Hochstapelei durch Fragen aufzudecken, indem Sie Begründungen fordern. Sie können auch auf der Sachebene wohl fundierte Gegenargumente bringen, natürlich mit Begründung!

„Die Tatsachen sehen doch so aus …“

„Wenn eines gewiss ist, dann …"
„Da gibt es gar keine Diskussionen, es liegt doch auf der Hand, dass …"
„Es ist ohne Zweifel, dass …"
„Wer sich auskennt, der weiß …"

c) Zitieren

Zitate dienen oft nur dazu, sich hinter dem Geist einer/eines Großen zu verstecken und/oder Eindruck zu schinden. Wer mag schon etwas gegen die Bibel, Goethe oder eine anerkannte Kapazität einwenden? Sie können! Überprüfen Sie das Zitat auf seinen Informationsgehalt: Passt es überhaupt zum Thema, bringt es etwas Neues? Lassen Sie sich bei Berufung auf Kapazitäten die genaue Quelle nennen. (Und haben Sie selbst Quellenangaben parat, wenn Sie mit Untersuchungsergebnissen argumentieren!)

„Diese für uns so zutreffende Einsicht stammt nicht von mir. Denn X (z. B. unsere Gesundheitsministerin, Schiller, Einstein, Madame Curie, Prof. Noelle-Neumann, Kant …) sagt hierzu …"

„In diesem Punkt stimme ich mit unserem Vorstand überein, der im letzten Geschäftsbericht in seinen Leitlinien ebenfalls …"

d) Geistreiche Redewendungen, Entsprechungen (Bonmots, Analogien)

Sie leuchten unmittelbar ein, deshalb sind sie gefährlich. Fragen Sie ähnlich wie beim Zitieren nach. Z. B.: „Was soll damit gesagt werden?" oder „In welcher Hinsicht trifft dies wirklich auf unser Thema zu?"

Bonmots glänzen oft in ihren ausgefeilten Formulierungen, sind aber häufig unzulässige Verallgemeinerungen. Manchmal können sie auch eine angespannte Atmosphäre auflockern. Doch Vorsicht: Wenn sie falsch ankommen, kann es noch angespannter werden!

„Eine gescheite Frau hat Millionen geborener Feinde – alle dummen Männer." (Marie Ebner-Eschenbach)

„Was Hänschen nicht lernt, lernt Hans nimmer mehr."

„Es gibt weder Rock noch Kleid, was einer Frau oder Jungfrau übler ansteht, als wenn sie klug sein will." (Martin Luther)

„Das Gerücht ist wie Falschgeld: Rechtschaffene Menschen würden es niemals herstellen, aber sie geben es bedenkenlos weiter." (Claire Boothe Luce)

e) Personalisieren

Ein Argument wird an die eigene Person gehängt, um gewichtiger zu wirken. Zumindest bei den Zuhörenden, die nicht trennen können. Die Freiheit der Diskussion wird eingeschränkt, weil jetzt anstelle der Sache die Persönlichkeit des Sprechenden ins Spiel kommt. Deshalb: Entflechten Sie Sachthema und die Person der/des Sprechenden und sprechen Sie die Sache an.

„Ich als Pädagogin und Mutter von drei Kindern kann Ihnen versichern …"

„Ich bin seit 20 Jahren Trainer – Sie können mir mit meinen Kenntnissen und Erfahrungen schon glauben, dass …"

„Sie werden mich doch beim besten Willen nicht als kleinlich oder uneinsichtig bezeichnen, so dass …"

2. Manipulieren

Hier werden z. T. noch stärkere Geschütze aufgefahren als beim Beeindrucken. Die Bandbreite reicht von locken bis schocken – dazwischen liegen subtilere Töne. Auch hier sollen Gesprächspartnerinnen oder Gesprächspartner durch Tricks und nicht durch Argumente „besiegt" werden. Es liegt wieder die Einstellung vor, unbedingt Recht zu behalten und nicht Argumente zu erläutern, gemeinsam zu analysieren, einen Weg zu finden. Mit vielen dieser unfairen Methoden wird mit Vorliebe in der Politik gearbeitet. Aber auch im privaten wie beruflichen Alltag sind sie leider immer noch ein Feind konstruktiver Kommunikation.

a) Bonbons

Gesprächspartnerinnen und Gesprächspartner werden belohnt, wenn sie sich so verhalten, wie die/der Sprechende es möchte. Entwickeln Sie ein gutes Unterscheidungsvermögen für ein echtes Lob, ein Kompliment und diese Riesenlollies. Im Zweifelsfall das Bonbon in Gedanken fröhlich schlucken, aber sich nicht einwickeln lassen, nüchtern bleiben.

„Sie haben ja auf diesem Gebiet so viele Kenntnisse und Erfahrungen, dass Sie dieses kleine Projekt mit Leichtigkeit bis nächste Woche mit erledigen können."

„Gerade Sie haben sich ja immer mit viel Engagement für neue Weiterentwicklungen der Erwachsenenbildung eingesetzt. Daher werden Sie sicherlich auch diesem neuen, etwas unkonventionellen Ansatz aufgeschlossen gegenüberstehen."

b) Emotionalisieren (Gefühle anheizen)

Eine Aussage erhält zu ihrem Informationsgehalt noch einen Gefühlswert angehängt. Reagieren Sie wie beim Personalisieren und entflechten Sie Informationen, tatsächliche Situation und Emotionen. Achten Sie darauf, nicht selbst in den Sog des Gefühle-Anheizens hineingezogen zu werden.

Emotionalisieren ist eine so große Gefahr für ein konstruktives Gespräch, dass Sie schnell eingreifen sollten. Versuchen Sie auf die Sachebene zu lenken, bevor das Gespräch entgleist!

„Wenn Frauen statt durch Leistung durch starre Förderungspläne aufsteigen, wird unser Betriebsklima total ruiniert und wir werden nicht mehr konkurrenzfähig sein, weil uns die guten Männer davonlaufen."

„Ich bin für natürliche Entwicklung, aber nicht für gewaltsame Veränderungen, wie Sie sie vorschlagen!"

„Wir als gestandene Männer können uns doch nicht von den überzogenen Forderungen von allgemein anerkannten und bewährten Regelungen abbringen lassen."

Dieses Beispiel leitet über zu

c) Appellieren

Dies ist ein Sonderfall des Emotionalisierens: Es wird an gefühlsbeladene Einstellungen appelliert, um andere zu einem bestimmten Verhalten, zu einer vorschnellen Zustimmung zu bringen. Häufig werden beim Appellieren „Wir"-Gefühle ausgenützt. „Wir als Deutsche", „Wir als Demokraten", „Wir als Fachleute wissen doch" usw. Auch bei direkten „Sie"-Formulierungen gilt es wieder, Sache und Gefühl fein säuberlich auseinander zu halten.

„Gerade Sie als Chefin und Mutter werden doch verstehen, dass ich mit einem kränkelnden Kind nicht immer pünktlich sein kann!"

„Sie als deutsche Mutter im Ausland müssen doch die Bemühungen unseres Kulturvereins besonders unterstützen!"

„Wir alle als Mitglieder dieses Betriebes müssen in schlechten Zeiten zusammenstehen, die Ärmel aufkrempeln und finanzielle Einbußen hinnehmen!"

d) Andeuten

Es wird angedeutet, was die/der Sprechende sich nicht offen auszusprechen traut. Nach dem Motto: Ich will nicht sagen, dass … – und dann kommt es doch. Bringen Sie diese Schlitzohrigkeit ans Tageslicht. Stellen Sie die Manipulation bloß: „Herr X hat vorhin in einem eleganten Nebensatz gemeint, er wolle die ‚Grünen' ja nicht mit der Farbe Braun in Verbindung bringen und wollte uns da wohl auf eine bestimmte Fährte locken. Tatsache bleibt jedoch, dass …, weil …" Oder hinterfragen Sie die Andeutungen: „Warum, sprechen Sie von Verdrehungen?", „Welche Fehler?", „Welche Verunsicherungen?"

„Fast hätte ich gesagt, das ist eine Verdrehung der Tatsachen …"

„Auf die vielen Ungenauigkeiten und die fragwürdigen wissenschaftlichen Ansätze der Studie dieser Wissenschaftlerinnen will ich im Einzelnen gar nicht eingehen – das bringt nichts –, sondern auf die abgesicherte Tatsache erneut hinweisen, dass …"
„Von den Verunsicherungen, die diese völlig neue Produktdarstellung bei Vertreibern und Kunden auslösen würde, will ich gar nicht sprechen, sondern ganz sachlich darauf hinweisen, dass …"

e) Scheinalternativen

Diese Manipulationsmöglichkeit haben wir beim Thema Alternativfragen kurz gestreift. Hier lässt die/der Sprechende nur zwei Antworten, Möglichkeiten zu, obwohl es noch andere Lösungen gibt. Auch hier sollten Sie sofort reagieren. Zum Beispiel: „Ich sehe hier noch mehr Möglichkeiten …", „Außerdem können wir noch …"

Übrigens werden Sie auf diesen Manipulationsversuch kaum hereinfallen, wenn Sie eine gründliche Gesprächsvorbereitung mit Erstellen eines Argumentefeldes gemacht haben. Denn diese „Methode" setzt voraus, dass Sie sich noch keine wohl begründete Meinung zum Thema erarbeitet haben.

„Sollen wir Frau Meyer entlassen oder nicht?"
„In diesem Fall gibt es nur die Wahl zwischen eindeutiger Zustimmung oder Ablehnung."
„Wollen Sie die Versicherung mit oder ohne zusätzlichen Unfallschutz?"
„Na, wann fangen Sie die Aktion an, morgen oder übermorgen?"

f) Rhetorische Fragen und Suggestivfragen

Das sind eigentlich keine Fragen, weil die oder der Sprechende keine echte Antwort erwartet. Oft haben diese Fragen auch einen stark suggestiven Charakter. Dann sollen sie in der Regel ein „Ja" provozieren. Eine beliebte Taktik beim manipulativen Verkaufen ist es u. a., eine Reihe von „Jas" oder Zustimmung zu erzielen, um dann zu der scheinbar zwingenden Zustimmung zum Kauf zu gelangen. (Dies wird in dem abschließenden Beispiel deutlich.)

Decken Sie die Manipulation auf, etwa in dem Sinn: „Hat auf diese Frage schon mal jemand nein gesagt?" oder verneinen Sie die Frage. Eventuell können Sie die Frage auch schlicht ignorieren und sachlich weitersprechen.

„Wir haben in einem Jahr erreicht, dass der Ausschuss um 75 % gesunken ist. Ist das etwa nichts?"
„Stehen Sie nicht für unser Grundgesetz ein? Sind Sie nicht für die Gleichberechtigung?"

g) Selbstbekehrung

Die oder der Sprechende spricht von sich, meint aber ihr oder sein Gegenüber. Damit lassen sich auch Dinge sagen, die Sie sonst nicht ohne großen Widerspruch oder Gesichtsverlust der/des anderen formulieren könnten. Daher muss diese Strategie nicht immer negativ sein, sondern Sie können Sie auch im Sinne der angemessenen Formulierung von Gegenargumenten benutzen.

„Ich habe ähnliche Befürchtungen gehabt wie Sie. Ich dachte, wenn ich mit lauter, klarer Stimme spreche, wirke ich unsympathisch und unweiblich. Aber im Laufe der Zeit merkte ich, dass diese Stimmführung als ganz selbstverständlich genommen, ja sogar von mir erwartet wurde. Seitdem stehe ich auch aus eigener Erfahrung dazu."

„Wissen Sie, ich wollte nie ein Haus bauen, weil ich große Angst hatte, mich finanziell zu sehr festzulegen. Meine Steuerberaterin hat sich dann intensiv mit der Finanzierungsfrage auseinander gesetzt und mir alles dargelegt. Da habe ich gemerkt, dass ich im Grunde irrationale Ängste aufgrund von Kindheitserfahrungen hatte. Nun, ich bin jetzt seit fünf Jahren Hausbesitzer und fühle mich sehr wohl."

3. Verteidigen

Auch in der Verteidigung von Argumenten um jeden Preis steckt die Grundhaltung, Gesprächspartnerinnen bzw. Gesprächspartnern keine andere Meinung zugestehen zu wollen oder zu können. Wer sich verteidigt, fühlt sich angegriffen. Und so werden Argumente dann nicht sachlich, sondern mit Tricks und Drehs „widerlegt".

a) Relativieren (verallgemeinern, einschränken)

Eine bequeme Methode, sich mit einer anderen Auffassung oder mit Kritik nicht auseinander setzen zu müssen, ist, diese zu verallgemeinern. Führen Sie das Gespräch auf die konkrete Ebene zurück, machen Sie selber einen Vorschlag, versuchen Sie zu erfragen, wo die wirklichen Bedenken liegen.

„Wo viel Licht ist, ist auch viel Schatten."

„Sie sagen, dass diese Bestimmung in Ihrem Fall ungerecht ist. Aber letztendlich werden Bestimmungen und Gesetze nie so gefasst werden können, dass sie in jedem Fall 100-prozentig passen."

b) Einwände vorwegnehmen

Hier wird mehr oder weniger deutlich mit dem Zaunpfahl gewunken: „Hüten Sie sich, mich zu kritisieren!" Dies kann sehr selbstbewusst geschehen oder, wie häufiger bei Frauen zu beobachten, mit leicht schräger Kopfhaltung nach dem Motto: „Tu mir bitte nichts." Lassen Sie sich nicht beeindrucken und bringen Sie sachliche Einwände.

„Sie werden vielleicht meinen, die Einstellungspraxis vieler Firmen sei immer noch frauenfeindlich. Aber man müsste schon ein Ignorant sein, um nicht zu verstehen, dass sich diese Firmen nur an der realen Tatsache orientieren, dass Frauen ihren Beruf nicht an erster Stelle sehen."

„Dies ist ein neuer Entwurf. Aber ihn nur deshalb abzuschieben, weil niemand garantieren kann, dass er in allen Einzelheiten klappt, wäre engstirnig. Entscheidend ist doch der bahnbrechende Ansatz."

c) Retourkutsche

Wird oft angewandt, um Kritik abzufangen, in dem Sinn von: „Was verstehen Sie denn davon?" oder „Kehren Sie erst mal vor der eigenen Tür". Auch hier sollten Sie sachlich bleiben.

„Bringen Sie erst mal Ihre Abteilung in Ordnung, bevor Sie meinen, Sie könnten mir weise Ratschläge geben!"

„Kümmere dich lieber darum, deinen Haushalt in Schuss zu bringen, statt an meiner Ordnung rumzunörgeln!"

4. Zeit schinden und ausweichen

Eine häufige Strategie! Nebensächliche Themen werden in epischer Breite abgehandelt oder es wird endlos über Begriffsbestimmungen debattiert. Oder Gesprächspartnerinnen bzw. Gesprächspartner halten mit ihrer Meinung zurück. Werden Sie nicht nervös und zeigen Sie keine Ungeduld, eher Langeweile. Stellen Sie Fragen zum eigentlichen Thema oder versuchen Sie, das Tempo durch Fragen zu steigern. Achten Sie darauf, dass Sie Ihre guten Argumente nicht verschleudern, während die anderen auf Zeitgewinn setzen. Eventuell können Sie auch Ermüdung und Kompromissbereitschaft signalisieren – dies wird Ihr Gegenüber munterer machen (Lay).

5. Abschießen

„Eine Konferenz ist eine Sitzung, bei der viele hineingehen und wenig herauskommt."

Werner Fink

Dass Gespräche und Diskussionen oft so wenig fruchtbar sind, liegt auch daran, dass es einer/einem Teilnehmenden gelingt, gute Ideen abzuschießen. Statt ein Argument in Hinblick auf das zu besprechende Thema begründet zu bewerten, wird es trickreich abgeschossen.

a) Gesunder Menschenverstand

Der gesunde Menschenverstand sagt uns, dass die Erde flach wie ein Pfannkuchen ist. Oft ist er nichts anderes als das Brett vor dem Kopf. Fragen Sie nach, wo Ihr Gegenüber konkrete Bedenken hat. Vergewissern Sie sich durch Rückkoppelungsfragen, ob Sie richtig verstanden wurden.

„In der Theorie hört sich das ja überzeugend an mit dem kooperativen Führungsstil. Aber in der Praxis ist das doch nicht durchführbar.“

„Ich halte nichts von diesem ganzen feministischen Getue. Genauso wenig wie von veralteten Vorstellungen über Frauen. Der goldene Weg liegt eben immer in der Mitte.“

Werden Sie sehr massiv mit dieser Strategie konfrontiert, können Sie mehr oder weniger deutlich die Vorstellungen Ihres Gegenübers als naiv oder von Vorurteilen behaftet darstellen.

b) Übertreiben

Hier wird der Teufel an die Wand gemalt. Dies wird um so wirkungsvoller, wenn dabei mit scheinbarer Logik gearbeitet wird (wenn ..., denn ..., deshalb ...). Machen Sie klar, dass andere Schlüsse möglich sind.

„Wenn Sie dem Wunsch von Frau Müller entsprechen, zu einem Rhetorik-

Seminar für Frauen zu gehen, dann werden alle anderen Mitarbeiterinnen das auch wollen. Und dann haben wir bald einen rebellischen Emanzenhaufen. Deshalb dürfen wir diesen Präzedenzfall gar nicht erst schaffen!"
„Wenn die Grünen an die Macht kommen, dann werden sie mit ihren überzogenen Forderungen unsere Industrienation ruinieren. Deshalb müssen wir mit allen Mitteln verhindern ..."
c) Verunsichern
So fragt z. B. ein Kommissar im Verhör, wenn er noch sehr wenig weiß, dies aber nicht zugeben möchte. Bei dieser Verunsicherungsstrategie zucken gerade wir Frauen leicht zurück. Bleiben Sie ruhig, lassen Sie Ihre Kompetenz nicht in Zweifel ziehen. Stellen Sie fest, ob die/der andere wirklich mehr wissen möchte oder nur eine Zielscheibe sucht.
„Sind Sie sich da wirklich sicher?"
„Woher wissen Sie das so genau?"
„Haben Sie überprüft, ob es dazu nicht neuere Untersuchungen gibt?"
„Ist es möglich, dass Sie das alles aus Ihrer Sicht heraus wahrnehmen und alles andere gar nicht mehr an sich herankommen lassen?"
d) Beleidigen, Lächerlichmachen usw.
Mit diesen Manipulationsversuchen sind wir Frauen, wie im Kapitel Sprache beschrieben, besonders häufig konfrontiert.
Das Allerwichtigste ist hier, dass Sie sich gefühlsmäßig nicht anpricken lassen, dass Sie ruhig und gelassen bleiben. Hilfreich kann es dabei sein, sich klar zu machen, wie verunsichert Ihr Gegenüber sein muss, wie wenig Argumente sie oder er hat, wenn zu solchen Strategien gegriffen wird.
Analysieren Sie im Nachhinein: Wann haben Sie solche Strategien erlebt? Von wem? Warum wohl? Wie haben Sie reagiert? Standen Sie über der Situation oder waren Sie verunsichert, war Ihre Reaktion emotional? Wenn Sie mit solchen Strategien konfrontiert werden, ist es empfehlenswert, nicht emotional zu reagieren – Ihre Reaktion ist wahrscheinlich falsch.

Wird zum Beispiel Ihre Kompetenz bestritten, vermeiden Sie, sich zu verteidigen. „Das mache ich schon seit zehn Jahren!" oder „Schließlich habe ich das studiert." Denn damit sind Sie der oder dem Manipulierenden schon halb auf den Leim gegangen. Bringen Sie lieber eine sachliche Antwort, eventuell auch eine Schutzbehauptung. Antworten Sie mit einer Gegenfrage, die mit Fachausdrücken gespickt ist. Deuten Sie notfalls an, dass Ihr Gegenüber nicht die Kompetenz hat, Ihre Kompetenz anzuzweifeln. Oder nehmen Sie die Frage mit Humor: „Diese Frage ist mir schon sehr häufig gestellt worden – meist antworte ich darauf ..." Je nach Stimmführung kann dies sachlich oder auch humorvoll bis sanft ironisch klingen.

Überlegen Sie in der Tat: Welche Fragen, welche Strategien werden Ihnen in Ihrem (Berufs-)Alltag öfter gestellt? Wie können Sie elegant in Ihrem Stil parieren? Sammeln Sie Ihre eigenen Beispiele. Jede von uns hat ihre individuellen wunden Punkte. Spüren Sie Ihre eigenen auf. Um die Betroffenheit und den Stress bei allen diesen Manipulationsstrategien Stück für Stück zu mindern, kann es hilfreich sein, aus dieser uns oft sehr belastenden Konfrontation ein „Spiel" zu machen. Dies gilt für alle beschriebenen Manipulationsstrategien. Versuchen Sie blitzschnell zu erkennen und zu benennen, was da gerade läuft. In dem Moment, wo Sie sich sagen: „Aha, herabsetzen" oder „Das war eine Suggestivfrage" oder „Achtung, scheint ein Bonbon zu sein", mindern Sie Ihre Betroffenheit und/oder Ihre Manipulierbarkeit.

Beziehen Sie bei Ihrer Analyse, wo Sie persönlich leicht zu manipulieren sind, auch Ihre Überlegungen aus dem Kapitel Selbstsicherheit mit ein. Sicherlich wird es Ihnen nicht gleich in jeder Situation gelingen, Manipulationsversuche zu erkennen und gegenzusteuern. Aber Sie werden merken, wie spannend und wie hilfreich es für Sie ist, Manipulationsversuchen auf die Schliche zu kommen.

Abschließend zum Thema Manipulation noch ein Beispiel, das einige der angesprochenen Manipulationsstrategien beinhaltet.

Das englische Lexikon

Es ist Donnerstagabend. Das berufstätige Ehepaar Hasemann hat gerade zu Abend gegessen. Es klingelt. Frau Hasemann öffnet die Tür einen Spaltbreit. Vor der Tür steht ein jüngerer Mann, seriös gekleidet, mit einem Aktenkoffer in der Hand.

Vertreter: „Spreche ich mit Frau Hasemann persönlich?"

Frau Hasemann: „Ja, um was geht es?"

Vertreter: „Frau Hasemann, Sie haben sich vor drei Wochen an einer Umfrage beteiligt, bei der wir die Englischkenntnisse dieses Stadtviertels im Vergleich zu anderen Stadtvierteln wissenschaftlich untersuchen wollten."

Frau Hasemann: „Ja, ich erinnere mich dunkel, dass ich die Testkarte ausgefüllt habe."

Vertreter: „Ist dies Ihre Karte?“ (Frau Hasemann lässt die Tür los und macht einen Schritt auf den Vertreter zu, um sich die Karte ansehen zu können, die er ihr gezeigt hat.)

(Zweimal namentliche Ansprache, zu Beginn mit dem aufwertenden „persönlich“. Suggerieren von Seriosität durch Kleidung, „wissenschaftlich“, die gleich folgende namentliche Vorstellung und Vorzeigen der Karte. Mit dem provozierten Heraustreten aus der Tür erreicht der Vertreter zugleich, dass sich Frau Hasemann aus ihrem gesicherten Terrain auf ihn zubewegt. Hauptprobleme für Vertreterinnen oder Vertreter sind nämlich u. a., ihre eigene Schwellenangst zu überwinden, ihre potentiellen Käuferinnen und Käufer aus dem abwehrenden Standort mit nur spaltweit geöffneter Tür herauszubekommen und schlicht hineingelassen zu werden.)

Frau Hasemann: „Ja, das ist meine Unterschrift.“

Vertreter: „Mein Name ist König, Ernst König.“ (Er reicht Frau Hasemann die Hand.) „Sie werden sich erinnern, Frau Hasemann, dass Sie für Ihre Mühe des Ausfüllens automatisch an einer Verlosung teilgenommen haben. Frau Hasemann, wir können Ihnen gratulieren!“

(Vorstellung mit Handschlag, zweimal Namensnennung der Ansprechpartnerin.)

Frau Hasemann (skeptisch): „Wozu denn?“

Vertreter: „Sie haben gewonnen!“

Frau Hasemann (bleibt skeptisch): „Aha – und was?“

Vertreter: „Das würde ich Ihnen gern kurz näher erläutern.“ (Vertreter macht einen kleinen Schritt auf Frau Hasemann zu. Frau Hasemann geht zurück und macht den Weg frei, um ins Haus zu gehen.)

Frau Hasemann: „Dann kommen Sie mal rein.“

Vertreter: „Vielen Dank, Frau Hasemann, Sie sind sehr freundlich. Von Ihrem verdienten Feierabend werde ich Sie auch nur ein paar Minuten abhalten. Meine Frau ist auch voll berufstätig – da sind die wenigen Musestunden doppelt wichtig.“

Frau Hasemann: „Ach, das macht doch gar nichts.“

Vertreter (betritt das Wohnzimmer): „Sie sind aber wirklich geschmackvol und gemütlich eingerichtet. Darf ich fragen, ob Sie das alles selber zusammengestellt haben?“

Frau Hasemann (schon freundlicher): „Ja, wir legen großen Wert auf ein gemütliches Zuhause.“

(Anwärmphase; Herstellung von Gemeinsamkeiten = berufstätige Frauen; Bonbon = Wohnungseinrichtung.)

Die beiden kommen zum Wohnzimmertisch. Frau Hasemann bietet dem Vertreter einen Platz an und ist dabei, sich ihm gegenüber hinzusetzen. Obwohl der Vertreter sich bereits fast hingesetzt hatte, wechselt er schnell den Platz und setzt sich über Eck.
(Verringerung von Distanz; günstiger, um Prospekte zu zeigen.)
Vertreter: „Die Computerauswertung der Untersuchungsergebnisse hat ergeben – (Spannungspause) Sie Frau Hasemann gehören zu wenigen in unserer Stadt, die sich auch Englisch verständigen können. Sie wissen ja, die meisten wissenschaftlichen Veröffentlichungen erscheinen heute in Englisch. Sie in Ihrem Beruf als Diplom-Volkswirtin lesen sicherlich auch viel." (Bonbon + Bestätigungsfrage.)
Frau Hasemann: „Ja, ich muss mich schon auf dem Laufenden halten."
Vertreter: „Gerade in unserer schnelllebigen Zeit gibt es nur noch wenige Menschen mit wirklich geistigen Interessen. Die Mehrheit sieht Abend für Abend fern. Wussten Sie, dass nur jedes zehnte Buch, das gedruckt wird, auch gelesen wird?"
Frau Hasemann: „Nein, wirklich?"
Vertreter: „Ja, Frau Hasemann, Sie dürfen da nicht von sich auf andere schließen. Sie müssen wohl auch beruflich viel lesen?"
(Bestätigungsfrage + Bonbon.)
Frau Hasemann: „Ja, das ist schon eine Flut, die da jeden Tag auf den Schreibtisch kommt. Oft ist es kaum zu bewältigen."
Vertreter: „Dann begrüßen Sie es doch sicherlich, wenn Ihnen zu Hause das Lesen durch viele Illustrationen angenehmer gemacht wird?"
(Bestätigungsfrage mit suggestivem Charakter: „doch", „sicherlich".)
Frau Hasemann: „Ja, schon … aber."
Vertreter (unterbricht): „Die meisten Bücher sind ja heute so lieblos aufgemacht, dass das Interesse schnell erlahmt. Sehen Sie, was sich heute mit gezielt eingesetzter Technik alles machen lässt. Für dieses Werk wurden die Erkenntnisse der Spitzenwissenschaftler auf ihrem Gebiet, gekoppelt mit Graphiken und Ausnutzung der drucktechnischen Möglichkeiten, in eine ideale Verbindung gebracht. Das bedeutet für Sie, Frau Hasemann …"
(Der Vertreter zeigt einige vierfarbige Prospekte mit Textauszügen, Illlustrationen und Klapptafeln. Außerdem die Abbildung einer Buchreihe, die repräsentativ im Regal steht. Er gibt dann Frau Hasemann die Prospekte in die Hand. Sie blättert.)
„Können Sie mit einem solchen Werk etwas anfangen, Frau Hasemann?"
(Bestätigungsfrage.)

Frau Hasemann: „Ja, sicherlich."
Vertreter: „Würden Sie dann auch die jährlichen Nachfolgebände interessieren, die Ihnen gewährleisten, dass dieses Werk immer auf dem neuesten Stand ist?"
Frau Hasemann: „Ja, natürlich."
(Bis hierher hat der Vertreter eine sogenannte „JA"-Straße aufgebaut. In den vorangegangenen acht Antworten hat Frau Hasemann alle Fragen oder Ausführungen durch ein direktes „Ja" oder in anderer Form bestätigt. Nach so vielen Bonbons und vor allem so vieler Bestätigung ist es für die meisten Menschen schwierig, plötzlich Ablehnung zu zeigen ...)
Vertreter: „Diese Nachfolgebände haben über 800 Seiten. Auf jeder Seite sind meist vierfarbige Fotos. Jedes Buch hat einen Wert von 72,– DM."
Frau Hasemann: „Und ich habe zehn Bände gewonnen?"
(Auch hier zeigt sich der raffinierte Aufbau dieses Gespräches. Der dicke Köder, Bücher im Wert von vorgeblich 720,– DM gewonnen zu haben, kommt erst als verlockendes „Argument", nachdem die Kundin durch die vielen Bestätigungen schon sehr nah an der Angel sitzt.)
Vertreter: „Ja. Und die Nachfolgebände bekommen Sie mit einem besonderen Rabatt für unsere Gewinner von über 10 % für 60,– DM."
Frau Hasemann: „Muss ich die denn kaufen?"
(Das Gesicht des Verkäufers nimmt zugleich überraschte wie nervöse Züge an. Die Stirn ist in Falten gelegt. Er setzt sich ziemlich ruckartig auf.)
Vertreter. „Würde Ihnen denn, gerade auch beruflich, ein Werk nutzen, das schon in wenigen Jahren veraltet ist?"
(Suggestivfrage mit scheinbarer Nutzenargumentation.)
Frau Hasemann: „Nein, eigentlich nicht. Aber ..."
Vertreter: „Sehen Sie, da habe ich Sie doch richtig eingeschätzt. Frauen, die so sehr geistig interessiert sind wie Sie, wissen, wie wichtig es ist, aktuelle Informationen greifbar zu haben."
(Appell + Bonbon.)
Frau Hasemann: „Da haben Sie schon Recht, veraltete Informationen nutzen einem wenig."
Vertreter: „Wir haben daher das verloste Werk mit einem Sonderangebot gekoppelt. Das bedeutet für Sie, dass Sie zehn Jahre lang jedes Jahr einen Zusatzband bekommen, der Ihnen den neuesten Informationsstand bietet. Und Sie bekommen diese Bände statt für 720,– DM für 600,– DM. Diesen Betrag können Sie in bequemen Monatsraten von 27,– DM innerhalb der nächsten zwei Jahre bezahlen. Stellen 27,– DM für Sie eine Belastung dar?"

(Wie auch bereits vorher werden häufig Sie-Formulierungen gebraucht. Die hanebüchenen Vertragsbedingungen: Bücher, die erst, wenn überhaupt, in zehn Jahren vollständig ausgeliefert sind, müssen innerhalb von zwei Jahren bezahlt werden, gehen unter in der abschließenden Bestätigungsfrage + Bonbon.)

Frau Hasemann: „Zum Glück nicht."

Vertreter: „Frau Hasemann, Sie sind also einverstanden. Dann bitte ich Sie, doch hier zu unterschreiben. Ich kann Ihnen dann auch gleich Ihre zehn Bände reinbringen."

(Hier pokert der Vertreter etwas. Er stellt keine echte Alternativfrage, sondern setzt aufgrund der letzten Bestätigung überfallartig die Zustimmung voraus. Vielleicht wäre Frau Hasemann noch mit der Verzögerungstaktik: „Ich will es mir überlegen" aus der Falle geschlüpft, aber:

Herr Hasemann, der den Anfang des Gespräches mitverfolgt hatte, zwischendurch aber die Küche aufgeräumt hat, kommt hinzu.)

Herr Hasemann: „Du kaufst englische Bücher. Aber du liest doch kaum in Englisch!"

(Hier droht Frau Hasemann nach dem bisherigen Gesprächsverlauf, wenn sie nicht sehr, sehr selbstbewusst ist und wenn sie nicht ein sehr konstruktives Kommunikationsverhältnis zu ihrem Mann hat, ein Gesichtsverlust ...)

Frau Hasemann (aufgebracht): „Natürlich lese ich Englisch. Wird bei uns jetzt sogar Firmensprache. Und außerdem habe ich bei einer Verlosung zehn Bände gewonnen. Sieh mal, wie schön und interessant diese Bücher gemacht sind."

Herr Hasemann (blättert in den Prospekten): „Ist aber alles in Englisch – und nicht gerade unkompliziert."

Frau Hasemann: „Wer wirklich geistig interessiert und auf dem Laufenden bleiben will, muss heute Englisch lesen können. Weißt du nicht, dass die meisten wissenschaftlichen Veröffentlichungen heute in Englisch erscheinen?" (Sie schaut dabei den Vertreter um Zustimmung bittend an.)

Der Vertreter nickt bedeutungsvoll, und während Herr Hasemann noch in den Prospekten blättert, zückt der Vertreter seinen Kugelschreiber und gibt ihn Frau Hasemann in die Hand. Frau Hasemann unterschreibt den vor ihr liegenden Vertrag (nach reden und reden lassen).

Sie sehen, liebe Leserin, Komponenten des personenorientierten Sprechens lassen sich auch manipulativ anwenden. Mit allen Gefahren, die damit auch verbunden sind. In unserem Beispiel konnte der Vertreter davon ausgehen, Frau Hasemann nie wiederzusehen. Und darauf war seine, hier verkürzt dargestellte, Manipulationsstrategie abgestellt. Aber, wie bereits betont: was nutzen Ihnen solche Tricks und Drehs bei Gesprächspartnerinnen und Gesprächspartnern, geschweige denn privat, auch nur in mittelfristiger Sicht? Wie schwierig ist es, wenn überhaupt möglich, eine Vertrauensbasis wieder herzustellen! Zwar wird nicht jede Manipulation von anderen bemerkt und so manche nicht konsequent durchdachte (Kauf-)Entscheidung hinterher rationalisiert – aber damit können Sie nie fest rechnen.

Das Thema Manipulation im Sinne von Austricksen habe ich in den vergangenen Jahren mit zahlreichen Seminarteilnehmerinnen und Seminarteilnehmern und Fachleuten diskutiert. Unser Fazit war: Manipulieren lohnt sich nicht, aber es ist wichtig, Manipulationsversuche zu durchschauen!

Hinweise zur Vortragstechnik

Frauen, die Vorträge halten, sind noch immer eine Rarität. Auch hier haben wir nur wenige Vorbilder. Die wenigen Frauen, die Vorträge oder Reden halten, haben zu Recht das Gefühl, in besonders grellem Rampenlicht zu stehen und sehr kritisch beobachtet zu werden. Nicht umsonst stellten wir fest, dass weibliche Abgeordnete mehr und dazu qualitativ schlechtere Zwischenrufe „ernten“ als ihre männlichen Kollegen. Frauen scheinen – wen wundert es – mehr Angst davor zuhaben, in der Öffentlichkeit zu sprechen. Eine Professorin der Columbia University in den USA stellte fest, dass viele kompetente Frauen keine Vorträge hielten, weil sie eine Redephobie hatten. In einer daraufhin durchgeführten Untersuchung mit 200 Universitätsabsolventinnen und -absolventen stellte sich heraus, dass 50 Prozent der Frauen nicht in der Lage waren, in der Öffentlichkeit zu sprechen, aber nur 20 Prozent der Männer. Die Redeangst einiger Frauen war so stark, dass sie Schwindelanfälle bekamen und ohnmächtig wurden (Dowling).
Vorträge zu halten, Projekte zu präsentieren, im Stehen vor (großen) Gruppen zu sprechen, hielt auch die überwältigende Mehrheit meiner Seminarteilnehmerinnen für die schwierigste Redesituation überhaupt. In den Seminaren, in denen wir Vorträge übten, stellten wir allerdings auch fest, welche frappierenden Fortschritte alle Frauen selbst bei zeitlich knapp bemessenen Wochenendseminaren machten. In der Tat ist Vorträgehalten sehr, sehr stark eine Übungssache. Für den Erfolg Ihres Vortrages oder Ihrer Präsentation ist es sicherlich wichtig, dass Sie sich mit den folgenden inhaltlichen Empfehlungen auseinander setzen. Mindestens genauso wichtig ist es aber, zu üben, vor einer Gruppe zu agieren und die Angst- und Panikgefühle abzubauen, mit denen wir uns u. a. im Kapitel Selbstsicherheit auseinander setzten. Hüten Sie sich also vor allem vor dem Anspruch, Ihre Rede und Sie selbst müssten schlechterdings perfekt sein!

Hinweise und Empfehlungen zum Thema „Auftreten vor einer Gruppe“ sind in das Kapitel Körpersprache mit eingearbeitet. Daher an dieser Stelle nur noch einmal der Rat: Üben Sie, so oft Sie können. Üben Sie insbesondere das ruhige, konzentrierte Stehen auf beiden Füßen zu Hause. Suchen Sie sich Sprechsituationen, die nicht allzu angstbesetzt sind, und üben Sie. Und nicht zuletzt: Besuchen Sie entsprechende (Frauen-)Seminare – Sie

werden merken, dass es sogar Spaß machen kann zu üben!
Sehr nützlich kann es auch sein, eine Person, der Sie vertrauen, zu bitten, Sie bei einer Präsentation oder einem Vortrag zu beobachten und sich Notizen zu machen. Bitten Sie darum, alles zu notieren, was an positiven Punkten und an Verbesserungsvorschlägen auffällt. Dabei soll einerseits die Körpersprache beobachtet werden (Nervositätsanzeichen wie Wippen, Zappeln, verkrampfte Finger usw.), die Stimmführung einschließlich eventueller „Ähs“, andererseits muss auch auf die Inhalte geachtet werden (Verständlichkeit, Gliederung usw.). Auf diese Art und Weise ist es möglich, dass Sie einige wertvolle Hinweise über Ihre Stärken und Verbesserungsmöglichkeiten erhalten. Optimal zum Lernen allerdings ist die Seminarsituation, wo Sie konstruktive Kritik von mehreren bekommen (und damit meist auch unterschiedliche Sichtweisen) und sich selber mittels der Videoaufzeichnung sehen und hören können.
Wenden wir uns nun der Redevorbereitung zu.

Stufengang der Vorbereitung

Zunächst müssen *Thema und Ziel* Ihrer Rede genau geklärt werden. Was wollen Sie mit Ihrer Rede erreichen? Wollen Sie informieren, Problembewusstsein wecken, etwas verkaufen, überzeugen?
Handelt es sich um eine Ansprache, wie z. B. eine Begrüßungsrede, ein Berufsjubiläum oder einen Festvortrag? Bei Sachvorträgen sollen die Zuhörenden informiert werden, etwas erfahren und mitdenken. Sachvortrag, -rede, -referat sind überwiegend an der Klärung eines Themas orientiert und richten sich vorrangig an den Verstand. Dies heißt nicht, dass Sie solche Vorträge „trocken" und nur nüchtern abhandeln sollten. Im Gegenteil, die Zuhörenden werden Ihnen dankbar sein, wenn Sie einen Sachvortrag mit praxisorientierten Beispielen lebendig machen.
In der Praxis finden sich häufig Mischungen zwischen Sachvortrag und Überzeugungsrede. Denn wann werden schon ausschließlich Informationen gegeben, ohne dass dies einen Zweck verfolgt? Auch bei der Überzeugungsrede werden Sachinformationen gebracht. Ziel der Überzeugungsrede ist, neben der Information, der Aufruf zum Umdenken, zum Handeln, zur Tat. Nicht zuletzt zur Vergabe eines Auftrages – wie z. B. bei einer Präsentation – oder zum Kauf.
Entsprechend des „Tat"-Zieles der Überzeugungsrede darf diese nicht in logischen Eisregionen bleiben. Hier müssen Sie mit gut überlegten Nutzenargumentationen Gefühl und Verstand der Zuhörenden ansprechen.
Um Ihre Rede auf die Zuhörenden maßschneidern zu können, um einleuchtende Beispiele zu finden, Nutzenargumentationen zu überlegen, müssen Sie sich ähnlich wie bei der Gesprächsvorbereitung genau überlegen, wer Ihre Zuhörenden sind.
Die Schlüsselfigur jeder Redesituation sind die Zuhörenden. Sie sind es, deren Gedanken und Einstellungen Sie mit Ihrem Vortrag beeinflussen wollen, die Sie zu neuen Erkenntnissen, Einsichten und zu anderem Verhalten bewegen möchten.
Je genauer Sie wissen, zu wem Sie sprechen, desto besser können Sie:

- eine *angemessene Sprachebene* wählen, die dem Kenntnisstand der Zuhörenden entspricht.
  Haben Sie zum Beispiel Fachkolleginnen und -kollegen vor sich, können Sie entsprechende gängige Fachausdrücke verwenden. Haben Sie jedoch

„Laien“ oder, was am schwierigsten ist, eine bunt gemischte Gruppe, müssen Sie mit Fachbegriffen sparsam umgehen, diese erklären oder umschreiben.

- an die *Erfahrungen* der Zuhörenden anknüpfen.
  Fragen Sie sich, mit welchen allgemeinen Berufs- und Alltagserfahrungen Sie zu Ihrem Thema hinführen können. Welche Beispiele werden für Ihr Publikum einleuchtend und beeindruckend sein, welche auf Unverständnis und Ablehnung stoßen?
- die *Erwartungen und Wünsche* der Zuhörenden erfüllen.
  Ihr Publikum kommt im Regelfall freiwillig, opfert seine Zeit und möchte im Hinblick auf seine Interessen etwas erfahren. Wichtig ist also im Zweifelsfall nicht, was Ihnen persönlich einleuchtend und wichtig erscheint, sondern welche Aspekte Ihrer jeweiligen Zuhörerschaft Ihr Thema wichtig und einleuchtend machen.

Checkliste: Fragen zur Zielgruppenanalyse:

- Wer sind die Zuhörenden?
  Alter, Bildungsstand, Geschlecht, berufliche und gesellschaftliche Position, Gruppenzugehörigkeit usw.
- Warum hören sie sich Ihren Vortrag an?
  Informationsbedarf aus beruflichen Gründen, wurden delegiert, Auftrags- oder Verkaufsentscheidung, privates Interesse, persönliche Betroffenheit usw.
- Welche Erwartungen und Ziele werden die Zuhörenden haben?
- Welche Einstellungen werden sie haben zum Thema der Rede?
  Lieblingsthema, Reizthema, erwarten komplizierten Fachvortrag, nichts Besonderes usw.
- Wie ist der Kenntnisstand bezüglich des Themas?
- Als was werden Sie betrachtet?
  (Z. B. als Fachfrau, Kollegin, Beraterin, Vorgesetzte, Wissenschaftlerin usw.)
- Welche Einwände sind von den Zuhörenden zu erwarten?
  Versuchen Sie, mögliche Einwände in Ihrem Vortrag zu entkräften. Bereiten Sie sich auf Zwischenfragen und/oder eine anschließende Diskussion sorgfältig vor. Erstellen Sie ggf. ein Argumentefeld.
- Mit welchen Vorurteilen müssen Sie rechnen?
- Erfordern einzelne Zuhörende besonderes Augenmerk?

Dies können Vorgesetze, potentielle Kundinnen oder Kunden, Vertreterinnen/Vertreter wichtiger Organisationen oder Interessengruppen, Hauptbetroffene von Veränderungen usw. sein. Bedenken Sie solche Personen mit einigen auf diese ausgerichteten Überlegungen. Achtung, tragen Sie aber nicht zu dick auf! Wird diese Ausrichtung zu deutlich, kann dies die so Angesprochenen verstimmen und die anderen Zuhörenden, die sich nicht ernst genommen fühlen, ebenso.

Bemühen Sie sich, ähnlich wie bei der Gesprächsvorbereitung darum, möglichst genaue Informationen über Ihre Zuhörerinnen und Zuhörer zu erhalten. Es lohnt sich immer, von Veranstaltenden möglichst detaillierte Listen über das Auditorium zu verlangen. Als ich begann, Angehörige einer großen Behörde in Vortragstechnik zu schulen, stellte sich heraus, dass diese oft überhaupt nicht wussten, welchem Publikum sie beispielsweise einen Vortrag über die Aufgaben ihres Hauses halten sollten. Und dieses Publikum konnte völlig unterschiedlich sein. Es konnte sich um Ingenieure oder um technische Laien, um Angehörige einer bestimmten Berufsgruppe, um Referendare usw. handeln. So hatten sich die meisten Vortragenden einen Standardvortrag ausgearbeitet und berichteten im Seminar frustriert, wie wenig Interesse ihren Ausführungen oft entgegengebracht wurde. Kein Wunder, denn sie konnten ja nicht je nach Vorbildung und Interessen der Zuhörenden Teilbereiche auswählen, Schwerpunkte bilden, mit Beispielen an die Erfahrungen und die Praxis des Publikums anknüpfen.

Die Seminarteilnehmerinnen und -teilnehmer setzten durch, dass sie vorab vom Veranstalter genau über das zu erwartende Publikum informiert wurden und konnten nun ihre Vorträge personenorientiert auf ihre Zielgruppe vorbereiten.

Nachdem Sie Art und Ziel Ihres Vortrages und die Zielgruppe geklärt haben, beginnen Sie mit der inhaltlichen Vorbereitung. Wichtig ist, dass Sie jetzt eine klare und eindeutige Aufgabenstellung haben. Dabei wird die endgültige, fein geschliffene Ausformulierung des Themas und der Einleitung erst nach der Zusammenstellung der Rede vorgenommen.

Stoffsammlung

Alles, was zum Themenkreis der Rede gehört, wird gesammelt bzw. aufgeschrieben. Es wird noch keine Einordnung oder Bewertung vorgenommen. Anregungen, Ideen, Informationen können von überall her kommen. Neben den klassischen Quellen wie Büchern, Zeitungsartikeln, Rundfunksendungen oder Fernsehbeiträgen können Alltagseindrücke und Erlebnisse nützlich sein. Außerordentlich wichtig ist es, dass Sie vor Ihrer Rede den Dialog mit den Zuhörenden suchen. Wie das möglich ist? Nun, Sie wissen aus Ihren Vorüberlegungen zur Zielgruppenanalyse, wer Ihr Publikum sein wird. Diskutieren Sie Ihr Thema mit Angehörigen der Gruppierungen, an die sich Ihr Vortrag richtet. Hören Sie sich deren Meinungen und Ansichten an. Oft werden Sie Aspekte und Argumente genannt bekommen, die Sie noch nicht miteinbezogen haben. Außerdem können Sie sich besser in die Interessenlage der Zuhörenden hineinversetzen. Dieser unmittelbare persönliche Dialog wird dann zur Voraussetzung für den richtigen Vortragsdialog – denn genau das ist Ihre Rede – ein breitangelegter Dialog mit den Zuhörenden. Oder, nach Tucholsky, eine Rede ist nicht nur ein Dialog, sondern ein Orchesterstück, bei dem eine stumme Masse ununterbrochen mitspricht.
Sprechen Sie außerdem mit Fachleuten über Ihr Thema, vertiefen Sie sich in die Problematik. Diese Vorgehensweisen werden nicht nur Ihre Kenntnisse vertiefen, sondern auch Ihre Überzeugungskraft stärken.

Empfehlungen:

- Notieren Sie alle Ideen und Informationen auf Karteikarten. Nach längerem Ausprobieren empfehle ich Ihnen DIN A5. Kleinere Formate haben nicht genug Fassungsvermögen, denn:
- Schreiben Sie so groß und deutlich, dass Sie ggf. die Karten in Ihr Stichwortkonzept einbauen können. D. h., die Schrift muss so groß und deutlich sein, dass Sie auf einen Blick das Geschriebene problemlos erfassen können. Beschreiben Sie die Karte nur auf einer Seite.
- Vermerken Sie ggf. genau die Herkunft der Information (Autorin bzw. Autor, Titel, Erscheinungsjahr, Seite; Name der Zeitschrift, Datum usw.).
- Kennzeichnen Sie den Zettelinhalt mit einem Stichwort.
- Lassen Sie Platz für Nachträge und Änderungen.

Bevor Sie jetzt Ihre Stoffsammlung ordnen, bringt das Überdenken der Informationen und Eindrücke neue Anregungen. Gönnen Sie sich diese schöpferische Pause – das Sichten Ihrer Materialsammlung wird Ihnen dann leichter fallen.

Stoffauswahl

Aus der überdachten Stoffsammlung wird nun eine Auswahl getroffen. Diese Auswahl ergibt sich aus der präzisen Themenstellung im Zusammenspiel mit der Zielgruppenanalyse.
Welches sind die wesentlichen Gedanken? Welches sind die Kernaussagen? Die wichtigsten Gedanken bilden die tragenden Pfeiler Ihres Redeentwurfes. Erst wenn dieses inhaltliche Grundgerüst steht, folgt die weitere Ausführung. Durch diese Konzentration auf die wichtigsten Punkte ergeben sich zwei Vorteile: Sie haben eine logische Gliederung und Sie vermeiden Abschweifungen. Denn ein Übermaß an Stoff „erschlägt" die Zuhörenden. Fragen Sie sich deshalb bei der Qual der Auswahl immer wieder: Was ist wirklich wichtig, was ist weniger wichtig? Genauso wichtig, wie diese Erfassung des Sachthemas ist das Einstellen auf die Zuhörenden. Was müssen diese unbedingt gesagt bekommen, um Ihren Gedankengängen folgen zu können? Was interessiert sie, was spricht sie an? Sollten Sie nicht die einzige Vortragende sein, erkundigen Sie sich genau, wer vor Ihnen spricht und worüber. Und wer nach Ihnen redet und worüber. Wegen mangelnder Abstimmung kommt es immer wieder zu der unerfreulichen Situation, dass sich unnötige Überschneidungen ergeben, was dann häufig in dem typischen Satz gipfelt: „Die wesentlichen Punkte meiner Rede hat X schon vorweggenommen …"
Erst wenn alle diese Fragen geklärt sind, beginnen Sie mit der Feinarbeit. Hierzu noch einige allgemeine nützliche Hinweise:

Grundsätzlich gilt: „Eine Rede ist keine Schreibe!" (F. Th. Vischer)

Daher:
- Bilden Sie kurze, einfache Sätze, keine Schachtelsätze (s. auch verständlich Sprechen).
  Die Versuchung, komplizierte Satzkonstruktionen zu drechseln, ist dann besonders groß, wenn Sie ausnahmsweise eine wörtliche Manuskriptrede ausarbeiten. Warum ausnahmsweise, werden wir noch besprechen. Auch hier ist Bundespräsident Richard von Weizsäcker ein Vorbild. Seine Sätze sind klar und kurz gehalten, 25 Wörter sind schon ein Maximum.
- Verwenden Sie geläufige Wörter. Meiden Sie Fremdwörter und Modewörter und verenden Sie Fachausdrücke nur vor einem entspre-

chenden Fachpublikum. Seien Sie sparsam mit Abkürzungen und benutzen Sie diese nur, wenn sie den Zuhörenden mit Sicherheit geläufig sind. Ein einmaliges Erklären einer Abkürzung reicht zum Behalten nicht aus. Müssen Sie einige Abkürzungen unbedingt nennen, schreiben Sie diese an eine Tafel, Wandzeitung oder Ähnliches, wo die Erklärung während des ganzen Vortrages sichtbar stehen bleibt.

- Die Hauptsache in den Hauptsatz.
- Benutzen Sie Tätigkeitswörter statt Hauptwörter. Vermeiden Sie alles, was in Richtung Kanzlei- oder Vorlesungsstil geht. Eher beschreiben und erzählen.
- In jeden Satz nur einen Gedanken.
- In kleinen Schritten vorgehen.
- Nicht zwei wichtige Gedanken unmittelbar hintereinander bringen.
- Neues sollte an für die Zuhörenden Bekanntes anknüpfen.
  Dies ist sehr wichtig, wenn Sie eine für die Zuhörenden fremde Materie erklären wollen. Damit können Sie eine Blockade vermeiden, z. B. in der Richtung: „So etwas Technisches, Chemisches, Psychologisches etc. verstehe ich doch nicht.“ Knüpfen Sie an Alltagswissen an und leiten Sie dann zu Ihrem Aspekt über. Die Seminarerfahrung zeigt, dass häufig große Schwierigkeiten bestehen, komplexe Vorgänge aus dem eigenen Spezialgebiet zu vereinfachen. Oft werden im Verhältnis zum Redeziel viel zu viele Details gebracht. Oder die Fachfrauen bzw. Fachmänner meinen, Dinge zu simplifizieren bis an den Rand der Verfälschung. Testen Sie an Menschen mit vergleichbarem Kenntnisstand Ihrer Zielgruppe, ob Ihre Erklärungen verständlich und einleuchtend sind!
- Je größer der Neuigkeitswert Ihrer Informationen, desto mehr Wiederholungen mit anderen Umschreibungen oder Beispielen sind nötig.
- Bauen Sie einen Gedanken auf dem anderen auf und meiden Sie verwirrende Gedankensprünge.
- Sprechen Sie anschaulich. Gehen Sie mit Zahlen und Statistiken sparsam um. Werden Zahlen und Statistiken unbedingt benötigt, eine schriftliche Unterlage für die Zuhörenden vorbereiten oder/und anschreiben.
- Humor kann eine Rede würzen. Aber Vorsicht, so mancher Ausflug in Richtung Witz, den sich ein Redner noch gerade leisten kann, kann eine Rednerin in eine Ecke stellen, in die sie nicht wollte!
- Seien Sie vorsichtig mit Ironie, da diese missverstanden werden kann.
- Vermeiden Sie Rückgriffe auf „Allgemeinwissen“: „Wie wir ja alle wis-

sen ..." Zuhörende, die es nicht wissen, kommen sich entweder dumm vor oder halten Sie für eine Angeberin.

- Nutzen Sie Visualisierungsmöglichkeiten wie Tafel, Tageslichtschreiber, Wandzeitungen, um Ihre Ausführungen zu verdeutlichen, interessanter zu gestalten und den Behaltenswert zu erhöhen.

Redezeit

Stellen Sie sich auf die (vorgegebene) Redezeit ein und halten Sie diese auch unbedingt ein.

Kein Thema kann in einer bestimmten Zeit – seien es zwei Minuten oder zwei Stunden – vollständig und erschöpfend abgehandelt werden. Erschöpfende Abhandlungen erschöpfen meist auch die Zuhörenden, deren Aufnahmefähigkeit nicht unbegrenzt ist. Die Qual der Auswahl darf Sie nicht dazu verleiten, die Redezeit zu überziehen. Sie laufen sonst Gefahr, auch bereits errungenen Erfolg Ihrer Rede wieder zu zerstören.

Für die optimale Länge einer Rede gibt es kein absolutes Maß. Sie hängt von der Art der Rede, vom Anlass und nicht zuletzt davon ab, wie fesselnd die Rede gestaltet wird. Als Grundsatz gilt jedoch immer. SO KURZ WIE MÖGLICH!

Die maximale Vortragszeit wird mit ca. 45 Minuten angesetzt. Dauert eine Rede dennoch länger, legen sie möglichst eine Pause ein.

Die ersten 15 Minuten eines 45-Minuten-Vortrages und der Schluss werden besonders gut behalten.

Informationsreden sollten nicht länger als 20 Minuten dauern, da sonst leicht die Gefahr besteht, die Zuhörenden mit zu vielen Einzelheiten zu überfordern.

Sind Zwischenfragen erwünscht und/oder Dialogsituationen in der Art eines Lehrgespräches gegeben, können Sie die Aufmerksamkeit der Zuhörenden (möglichst mit optischer Unterstützung) auch bis zu 90 Minuten erhalten. Hier wird es sich überwiegend um Wissensvermittlung handeln.

Je weniger der Verstand und je mehr das Gefühl angesprochen wird, desto unwichtiger ist eine zeitliche Beschränkung. So erklärt sich, dass Propagandareden im Dritten Reich Stunden dauern konnten. Bei solchen Reden, in denen Gefühle angeheizt werden (s. Manipulation), wird das Informationsdefizit von den Zuhörenden meist erst im Nachhinein wahrgenommen.

Für Rednerinnen und Redner ist es wichtig, ein Gefühl für die Zeit zu entwickeln. wie schnell bzw. wie langsam vergeht die Zeit, während Sie sprechen? Hier kommt es zunächst oft zu Fehleinschätzungen. Achten Sie darauf, wie lang Ihre Wortbeiträge bei Besprechungen sind. Üben Sie so lange, bis Sie einschätzen können, wie lang eine, zwei oder fünf Minuten Redezeit sind.

Legen Sie sich während eines Vortrages eine gut ablesbare Uhr neben Ihre Stichworte, so dass Sie den Überblick behalten, wie Sie in der Zeit liegen. Dies ist besonders wichtig, wenn Zwischenfragen gestattet bzw. erwünscht sind bzw. Sie ein Lehrgespräch führen. Nur so können Sie aussteuern, dass Sie nicht wichtige Punkte weglassen müssen, da Ihnen die Zeit davongelaufen ist.
Stoppen Sie mehrmals Ihre laut vorgetragene Proberede.

Stichwortkarten

Arbeiten Sie mit Zwischenfragen, notieren Sie die unverzichtbaren Kernpunkte, die Sie unbedingt bringen müssen, auf Karteikarten einer bestimmten Farbe und notieren Sie sich, wie viel Zeit Sie für die Darstellung des jeweiligen Punktes brauchen. Weiterführende Informationen, die Sie notfalls weglassen können, notieren Sie auf einer anderen Farbe, ebenfalls mit Zeitangabe. Eine dritte Farbe schließlich wählen Sie für Einleitung und Schluss.
Wählen Sie für Ihre Stichwortkarten ebenfalls das Format DIN A5. Wenn Sie häufig Vorträge, Präsentationen oder auch Verhandlungen vorbereiten müssen, lohnt es sich finanziell, dass Sie sich von einer Druckerei farbige Reste von dünnem Karton zuschneiden lassen. Dünner Karton eignet sich besser als normales Papier, weil sich die Karten so besser schieben lassen und nicht so knittrig und knisternd sind wie Schreibpapier.
Beschreiben Sie die Karten aus blendfreiem Karton nur einseitig.
Schreiben Sie Ihre Stichworte groß und deutlich.
Benutzen Sie zum Schreiben dünne Filzstifte.
Schreiben Sie Karten nicht zu voll. D. h., machen Sie sich wirklich nur Stichworte und bringen Sie auf eine Karte nicht mehr als ca. acht Zeilen.
Das abgebildete Muster eines Stichwortzettels soll eine Anregung sein. Experimentieren Sie selber, mit welcher Aufteilung, welchen Farben, welchen Unterstreichungen usw. Sie am besten zurechtkommen.
Die Karte aus einem Vortrag über Rhetorik-Seminare für Frauen gehört zu den unverzichtbaren Kernpunkten. Die eingekringelte 5' bedeutet, dass zur Darstellung dieses Punktes fünf Minuten benötigt werden. Die (12') bedeutet, dass laut Zeitplan jetzt zwölf Minuten Vortragszeit vergangen sind. Oben links die durchnummerierte Seitenzahl. Die freie rechte Spalte dient für Regieanweisungen aller Art.

S. 11

firmeninterne Seminare:

5'
(12')

Rahmenbedingungen
- Dauer
- Ort
- Teilnehmerinnenzahl

Vorbereitungen: Weiterbildungsabt.
Interviews Vorgesetzte
Interviews Teilnehmerinnen

Ergebnisse Interviews ➧ Wandzeitung

Handhabung von Stichwortkarten

Aus meiner Sicht sind Stichwortkarten ein legitimes Hilfsmittel – daher ist es keineswegs nötig, sie unauffällig zu benutzen. Die winzigen Zettelchen, die ich häufig Redner verschämt aus der Sakkotasche ziehen sah, nutzen im Ernstfall sowieso nichts, da sie meist viel zu klein und viel zu eng beschrieben sind.

Nachdem Sie vor Ihrem Auftritt die Reihenfolge der Karten kontrolliert haben, nehmen Sie also die Karten in eine Hand oder legen sie vor sich auf den Tisch.

Sprechen Sie stehend mit den Karten in einer Hand, winkeln Sie den Arm so an, dass Sie Ihre Stichworte auf einen Blick lesen können.

Achten Sie darauf, dass Sie beim Gestikulieren nicht mit den Karten winken. Abgehandelte Karten werden jeweils von hinten wieder unter den Stapel geschoben oder beiseite gelegt.

Vergleichen Sie immer wieder die bereits abgelaufene Zeit mit Ihrem Zeitplan und lassen Sie ggf. weiterführende Informationen weg. Achten Sie ganz besonders auf die Zeit, wenn Zwischenfragen kommen. Die Freiheit, die Ihnen die Stichwortkarten bieten, kann anfangs zu Abschweifungen verführen.

Sollten Sie Ihre Karten nicht parallel zur Rede gewendet haben oder Stichworte auslassen, blättern Sie in Ruhe weiter, bis Sie die passende Karte gefunden haben. Die Zeit, die Sie dazu benötigen, kommt Ihnen viel länger vor als den Zuhörenden.

Wenn Ihnen doch die Zeit davongerannt ist, dann ist es zwar ärgerlich, wenn Sie eventuell wichtige Punkte weglassen müssen. Aber dank Ihrer guten Vorbereitung können Sie nun die Schlusskarten ziehen und sichern sich so einen guten Abgang. So vermeiden Sie einen peinlichen Abbruch ohne wirksamen Schluss.

Zur Manuskriptrede

Eine Rede mit wörtlich ausgearbeitetem Manuskript sollten Sie nur ausnahmsweise halten. Nämlich dann, wenn es auf jede Formulierung ankommt, wenn die Gefahr besteht, dass Sie auf Einzelheiten festgelegt werden. Dies kann möglicherweise bei bestimmten Themen in der Politik der Fall sein oder bei einem heiklen Rechenschaftsbericht. Warum nun diese Empfehlung, im Normalfall nicht mit Manuskript, sondern mit Stichwortkarten zu sprechen? Viele Menschen, die es gewohnt sind, mit Manuskript zu sprechen, schreckt zunächst der Gedanke, die Sicherheit, die das wörtlich ausgearbeitete Manuskript vermittelt, gegen die freien Formulierungen mit Stichworten zu vertauschen.
In der Praxis wie im Seminar zeigt sich, dass Manuskriptreden meist starrer und weniger lebendig wirken. In der Muße der Vorbereitung geht die Lust am Formulieren mit vielen Rednerinnen und Rednern durch. So wird die wörtlich formulierte Rede oft nur „Schreibe". Vielfach geraten Ausdrücke aus dem passiven Wortschatz in die Formulierungen. Dann wirkt die Redeweise leicht geschwollen. Außerdem werden beim Schreiben häufig komplizierte Bandwurmsätze produziert. Steifer wirkt die Manuskriptrede häufig auch dadurch, dass die Redenden Schwierigkeiten mit dem Blickkontakt haben. Bleiben die Augen beim Vorlesen zu sehr am Manuskript kleben, fühlen sich die Zuhörenden weniger angesprochen. So schrieb auch Tucholsky in seinen Ratschlägen für schlechte Redner, es sei am besten, eine Rede wörtlich vorzulesen. Dies sei sicher und zuverlässig, und es freue alle, wenn der lesende Redner ab und zu misstrauisch hochblicke, ob auch noch alle da seien … Vorgelesene Reden werden auch leicht zu schnell vorgetragen, was die Zuhörenden zusätzlich überfordert.
Sie sehen, liebe Leserin, die Manuskriptrede hat, obwohl sie sich leider nach wie vor großer Beliebtheit erfreut, eine Menge Nachteile. Kommen Sie dennoch in die Situation, eine Rede wörtlich ausarbeiten zu müssen, können Sie einige dieser Nachteile umschiffen.

1. Gestalten Sie das Manuskript übersichtlich.
Verwenden Sie eine extra große Schreibmaschinenschrift.
Machen Sie sich auf den breiten rechten Rand ggf. Regieanweisungen wie z. B. „Folie auflegen" oder Ähnliches.
Bilden Sie möglichst viele Absätze, die Sie durch Querstriche über die ganze Seite optisch deutlich voneinander trennen.

Die einzelnen Zeilen werden so formuliert, dass am Ende jeder Zeile eine Pause entsteht. So beinhaltet jede Zeile einen in sich geschlossenen Sinnzusammenhang.
Denken Sie sich außerdem Zeichen aus oder machen Sie sich farbige Kennzeichnungen mit einem Textmarker, wo Pausen, besondere Betonungen, lauter vorzutragende Passagen usw. einzusetzen sind.

2. Überprüfen Sie die fertig formulierte Rede mit dem Kassettenrecorder auf Stil und Verständlichkeit.
Um die Einhaltung der Redezeit zu überprüfen, sollten Sie sowieso Ihre Rede auf Kassette sprechen. Wenn Sie die Rede im stillen Kämmerlein nur laut vortragen und stoppen, werden Sie wahrscheinlich schneller als normal sprechen. Diese Aufzeichnung nutzen Sie zugleich als Kontrolle, ob Sie an einzelnen Stellen in die „Schreibe" statt in die lebendige Rede gefallen sind. Lassen Sie die Rede ablaufen, ohne mitzulesen. Stoppen Sie bei zu langen Sätzen, Fachausdrücken usw. und nehmen Sie entsprechende Veränderungen vor. Auch in diesem Fall ist es sehr empfehlenswert, z. B. aus dem Bekanntenkreis, eine Vertrauensperson zu bitten, die ähnliche Voraussetzungen mitbringt wie Ihr künftiges Auditorium, sich die Rede anzuhören. Das Lesen allein ist weniger hilfreich, denn dabei fallen die schriftdeutschen Formulierungen natürlich weniger auf!
Insgesamt noch einmal die Empfehlung:
Halten Sie Manuskriptreden wirklich nur dann, wenn es zwingend notwendig ist.
Machen Sie sich eventuell ein gemischtes Konzept: Aspekte, bei denen es auf die genaue Formulierung ankommt, werden wörtlich ausformuliert, alles andere mit Stichworten.
Für den Übergang können Sie auch folgendes Verfahren anwenden: Sie bereiten, wie beschrieben, ein wörtlich ausgearbeitetes Manuskript vor. Auf die freie rechte Seite des Blattes hingegen schreiben Sie die entsprechenden Stichworte. So können Sie üben, mit Stichworten zu sprechen, haben aber zugleich den ausformulierten Text als Reserve (Scheerer 1). Wenn Sie diese Vorgehensweise ausprobieren, werden Sie merken, dass Ihnen das Reden mit Stichworten mit großer Wahrscheinlichkeit leichter fällt, als Sie dachten. Der Versuchung, außer Einleitung und Schluss alles abzulesen, können Sie dadurch entgehen, dass Sie die Blätter in der Mitte knicken.

Mit wachsender Übung werden Sie immer selbstverständlicher mit Stichwortkarten arbeiten. Und dann nicht zu den zahlreichen Redenden gehören, die aus Ängstlichkeit noch immer starr am Manuskript kleben. Sie werden sehen: mit einer klaren Struktur im Kopf und möglichst wenig auf dem Papier werden Sie anschaulicher und lebendiger sprechen!

Wichtiges für Einleitung und Schluss

„Die Einleitung hat zwei Aufgaben: Die Denkgemeinschaft von Redner und Hörer herzustellen und, wie der Name sagt, in die Sache einzuleiten."

Winkler

Der Einstieg einer Rede oder eines Vortrages ist von großer Bedeutung. Oft entscheiden schon die ersten Sätze, ob sich die Zuhörenden angesprochen fühlen oder nicht. Sie sollten daher überlegen, welche Gemeinsamkeiten und Übereinstimmungen es mit den Zuhörenden gibt und diese ansprechen.
„Wir alle sind besorgt ..."
„Dies betrifft uns alle, weil ..."
„Wir Bürgerinnen und Bürger von ..."
Achten Sie jedoch darauf, diese „Wir"-Formulierungen nicht zu übertreiben und vor allem nur gerechtfertigte „Wir"-Formulierungen zu benutzen. Wenn einige Zuhörende denken oder gar sagen: „Wieso wir – ich nicht!" so ist das Gegenteil des Beabsichtigten erreicht!
Sie merken, liebe Leserin, ähnlich wie es bei einem Gespräch eine einleitende Anwärmphase gibt, so ist es auch beim Vortrag oder einer Präsentation. Zunächst muss der Kontakt zu den Zuhörenden geknüpft werden. Sehr anschaulich bekäftigte dies Goethe, indem er schrieb:
„Wenn man das erste Knopfloch verfehlt, kommt man mit dem ganzen Zuknöpfen nicht zustande. Der Anfang muss gut sein."
Damit Sie das erste Knopfloch sicher treffen, kann neben Übereinstimmungen und verbindenden Gemeinsamkeiten auch ein gut verpacktes, indirektes Lob den Zuhörenden Bestätigung vermitteln. Beispiel:
„Als erfolgreiche Kreative in der Werbung wissen Sie, meine Damen und meine Herren, von welch ausschlaggebender Bedeutung die Farbauswahl ist. Daher ..."
Auch eine Einleitung, die Neugierde erweckt, schafft Kontakt und Interesse. Beispiel:
„Sie werden sich wahrscheinlich schon das eine oder andere Mal gefragt haben, meine Damen und Herren, ob Frauen nicht anders denken als Männer. Was immer auch Ihr Anlass zu dieser Überlegung war – Sie waren auf der richtigen Fährte. Denn ..."
Überlegen Sie, ob Sie mit der Schilderung eines persönlichen Erlebnisses

einsteigen können. Eine solche Schilderung wirkt lebendig und persönlich, lässt die Zuhörenden miterleben. Eine solche kleine Geschichte verpackt außerdem Ihr Anliegen oft wirksamer als eine abstrakte Darstellung. Beispiel:

„Zu Ihrem ersten Rhetorik-Seminar begrüßen wir Sie, liebe Teilnehmerinnen und Teilnehmer, hier im idyllischen B-Dorf ganz herzlich. Wir sind sicher, dass wir alle uns dank Frau Meyers ausgezeichneter Verpflegung in dieser Woche hier, was das leibliche Wohl betrifft, sehr wohl fühlen werden. Was das Seminar selber angeht, so wird die eine oder der andere von Ihnen hier mit etwas gemischten Gefühlen angereist sein. Ich erinnere mich noch genau, wie es mir erging, als ich meine Trainerinausbildung begann. Ähnlich wie hier war schon die Technik aufgebaut. Was mir sehr unbehagliche Gefühle verschaffte, denn ich hatte mich noch nie in einer Videoaufzeichnung gesehen. Nach meinem ersten Auftritt jedoch …"

Wenn sie mit einer Anekdote beginnen, wirkt dies ähnlich wie eine persönliche Geschichte, nur sprechen Sie nicht über sich selber, sondern über eine bekannte Persönlichkeit. Es lohnt sich, Anekdoten auf Karteikarten zu sammeln und entsprechende Anekdotensammlungen als kleine Handbibliothek zum Nachschlagen zu besitzen.

Angela, die Doktorandin der Geschichte, begann Ihren Vortrag über die psychologischen Auswirkungen des Absolutismus auf die Hofgesellschaft wie folgt:

„Ludwig XIV. hat das geflügelte Wort ‚Der Staat bin ich!', das er 1655 als 17-jähriger gesprochen haben soll, wahrscheinlich nicht gesagt. Aber er war immerhin so von seiner Allmacht durchdrungen, dass er im Kreise seines Hofstaates meinte: ‚Wenn ich einem von Ihnen befehle, ins Wasser zu springen, haben Sie ohne Zögern zu gehorchen.' Darauf erhob sich der Herzog von Guise und wollte hinausgehen. ‚Wohin?' ‚Schwimmen lernen, Sire.' "

Soweit einige Möglichkeiten, mit denen Sie Ihren Einstieg interessant gestalten können und zugleich die Brücke zu den Zuhörenden schlagen.

Nachdem Sie Kontakt zu den Zuhörenden hergestellt und deren Interesse geweckt haben, beginnt nun die dritte Phase Ihres Vortrages, in der Sie Ihre Gedanken darlegen. Auch in dieser Phase müssen Sie natürlich weiterhin personenbezogen argumentieren. Noch in der Einleitung kündigen Sie kurz an, welche Aspekte des Themas in der Rede behandelt werden. Nennen Sie nur die Punkte des Hauptteils, von denen Sie 100-pro-

zentig sicher sind, dass Sie diese in der vorgegebenen Zeit auch schaffen. Schreiben Sie diese Punkte möglichst an (Tafel, Wandzeitung), so hat Ihr Publikum diese als zusätzlichen roten Faden und Orientierungshilfe ständig vor Augen. Arbeiten Sie die Einleitung ausnahmsweise wörtlich aus. Dies ist Ihre Sicherheitsstrategie für den schwierigen Anfang.
Empfehlungen für den Redebeginn:
– Achten Sie darauf, dass alle Vorbereitungen mit Stichwortzetteln, technischen Geräten, Anbringen von Wandzeitungen, Kleidung usw. abgeschlossen sind.
– Begeben Sie sich ruhig, mit aufrechter Haltung (Kopf hoch!) an den Platz, von dem aus Sie sprechen wollen.
– Kontrollieren Sie, ob Sie den optimalen Standort haben, von dem aus Sie zu allen Zuhörenden Blickkontakt aufnehmen können.
– Stehen Sie fest mit dem Gewicht auf beiden Füßen gleichmäßig verteilt.
– Legen Sie ggf. Ihre Stichwortkarten ab.
– Atmen Sie mehrmals tief durch.
– Nehmen Sie sofort Blickkontakt auf. Suchen Sie zunächst bekannte und/oder freundliche Gesichter und dehnen Sie dann beim Sprechen nach und nach den Blick auf alle Zuhörenden aus.
– Warten Sie, bis alles ruhig ist.
Dann: Anfangssätze auswendig vortragen oder wörtlich ablesen.

Beispiele für oft verwendete unzweckmäßige Redeanfänge:

1. Entschuldigungen
„Leider konnte ich mich nicht vorbereiten …"
„Ich mache das zum ersten Mal …"
„Ich kann Ihnen nur dann unvollkommenen Entwurf …"
„Die Vorbereitung auf diese Veranstaltung war so kurz, dass ich nur …"
„Ich bitte um Ihr Verständnis, aber ich bin keine gute Rednerin, dennoch …"
Zwar mag es einerseits von einiger Beherztheit oder gar Selbstsicherheit zeugen, auf mangelnde Vorbereitung oder mangelnde Erfahrung hinzuweisen. Andererseits ist die Gefahr groß, dass Sie an der Elle gemessen werden, die Sie so selber anbieten. Sehr wahrscheinlich achten die Zuhörenden nun geradezu auf inhaltliche Ungereimtheiten oder auf Unsicherheiten im Auftreten. Selbst wenn der Vortrag gut gelingt, haben Sie ihn vorab selber schlecht gemacht. Außerdem: würden Sie sich als

Zuhörerin ernst genommen fühlen, wenn Rednerinnen oder Redner ihren Vortrag damit beginnen, dass sie – aus welchen Gründen auch immer – nicht gut vorbereitet sind?

2. Negativer Einstieg:
„Leider müssen wir heute …"
„Was ich Ihnen nun erklären will, ist außerordentlich kompliziert, dennoch will ich versuchen …"
„Ich will Sie nicht mit Details langweilen, aber …"
„Schade, dass nicht mehr gekommen sind …"
„Leider hat mein Vorredner die interessantesten Aspekte schon besprochen. Mir bleibt nur …"
Was haben die Zuhörenden hier noch Positives zu erwarten? Im Zweifelsfall werden sie schon resignierend gedanklich abschweifen oder infolge der negativen Erwartungen abblocken oder innerlich aggressiv werden. Hier treffen die Überlegungen zu, die wir zum überzeugenden Formulieren angestellt haben. Fatal aber ist, dass diese negativen Formulierungen gerade am Anfang kommen und die Akzeptanz Ihrer weiteren Ausführungen gefährden.

3. Selbsterwärmung/Sichaufblasen/Fischen nach Komplimenten
„Ich habe nun die ehrenvolle Pflicht …"
„Wenn mir heute die große Ehre zuteil wird, zu diesem ausgesuchten Kreis über … sprechen zu dürfen, so möchte ich das nicht tun, ohne zuvor …"
„Ich spreche zu Ihnen aufgrund meiner 20-jährigen Erfahrung als …"
„Ich bin eine der wenigen Spezialistinnen auf diesem Gebiet, daher …"
„In meiner Eigenschaft als Vorsitzende in mehreren …"
„In meinen zahlreichen Veröffentlichungen zu diesem Thema habe ich …"
Zwar haben wir festgestellt, dass Frauen oft dazu neigen, ihre Kompetenzen herunterzuspielen oder gar nicht einfließen zu lassen. Das Betonen und das Pochen auf die eigene Kompetenz kann aber, verbunden mit dem entsprechenden Tonfall, gerade am Anfang leicht hochnäsig oder arrogant wirken. Lassen Sie Ihre Erfahrung und Kompetenz unauffällig nebenbei einfließen und wählen Sie einen Einstieg, der nicht Sie als Sprecherin in den Mittelpunkt stellt, sondern die Zuhörenden.

„Das Ende krönt das Werk!"
(lateinisches Sprichwort)

Was in einer Rede zuletzt gesagt wird, bleibt bei den Zuhörenden am längsten haften. Daher wird der Schluss wie der Anfang mit besonderer Sorgfalt ausgearbeitet und wörtlich auf den Stichwortkarten festgehalten. Verlassen Sie sich nie darauf, dass Ihnen schon ein passender Schluss einfallen werde. Immer wieder passiert es bei Übungsreden im Seminar wie in der Praxis, dass Vortragende die Kurve zu einem wirksamen Schluss nicht finden. Es kommt zu doppelten und dreifachen Schlüssen, zu Wiederholungen oder nichts sagenden Redewendungen. Statt die Rede durch den Schluss zu krönen, plätschert sie aus. So kann ein sonst positiver Gesamteindruck durch einen schlechten Schluss wieder zerstört werden. Der Schluss ist ein wichtiger Teil Ihrer Gliederung. Eine knappe Zusammenfassung Ihrer Kerngedanken ist immer angebracht. Formulieren Sie diese Zusammenfassung unbedingt wieder orientiert an Ihrem Publikum, damit dieses Nutzen und Vorteile noch einmal plastisch vor Augen geführt bekommt. Wenn angebracht, schließen Sie mit einer Aufforderung zum Handeln. Sehr wichtig ist, dass Sie den Schluss mit kräftiger Stimme und Überzeugungskraft vortragen. Blickkontakt! Dann eine Wirkungspause und ein langsamer Abgang mit geradem Rücken und gehobenem Kopf. Erliegen Sie nicht der Versuchung, vor lauter Erleichterung, es hinter sich gebracht zu haben, bereits im Weggehen die letzten Worte, womöglich eine Floskel, zu murmeln.
Es gibt unterschiedliche Möglichkeiten, den Schluss wirksam zu präsentieren. Welcher Schluss aus der folgenden Auswahl von Vorschlägen in Frage kommt, müssen Sie je nach Art des Vortrages, des Redeziels und des Publikums entscheiden.

Zitat
Verwenden Sie ein Zitat nur dann, wenn es wirklich 100-prozentig passt. Ist dies nicht der Fall, wird ein Zitat eher verwirren oder aufgesetzt wirken. Otto Schily beendete eine Rede über das eigene Land Deutschland auf dem Münchener Podium in den Kammerspielen 1984 wie folgt:
„In der Kulturgeschichte der Deutschen hat der Mythos des Erzengels Michael eine bedeutsame Rolle gespielt. Michael, der den Drachen

besiegt, gilt als Friedensbringer. Lassen Sie mich deshalb schließen mit einem Wort des Angelus Silesius:
Wenn du aus dir verjagst all Unruh und Getümmel,
so wirft St. Michael den Drachen aus dem Himmel."

Schlussfolgerung
Schlussfolgerungen zu ziehen ist eine Möglichkeit, die sich häufig verwenden lässt, nicht nur bei Fachvorträgen. Sie können ggf. mit einem Appell, einer Aufforderung, verbunden werden. So könnte z. B. eine Rede über Frauenförderungsmaßnahmen so enden:
„Für Frauenförderungsmaßnahmen ist kein großes Budget erforderlich. Vielmehr muss Aufgeschlossenheit, Bereitschaft zum Umdenken bei Geschäftsleitung, Betriebsrätinnen und -räten und Vorgesetzten vorhanden sein. Dann wird es gelingen, den bekanntermaßen für die neunziger Jahre anstehenden Mangel an qualifizierten Fachkräften für Ihr Unternehmen zu vermeiden. Nutzen Sie ungenutztes Potential, das in Ihren Mitarbeiterinnen steckt. Beginnen Sie sofort mit Frauenförderungsmaß-nahmen in Ihrem Betrieb. Sie werden ein gutes, motivierendes Arbeitsklima im Unternehmen haben und qualifizierte Mitarbeiterinnen halten können."

Einprägsames Motto
Ein einprägsames Motto – d. h., ein leitender Gedanke wird nach der Zusammenfassung zu einem Satz verdichtet. Selbstverständlich kann dieses Motto, je nach Rede, auch Appellcharakter haben.
Schlussmotto eines Vortrages über Rhetorik für Frauen vor Studentinnen bei einer Ringvorlesung:
„Lasst uns nach all diesen Überlegungen einen neuen Anfang machen: Wir sprechen für uns!"

Ausblick
Sie weisen auf die Konsequenzen Ihrer Ausführungen für die Zukunft hin, wobei Sie selbstverständlich Ihre Zielgruppe besonders im Auge haben. Auch hier ist oft eine Aufforderung angebracht.
„Erste Ansätze zu Frauenförderungsmaßnahmen in Betrieben und Mangel an qualifizierten Fachkräften in den 90er Jahren – das heißt, die Chancen stehen gut, dass Sie durch gezielte Förderung in Ihrer Firma dazu beitragen, dass sich der Anteil von Frauen in Führungspositionen in den nächsten fünf Jahren deutlich steigert."

Würdigung
Dies kann ein Dank für die Unterstützung oder Förderung einer Firma/Institution sein. Möglich ist auch die Würdigung einer aufgeschlossene, offenen Diskussion nach Ihrem Vortrag im Schlusswort.
„Den Firmen X und Y danken wir für die beispielhafte finanzielle und organisatorische Unterstützung dieser Tagung für Managerinnen. Die Bundesregierung stellte die Räumlichkeiten zur Verfügung und betonte die Wichtigkeit der Veranstaltung durch die Teilnahme von Ministerin Dr. X und dem Herrn Bundespräsidenten. Aus den außerordentlich hohen Teilnehmerinnen- und Teilnehmerzahlen, den konstruktiven Diskussionen und den ausführlichen Presseberichten leiten wir ab, dass Sie alle sich auch künftig für die Förderung von Frauen in qualifizierten Positionen einsetzen werden. Für dieses für uns alle wichtige Engagement danken wir allen Beteiligten. Wir freuen uns besonders, dass durch Ihre Unterstützung dieser Kongress keine exotische Eintagsfliege ist, sondern wir uns in einem Jahr in Hamburg wiedersehen werden!"
Diese Vorschläge, die sich z. T. auch etwas überschneiden, sind Anregungen. Wichtig ist, dass der Schluss ein wirkungsvoller, an Ihrem Publikum orientierter Höhepunkt ist. Dann vermeiden Sie ärgerliche Floskelabschlüsse von selbst.

Beispiele für oft verwendete unzweckmäßige Redeabschlüsse:

1. Ankündigungen:
„Zum Schluss lassen Sie mich noch eine abschließende Bemerkung machen, nämlich ..."
„Ich muss/darf jetzt aber wirklich zum Schluss kommen ..."
„Darf ich abschließend fragen, ob Sie noch Fragen haben ..."

2. Danken:
„Ich danke Ihnen, dass Sie so gut zugehört haben."
„Ich danke Ihnen, dass Sie sich die Mühe ..."
„Ich danke Ihnen für Ihr Interesse."
Die Empfehlung, diese so beliebten Floskeln nicht zu verwenden, stößt in Seminaren oft auf Verwunderung. Mag sein, dass es Geschmackssache ist, aber mich ärgert und irritiert es, wenn eine Rede einen ansprechenden runden Schluss hat und dann eine Dankesfloskel hinterhergeschoben wird. Die Botschaft des Schlusses soll ungestört wirken können.

3. Weihevoller Schluss:

„Möge der heutige Abend dazu beitragen ..."
„Möge Ihnen das Gesagte in angenehmer Erinnerung ..."
„Möge dieser Vortrag ein Anfang dazu sein, dass ..."
Kleinigkeiten in der Formulierung oder zu viel Pathos in der Stimmführung können leicht überzogen oder gespreizt wirken. Tragen Sie Ihren Schluss überzeugend und selbstsicher vor, aber meiden Sie Formulierungen, die nicht zu Ihrer sonstigen Ausdrucksweise passen ebenso wie falsches Pathos!

4. Verlegenheitsfloskeln/Entschuldigungen:

„Ich glaube, das wär' dann wohl alles."
„Das wär's denn wohl."
„Damit wäre wohl das Wichtigste gesagt."
„Und damit darf ich mich von Ihnen verabschieden."
„Wir haben leider die vorgesehene Zeit ..."
„Wir haben dieses Thema nur anreißen können ..."
„Jetzt werden sie froh sein, dass dieser Vortrag ..."
„Nun habe ich Ihre Geduld lange genug strapaziert ..."
Diese in der Realität und in Seminaren gesammelten Floskeln und Entschuldigungen machen wieder herunter, was vorher aufgebaut wurde.

Fazit:

Anfang und Schluss einer Rede sind besonders wichtig. Die Arbeit, die Sie in diese Teile der Rede stecken, wird sich immer auszahlen. Wörtliche Ausarbeitung (kurze Sätze!) gibt Ihnen Sicherheit. Meiden Sie Floskeln und übertriebenes Pathos.

Nach gründlicher Vorbereitung einer Rede ist noch immer Luthers Empfehlung beherzigenswert:
„Tritt frisch auf, tu's Maul auf, hör bald auf!"

Was tun bei Versprechern?

Mit Versprechern sind hier nicht inhaltliche Ausrutscher gemeint. Grobe Schnitzer dürften bei guter inhaltlicher Vorbereitung nicht vorkommen. Auseinandersetzung mit dem Thema und personenorientiertes Sprechen wird Ihnen helfen, solche Ausrutscher zu vermeiden. Abschreckende Beispiele bieten u. a. unsere Spitzenpolitiker, deren Äußerungen dann als Blackout bemäntelt oder als Folge von Medikamenteneinnahme hingestellt werden …

Einfache Versprecher sind harmlose Pannen, die jeder und jedem mal passieren können. Lassen Sie sich durch Versprecher nicht nervös machen, denn damit laufen Sie Gefahr, dass sich die Versprecher prompt häufen! Nehmen Sie einzelne Versprecher als etwas völlig Normales und Unerhebliches. Oft werden sie von den Zuhörenden gar nicht bemerkt.

Daher:

- Wird der Sinn nicht entstellt: einfach weitersprechen. Die Zuhörenden werden entweder den Versprecher gar nicht bemerken oder den Sinn für sich selber richtig stellen.
- Wird der Sinn entstellt: wiederholen Sie den korrekten Begriff und sprechen Sie sofort weiter.
- Wird der Versprecher ein Lacherfolg: lachen Sie mit. Dann mit sachlichem Tonfall weitersprechen.

Zungenbrecher sollten Sie schon bei der Redevorbereitung durch andere Begriffe ersetzen. Ergibt sich der Knoten in der Zunge plötzlich unerwartet während einer Rede (oder eines Gespräches), nehmen Sie es mit Humor. Klappt es auch beim zweiten Anlauf nicht, ersetzen Sie den Begriff, im Zweifelsfall ruhig mit Hilfe Ihres Publikums. So reagieren Sie selbstsicher und haben die Lacher auf Ihrer Seite.

Stecken bleiben – gar nicht so schlimm!

Immer wieder berichten Seminarteilnehmerinnen und -teilnehmer in Seminaren von einer geradezu panischen Angst vor dem Steckenbleiben. Der Selbstanspruch ist unangemessen hoch, erwartet wird von sich selbst eine perfekte Vortragsweise. Und den Faden zu verlieren wird mit einer Katastrophe gleichgesetzt. Schrauben Sie Ihre Selbstansprüche herunter – mal stecken zu bleiben passiert auch geübten Rednerinnen und Rednern. Bedenken Sie außerdem, dass die Situation keineswegs so kritisch ist, wie sie Ihnen in diesem Moment erscheint. Denn:

- die Zuhörenden wissen doch gar nicht genau, was Sie als Nächstes sagen wollen;
- die Zuhörenden bemerken nicht jeden (kleinen) Fehler im Rede- wie im Gesprächsablauf.

In jedem Fall entsteht jetzt eine kleine Pause. Ihnen mag sie endlos erscheinen. Die Zuhörenden bemerken aber sehr häufig überhaupt nicht, dass diese Pause dadurch entsteht, dass Ihnen der Faden gerissen ist. Sie sind dankbar für eine Verschnaufpause, um Ihre Aussagen besser aufnehmen zu können, oder die paar Sekunden werden als Wirkungs- oder Spannungspause aufgefasst.

Jetzt tief durchatmen, nicht vor Schreck die Luft anhalten.

Folgende Empfehlungen helfen, wenn der Faden reißt:

- Sehen Sie auf Ihren Stichwortzettel und suchen Sie den Anschluss. Haben Sie die Karten nicht parallel zur Rede gewendet, suchen Sie in aller Ruhe, bis Sie die Stelle gefunden haben. Die Zuhörenden werden schlicht registrieren, dass Sie einige Aspekte frei vorgetragen haben und nun den Anschluss suchen. Kein Mensch – außer vielleicht Sie selber – findet etwas dabei, wenn Sie ruhig bleiben und, nachdem Sie den Punkt gefunden haben, wieder Blickkontakt aufnehmen und weitermachen.
- Ein generelles Mittel, um wieder den Faden aufzunehmen, sind Wiederholungen mit anderen Worten. Wiederholungen, auch Zusammenfassungen, sind ein wichtiger Bestandteil des freien Redens und fallen keineswegs unangenehm auf. Meist fällt Ihnen durch die Wiederholung der Zusammenhang wieder ein.

Hinweise für spezielle Redestockungen:
Ihnen fehlt das treffende Wort:
Dies ist im Grunde eine harmlose Situation. Das Suchen nach dem treffendsten Ausdruck gehört zur freien Rede. Entweder gelingt es Ihnen, durch eine Umschreibung oder einen anderen Begriff fortzufahren. Wenn nicht – wozu haben Sie ein mitdenkendes Publikum. Bitten Sie schlicht um Hilfe. Dies hat sogar den Vorteil, dass Sie die Zuhörenden aktivieren, zur Konzentration und zum Mitdenken anregen. Eine hervorragende Dialogsituation ist geschaffen, eine gezielte Aufmerksamkeit des Publikums vorhanden. Nicht umsonst setzen routinierte Rednerinnen und Redner die Suche nach dem treffenden Ausdruck gezielt ein, wenn Sie die Aufmerksamkeit der Zuhörenden aktivieren wollen. folglich ist es überhaupt nicht schlimm, wenn Sie mal nach einem treffenden Ausdruck suchen müssen.

Ihnen misslingt eine Satzkonstruktion:
Dies passiert besonders leicht dann, wenn Sie sich in einen Schachtelsatz verstrickt haben. Wenn Sie den Satz noch einigermaßen zu Ende bringen können, selbst mit einer kleinen grammatikalischen Unreinheit, tun Sie es. Denn, wie Vischer treffend sagt: „Es kommt auf ein Wärzchen nicht an, wenn der Satz nur rote Backen hat.“ Die Zuhörerinnen und Zuhörer werden Ihnen deshalb kaum unterstellen, dass Sie des Deutschen nicht mächtig seien. Wiederholen Sie aber unbedingt wichtige Inhalte, die die Zuhörenden wahrscheinlich in dem Bandwurmungetümsatz nicht mitbekommen haben.
Haben Sie sich hoffnungslos verheddert, so brechen Sie den Satz brutal ab, legen eine Wirkungspause ein und retten sich durch Überleitungen wie:
„Anders ausgedrückt …“
„Ich will hier besonders betonen, dass …“
„Oder, besser gesagt …“
„Hier kommt es darauf an, dass …“
Selbstverständlich können Sie diese Rettungsanker nicht überstrapazieren. Wichtig ist, wie bereits betont, dass Sie Schachtelsätze meiden. Bemühen Sie sich um knappe, klare Satzkonstruktionen – dann werden Sie von den Zuhörenden besser verstanden und Sie selbst verlieren den Überblick und den Faden nicht (Rüdenauer).

Sie verlieren den roten Faden:
Dieses gefürchtete Phänomen kann durch eigene Nervosität, z. B. durch die plötzliche Frage nach der eigenen Wirkung, oder durch davongaloppierende zusätzliche Gedankengänge verursacht werden. Aber auch äußere Störungen wie Lärm, neu eintretende Personen usw. können zum Verlust des roten Fadens führen. Statt sich nun auf die Inhalte zu konzentrieren, sind viele Menschen wie erstarrt. Die panische Angst, sich jetzt zu blamieren, und die schlimmsten Alpträume bestimmen die Gedanken. Packen Sie einige der folgenden Formulierungen und Vorschläge in die Schublade für Notsituationen. Finden Sie weitere Wendungen, die Ihrem persönlichen Bedarf und Redestil entsprechen. Eine Möglichkeit besteht darin, auf das bisher von Ihnen Gesagte zurückzugreifen:
„Da dieser Aspekt sehr wichtig ist, will ich ihn noch durch ein Beispiel untermauern."
„Hier ist es notwendig, weitere Erläuterungen zu geben."
„Bisher wurden folgende Punkte besprochen: ..."
„Zur Veranschaulichung (erneut) diese Darstellung ..." (Folie, Wandzeitung o. Ä.)
„Ein wichtiger Aspekt muss noch einmal betont werden ..."
Wenn genügend Zeit vergangen ist, können Sie auch eine kurze (Zigaretten-)Pause einlegen. „Mein Eindruck ist, die Luft ist sehr schlecht. Wir lüften und machen fünf Minuten Pause!"
Sie können auch einfach eine Frage an die Zuhörenden richten. „Bevor ich fortfahre – haben Sie Fragen zu meinen bisherigen Aussagen?" Oder Sie machen mit dem nächsten Abschnitt weiter: „Nun zu einem weiteren Punkt, nämlich ..."
Spielen Sie diese und die von Ihnen selbst fomulierten Gedankenbrücken gedanklich und laut immer wieder durch. Allein das Wissen um diese Hilfestellungen wird Sie sicherer machen. Aus meiner Seminartätigkeit und aus Vortragssituationen kenne ich die Angst vor dem Verlust des roten Fadens aus eigener Erfahrung. Mit diesen Überbrückungen ließen sich die Ängste, die ich in der Anfangszeit selbstverständlich hatte, gut abbauen. So können Sie mit positiver Selbstinstruktion solche Situationen meistern: „Ich weiß, was ich alles machen kann, wenn mal der Faden reißt, also, ich werde schon damit fertig werden!"

Sie haben einen Gliederungspunkt ausgelassen:

Auch dies ist keine so prekäre Situation. Es gibt zwei Möglichkeiten:

1. Sie lassen den Punkt weg. Dies ist natürlich nur möglich, wenn es sich nicht um einen Ihrer Kernpunkte handelt. Brauchen Sie jedoch den Punkt für den logischen Aufbau und die Entwicklung Ihrer Gedanken, dann:
2. Holen Sie den vergessenen Punkt bei der nächstmöglichen Gelegenheit nach. Sie können dies so elegant einflechten, dass es den Zuhörenden gar nicht auffällt. Oder sie halten es gar für ein gewolltes rhetorisches Mittel Ihrerseits.

   „Bevor sich jedoch aus den bisherigen Punkten Schlussfolgerungen ziehen lassen, müssen wir noch ein wichtiges Moment beleuchten, nämlich: …"

   „Das Resultat meiner Ausführungen wird noch durch eine wesentliche Tatsache untermauert, nämlich …"

   „Vielleicht haben Sie sich schon gefragt, ob zur Erreichung dieses Zieles nicht noch …"

   „Es fehlt noch ein wichtiger Aspekt, der für unser Thema bedeutend ist: …"

Überlegen Sie auch hier, liebe Leserin, welche Überleitungen auf Ihre Praxis passen.

So weit einige Anregungen, mit denen Sie kleinere und größere Redestörungen und Pannen meistern können. Ganz wesentlich jedoch ist es auch hier, mit positiver Selbstinstruktion und angemessenem Selbstanspruch an Redesituationen heranzugehen. Prägen Sie sich einige dieser Rettungsanker ein und sagen Sie sich: Wenn ich mal stecken bleibe, ist dies gar nicht so schlimm: Ich weiß mir ja zu helfen!

Umgang mit Zwischenfragen und Zwischenrufen

Viele Rednerinnen und Redner schreckt der Gedanke, dass die Zuhörenden die Rolle der "leise Denkenden" aufgeben, eine Frage stellen oder eine Meinung äußern. Diese Angst kann schlicht durch mangelnde Übung hervorgerufen werden. Außerdem stecken aber auch oft andere Befürchtungen dahinter. Angela, die Doktorandin der Geschichte, berichtete im Seminar von ihrem ersten Vortrag: "Am meisten Angst hatte ich vor Zwischenfragen. Aber auch vor Fragen bei der abschließenden Diskussion. Daher konzipierte ich meinen Vortrag bewusst länger, damit für Fragen nicht viel Zeit blieb. Gleichzeitig bereitete ich mich aber auf Fragen vor. Meine große Angst aber war, eventuelle Fragen nicht beantworten zu können, als unwissend und inkompetent zu erscheinen. Ja, das war wohl das Schlimmste von allem."

Nicht nur Angela spielt der unerfüllbare Selbstanspruch, jede Frage zu einem Thema beantworten zu müssen, solche Streiche. Warum fällt es den meisten von uns so schwer, einfach einmal zuzugeben, eine Frage nicht beantworten zu können, ein aktuelles Buch nicht zu kennen, einen Aspekt so noch nicht gesehen zu haben? Es gehört einiges Nachdenken und auch Selbstsicherheit dazu, mal schlicht zu sagen: "Ich weiß es nicht" oder "Es fällt mir momentan nicht ein." Ein solches Vorgehen jedoch wirkt oft selbstbewusster und auf die Zuhörenden überzeugender als ein Drumherumreden, Ausweichen usw. Oder sind Ihnen nicht auch schon Menschen, die auf jede Frage sofort eine Antwort blitzschnell parat haben, etwas suspekt vorgekommen? Beugen Sie also der Furcht vor Zwischenfragen zunächst schlicht dadurch vor, dass Sie sich zugestehen, auch mal eine Frage nicht beantworten zu können. Dazu gehört, so weiß ich aus eigener Erfahrung in meinen Seminaren, oft ein innerlicher Ruck. Aber Sie entlasten sich psychisch und gewinnen so vor sich und vor anderen eher Selbstsicherheit als durch Herumgerede!

Eine sehr realistische Befürchtung ist, durch Zwischenfragen in Bedrängnis mit der vorgegebenen Zeit zu kommen. Planen Sie daher bei Ihrer Vorbereitung von vornherein Zeit für Verständnisfragen mit ein. Empfehlenswert ist es außerdem, genügend Zeit für eine Diskussion oder Aussprache mit einzuplanen. Gehen Sie also nicht vor wie Angela und überziehen Sie die Zeit, um Fragen auszuweichen. Im Gegenteil, kündigen Sie vor Redebeginn an, wie lange Sie in etwa sprechen wollen und dass hinterher genügend Zeit zur Diskussion ist. Wenn Sie noch nicht sehr

geübt im Vortragen sind, kann es gut sein, darum zu bitten, reine Verständnisfragen gleich zu stellen, die eigentliche Diskussion aber nach Ihren Darstellungen zu führen.
Sind Zwischenfragen oder Kommentare der Zuhörenden gestattet bzw. erwünscht, hilft Ihnen Ihre flexible Planung mit den Stichwortkarten. Sie haben ja dann Ihre Kernpunkte auf farbigen Karten mit Zeitangabe notiert und können so rechtzeitig gegensteuern, wenn Ihnen die Zeit davonläuft.
Zwischenfragen und Zwischenrufe können unterschiedliche Ursachen haben. Oft zeigen sie die Anteilnahme der Zuhörenden an Ihren Ausführungen, können einen Vortrag beleben und die Aufmerksamkeit steigern. Daher planen routinierte Rednerinnen und Redner auch oft bewusst Zwischenfragen oder -rufe mit ein und provozieren sie.
Zunächst einige Empfehlungen für die Beantwortung gängiger Zwischenfragen:

Verständnisfragen
- sofort beantworten. Formulieren Sie Ihre Erklärung so knapp und präzise wie möglich. Vergewissern Sie sich, ob Ihre Antwort ausreichend war.

Fragen unmittelbar zum Thema
- sofort kurz beantworten.
- Ist eine kurze Beantwortung nicht möglich, verschieben Sie die Antwort auf die Diskussion.

Machen Sie sich unbedingt Notizen. Sie entlasten sich und Ihr Gedächtnis. Sie sind sicher, dass Sie nicht vergessen, auf etwas einzugehen, was Sie versprochen haben. Und die Zuhörenden fühlen sich ernst genommen. Dies gilt auch für die beiden folgenden Arten von Zwischenfragen:

Fragen zu einem späteren Gliederungspunkt
- zunächst verschieben, Notiz machen, ggf. mit Namen. "Diesen wichtigen Aspekt werde ich noch darstellen." An der entsprechenden Stelle macht es sich gut, die Frage ausdrücklich aufzugreifen. "Hier komme ich jetzt zu Ihrer Frage, Frau ..."

Kettenfragen
- sehr kurz beantworten oder einzelne Teile verschieben. Diese Kettenfragen, die aus mehreren Punkten oder Unterfragen bestehen, sind der Alptraum vieler Rednerinnen und Redner. Sie müssen solche

Fragen nicht unbedingt vollständig mit Hilfe Ihrer Notizen erarbeiten. Diese Fragen dienen oft der Profilierung der oder des Fragestellenden. So beobachtete ich einmal für einen Auftraggeber die Arbeit eines Untersuchungsausschusses im Niedersächsischen Landtag. Ein Abgeordneter deckte einen Behördenchef mit Fragen so ein, dass er selber fast vier Minuten sprach. Der Behördenchef suchte sich die ihm genehmsten Fragen zum Beantworten aus – und der Frager bemerkte nicht mal, dass sein Fragefeuerwerk nicht vollständig beantwortet wurde! Lassen Sie sich also von solchen Kettenfragen nicht verunsichern.

Fragen zu einem vorangegangenen Gliederungspunkt

– sehr kurz beantworten. Hüten Sie sich davor, den Punkt erneut in voller Breite darzustellen. Vorsicht ist auch angebracht in Formulierung und Tonfall, wenn Sie Ihre Erwiderung z. B. wie folgt einleiten: "Wie ich vorhin bereits erklärt habe ..." oder "Darauf bin ich anfangs ja schon ausführlich eingegangen ..." Generell sollten sich Fragende durch die Art der Antwort nicht vor den übrigen Zuhörenden bloßgestellt oder angegriffen fühlen.

Fragen an der Grenze des Themas

– ebenfalls sehr kurz beantworten. Weisen Sie gleichzeitig darauf hin, dass die Frage auf Aspekte an der Grenze des Themas zielt. Auch hier sind sorgfältige Formulierungen angebracht, da "die Grenze des Themas" oft dazu genutzt wird, Fragende abzuwimmeln. Vermeiden Sie daher, auch wenn es in der Sache zutreffend ist, gehäufte Verweise auf die Begrenzung des Themas. Zahlreiche Fragen dieser Art können auch ein Hinweis darauf sein, dass Sie Ihr Thema nicht genügend auf Ihre Zielgruppe abgestimmt haben oder der Titel Ihres Vortrages irreführend war.

Fragen außerhalb des Themas

– möglichst nicht beantworten. Betonen Sie evtl., dass es sich um eine interessante Frage, ein wichtiges Problem handele, eine Beantwortung aber den Rahmen des Themas sprengen würde. Ggf. können Sie sich als Gesprächspartnerin nach Ihrem Referat zur Verfügung stellen.

Bisher sind wir davon ausgegangen, dass Zwischenfragen aus Interesse gestellt werden. Dies ist nicht immer der Fall. Ab und an werden Sie den Eindruck haben, dass Sie provoziert oder gestört werden sollen. Ob Sie die

Motive für solche Zwischenfragen nun eindeutig ermitteln können oder nicht: bleiben Sie ruhig und gelassen, und lassen Sie sich nicht aus der Fassung bringen. Immer wieder erlebe ich in der Realität wie bei Übungen in Seminaren, dass Sprecherinnen oder Sprecher Zwischenfragen als ironisch, als Störungsversuch oder als so dumme Frage, dass diese nicht ernst gemeint sein kann, werten. Und dabei waren diese Fragen dennoch aus Interesse gestellt. Da Sie die Berechtigung von Fragen oft nicht überprüfen oder beurteilen können, vermeiden Sie unnötige Zurückweisungen, aber auch Verschärfungen im Ton, durch höfliche Erwiderungen. Bei belehrenden, schulmeisterlichen Reaktionen, Korrekturen oder Angriffen ist sonst die Gefahr groß, dass sich die Zuhörenden mit der Fragerin oder dem Frager solidarisieren. Denn solche Reaktionen werden von den übrigen Zuhörenden leicht als "Bloßstellen" der/des Fragenden empfunden.
Ähnlich wie beim Umgang mit Beschwerden ist es hier oft schwierig, die Beherrschung nicht zu verlieren. Dies um so mehr, wenn es sich um unfaire Störversuche, persönliche Angriffe usw. handelt. Da solche Störversuche meist in Form von Zwischenrufen kommen, wollen wir in diesem Zusammenhang sehen, wie Sie damit umgehen können.

Zwischenrufe!

Als grundsätzliche Empfehlung gilt: Bleiben Sie höflich und sachlich, auch wenn Sie unfair und persönlich angegriffen werden!
Wenn Sie eine schlagfertige oder geistreiche Antwort parat haben, vermögen Sie damit oft die Lachenden auf Ihre Seite zu ziehen.
Es lohnt sich, schon bei Ihrer Redeplanung an mögliche Zwischenrufe zu denken und sich Antworten zu überlegen. Denn die guten Einfälle kommen ja meist hinterher ... Überlegen Sie außerdem ggf., mit welchen Zwischenbemerkungen oder Zwischenrufen Sie aufgrund Ihrer Erfahrung rechnen müssen und wie Sie diese elegant parieren könnten. Auch hier kommt es mal wieder sehr genau auf Formulierung und Tonfall an!
Eventuell müssen Sie darauf gefasst sein, dass Sie mehr Zwischenrufe und zugleich mehr unqualifizierte Reaktionen zu hören bekommen als andere Redner. In diesem Fall geht es Ihnen ähnlich wie den weiblichen Abgeordneten im Bundestag. Wie ungerecht und unfair dies auch ist – wappnen Sie sich innerlich für diesen Fall. Eine sprechende Frau scheint für einige Männer immer noch eine bewusste oder unbewusste Provokation zu sein, was sich dann in solchen unqualifizierten Zwischenrufen äußert. Überlegen Sie also vorher, wie Sie reagieren können. Nehmen Sie sich fest vor, ruhig und gelassen zu bleiben, über den Dingen zu stehen. Durch eine solche Vorbereitung schaffen Sie sich Reaktionsmuster, die sich im Realfall als hilfreich erweisen. Außerdem gewinnen Sie zusätzliche Sicherheit.
In einigen Rhetorikbüchern wird empfohlen, mehr oder weniger spöttische, ironische oder polemische Redewendungen parat zu haben. Solche Wendungen können jedoch meiner Erfahrung nach außerordentlich gefährlich sein. Stellen Sie sich die Wirkung folgender Repliken vor:
"Sie waren schon mal besser, Herr Kollege."
"Das ist so eine schöne Redensart, die wir schon oft von Ihnen hörten."
"Bemühen Sie Ihr Gehirn und nicht Ihr Mundwerk."
"Manche Leute haben Bretter vor dem Kopf, die ihnen die Welt bedeuten."
"Trotz Ihrer lauten Stimme bezweifle ich, dass hier Interesse an Ihren dauernden Meinungsäußerungen besteht."
Solche Kampfstrategien beinhalten die Gefahr einer Eskalation. Ein gegenseitiges Sich-Hochschaukeln kann die Atmosphäre endgültig vergiften, zumal sich die Zuhörenden leicht gegen die Sprecherin oder den Sprecher solidarisieren. Wenn im Seminar der Umgang mit Zwischenfragen und -

rufen geübt wird, sind die Teilnehmerinnen und Teilnehmer oft verblüfft und betroffen, mit welcher Vehemenz und Kreativität sie auf solche ironischen Erwiderungen reagieren. Es sind genaue vorherige Absprachen nötig, wer welche Zwischenrufe macht. Sonst besteht die Gefahr, vor allem bei solchen provozierenden Erwiderungen, dass es eine wahre Eskalation von Zwischenrufen gibt. Hierzu mag einerseits das Sich-Stark-Fühlen in der Gruppe beitragen. Andererseits werden solche ironischen oder aggressiven Entgegnungen von den Zuhörenden auch als Angriff in der Öffentlichkeit mit dem entsprechenden Gesichtsverlust aufgefasst, was zu heftigen Gegenreaktionen führen kann. Daher die Empfehlung: Die Klügere bleibt ruhig und lässt sich nicht provozieren! Reagieren Sie sachlich und höflich, eventuell mit Humor. Aber schießen Sie nicht zurück. Sie laufen sonst Gefahr, wahre Salven von weiteren Zwischenrufen zu provozieren.

Empfehlenswerte Reaktionen auf Zwischenrufe:

- Manchmal genügt eine kurze Pause, in der Sie der oder dem Betreffenden ruhig in die Augen sehen. Dann weitersprechen.
- Dies gilt vor allem für nicht auf das Thema bezogene Zwischenrufe wie "Hört, hört!", "Zugabe" und Ähnliches. Wenn irgend möglich, gehen Sie auf solche Zwischenbemerkungen nicht ein. Bitten Sie nur im Notfall darum, die Aussprache abzuwarten.
- Übergehen Sie Zwischenrufe, die Sie nicht sofort schlagfertig beantworten können oder die Sie nicht richtig verstanden haben. Nicht rückfragen. Sie ermuntern damit zu weiteren Anmerkungen und provozieren unter Umständen eine wahre Flut von Zwischenrufen!
- Achten Sie auf Ihren Blickkontakt! Wenden Sie sich bei sachlichen Entgegnungen nicht nur an die oder den Fragenden, sondern an alle Zuhörenden. Sonst besteht die Gefahr einer Dialogsituation, bei der sich die Übrigen ausgeschlossen fühlen. Beständiger Blickkontakt nur zur/zum Fragenden kann außerdem auch zu weiteren Fragen ermutigen, was ggf. nicht in Ihrem Interesse ist.

  Häufig besteht bei Vortragenden die Tendenz, Zwischenfragende, die besonders eifrig und/oder lästig sind, überproportional häufig mit Blickkontakt zu bedenken. Auch dies kann zu weiteren Fragen ermuntern. Entziehen Sie solchen Fragenden den Blickkontakt bewusst.
- Reagieren Sie nicht auf jeden Zwischenruf. Sie laufen sonst Gefahr, dass sich längere Diskussionen entwickeln, vom Thema abgeschweift wird

und die Redezeit Ihnen davonläuft.

- Gar nicht zu reagieren kann hingegen den Eindruck erwecken, dass Sie zu einem Gespräch mit den Zuhörenden nicht bereit, unbeweglich oder arrogant sind.
  Gehen Sie daher auf sachliche oder sachlich berechtigte Einwände oder Fragen kurz ein. Oder weisen Sie darauf hin, dass Sie zu dem angerufenen Thema noch etwas sagen werden. Machen Sie sich eine Notiz – denn dies müssen Sie dann auch unbedingt tun!

Diese Empfehlungen sind natürlich wieder keine Patentrezepte – Sie müssen situativ entscheiden, wie Sie reagieren. Mit einer guten Vorbereitung, einer positiven Einstellung zu Ihrem Auditorium und einem gesunden Selbstvertrauen werden Sie jedoch auch mit lebhaften Zwischenbemerkungen gut umgehen können (Rüdenauer).

"Für eine Frau ist Schönheit unbedingt wichtiger als Intelligenz, denn für Männer ist Sehen leichter als Denken."

Lil Dagover

In ihrem Roman "Orlando" schildert Virginia Woolf das Schicksal eines Gentlemans des 19. Jahrhunderts, der sich in eine viktorianische Dame verwandelt. An einer Stelle lässt sie ihren androgynen Helden sagen: "Kleider haben mehr Bedeutung, als uns nur warm zu halten. Sie verändern unsere Weltsicht und die Art, wie die Welt uns betrachtet ... Es gibt also vieles, was die Vorstellung bestätigt, dass es die Kleider sind, die uns tragen, und nicht wir sie; wir mögen sie Arm und Brust nachformen lassen, sie aber formen unser Herz, unser Hirn, unsere Zunge nach ihrem Belieben."

Kleider machen Leute – Was trägt frau im Beruf?

Ein Extrakapitel über Kleidung in einem Rhetorik-Buch?!
In einem Rhetorik-Buch für Frauen ganz bestimmt. Denn die Frage, wie kleide ich mich im Beruf, ist für uns Frauen doch eine ganze Ecke schwieriger als für die meisten Männer.
Natürlich gibt es je nach Firma oder Behörde ungeschriebene Regeln, wie "man" sich anzuziehen hat. Männer haben dort hinreichend Vorbilder und meist passen sie sich an. So jedenfalls auch die Erfahrung eines amerikanischen Multi-Riesen, der vor einigen Jahren darauf verzichtete, das Thema "äußere Erscheinung" bei der Suche nach hoffnungsvollem Management-Nachwuchs bei der Bewerberauswahl allzu stark zu berücksichtigen. Und siehe da, die zunächst legerer gekleideten Herren passten sich fast alle im Laufe der Zeit an den "normalen" Firmenstandard an. Dies sicher nicht zuletzt, weil der Situation angemessene Kleidung sehr viel Sicherheit verleihen kann. So weit, so gut für die Herren. Und wir Frauen? Vorbilder sind dann besonders rar, wenn wir, wie Cornelia Edding formulierte, in den Herrenclub einbrechen, also in Positionen vordringen, die bisher überwiegend Männern vorbehalten waren. Eine von vielen Frauen gewählte Strategie ist es offenbar, sich den männlichen Kleidungsformen weitgehend anzunähern. Nur wenige gehen dabei wohl so weit wie eine Unternehmerin, die sehr erfolgreich ein Stahlwerk leitet. Sie trägt Nadelstreifenanzug mit Hemd und Krawatte und würde nach eigener Aussage nie im Rock ihre Werkshallen betreten, da ihre Branche nun mal nicht die Kosmetik sei: "Wenn ich dahertripple, das passt doch nicht zu Stahl." (Stern 35, 22.8.85, S. 45)
Typischer ist wohl die von Margaret Hoffmann beschriebene Frau im Management (Blick durch die Wirtschaft, 26.2.85):
"Das Auffällige an ihr ist ihre Unauffälligkeit. Am liebsten trägt sie ihre Kostüme, klassische, in den gedämpften Farben. Die männliche Vorliebe für Dunkelblau mit Nadelstreifen teilt auch sie.
Großkariertes und Farbiges schätzt sie nicht. Das ‚typisch Weibliche‘ liegt bei ihr im Detail. Das ist die Seidenbluse, von der die männlichen Kollegen in der Regel nicht mehr als den modischen Kragen zu sehen bekommen, und die dazugehörende – fast schon obligate – Perlenkette. Das sind zwei

Ringe mehr an einer Hand und ein Armband, das sich akustisch möglichst nicht bemerkbar machen sollte. Hin und wieder frischt sie ihre Erscheinung durch einen farbigen Seidenschal auf – aber das ist schon mutig, so wie der längere Schlitz im Rock bei ihr schon leicht frivol wirkt. Ihr Make-up ist dezent. Ihre Frisur überlässt sie den erfahrenen Händen ihres Friseurs. Nagellack benutzt sie lieber erst gar nicht. Doch legt Sie großen Wert auf gepflegte Hände. Die Schuhe sind bequem, der Absatz nicht allzu hoch. Ihr gutes Parfum ahnt man eher. *Sie liebt das Unangreifbare eines perfekten Anblicks, das gibt ihr Sicherheit.*" (Hervorhebung von mir.)

Sicherheit durch Unauffälligkeit und Anpassung – zunächst dachte ich, dass Frauen hier einer überholten Maxime nachgehen. Denn nachvollziehbar war diese Strategie für mich vor allem für die wenigen Frauen, die nach dem Zweiten Weltkrieg in Männerbastionen eingedrungen waren. Vor allem sie wurden immer wieder mit dem Faktum: "Sie sind die erste Frau in dieser Position überhaupt", konfrontiert.

So sieht Lieselotte Funcke, Jahrgang 1918, seit 1946 aktiv in der FDP, wenn sie an die Anfangsjahre ihrer politischen Tätigkeit denkt, einen Stilwechsel von früher zu heute. Sie meint, dass sich die Frauen stark vermännlichen mussten, sich den Männern in der Politik anpassten. "Ich hatte beispielsweise eine Kollegin, die kam im Jackett und prinzipiell ohne Handtasche. Ihre Utensilien stopfte sie in alle Jackentaschen. Außerdem rauchte sie Zigarren. Meine Generation konnte weiblicher sein, vernünftige Frisuren tragen. Das belebte zweifellos das männliche Gegenüber. In der Politik wirkt eine Frau schnell unseriös, wenn sie glaubt, sich mit anderen als sachlichen Waffen durchzusetzen. Sie soll aber trotzdem Frau sein und sich nicht verklemmen. Männer trennen das, was sie auf der einen Seite von der Privatperson wollen, sehr wohl von dem, was sie auf der anderen Seite in der Politik wünschen." (Metzler, 113)

Demnach also müsste die Anpassung an männliche Kleidungsstandards für die nachfolgenden Frauengenerationen, die heute etwa zwischen Ende 20 bis etwa 50 Jahre alt sind, längst überholt sein?

Nun, für diese (wenigen) Frauen in den höheren Büroetagen empfiehlt ein großer Chemiekonzern den Karrierelook (psychologie heute, Magazin, 11/1982, S. 12). Und, große Überraschung, was wird empfohlen: edle, weiche Stoffe, als Farben Winterweiß, alle Töne der Grau-Skala (!), Beige. Ideal sei der Karrierelook für Frauen, "die das Klassische lieben, die nur durch guten Geschmack und dezente Eleganz auffallen möchten".

Noch sind wir ja, was Frauen in höheren Positionen betrifft, das reinste Entwicklungsland. Wie sieht die Kleiderfrage für die Frauen in den USA aus, die ja nicht zuletzt durch intensive (staatliche) Förderungsprogramme heute einen Anteil von 32 % am Management haben? (Wirtschaftswoche Nr. 35, 24.8.84, S. 37)
Auch bei unseren Schwestern in den USA scheint einige Ratlosigkeit zu herrschen. Denn die Mehrheit der Kunden des dort aufblühenden Gewerbes der "Imageberater" sind berufstätige Frauen (Blick durch die Wirtschaft, 19.10.84). Selbst in den USA wird schlicht konstatiert, dass die Geschäftswelt immer noch eine Welt des Mannes sei, der sie geformt hat und bis heute beherrscht. Folglich sollte, so eine Imageberaterin, die liebe Managerin alles, was sie tut, unpersönlich halten – ihr Aussehen, ihr Auftreten, alles. Denn hübsche Frauen hätten es besonders schwer, da Männer dann falsch reagieren. "Sie vergessen das Konferenzzimmer und denken gleich ans Hotelzimmer." So ist das also. Und auch wenn Ihnen beim Lesen, liebe Leserin, ähnlich die kalte Wut hochkommt wie mir, möchte ich Ihnen die guten Ratschläge im Detail nicht vorenthalten: Weibliche Rundungen sollten durch die Kleidung unterbetont werden – je femininer das Aussehen, desto dringender sind ausgestopfte Schultern zu empfehlen; bei Schuhen dürfen die Zehen nicht zu sehen sein; keine hängenden Ohrringe, das lenkt die Männer ab; möglichst keine Handtasche, denn wer Chef sei, habe freie Hand und seine Büchsenspanner und Wasserträger. Weibliche Manager mit Macho-Gehabe? Kein Wunder, dass dies für viele Frauen keine anziehende Vorstellung ist. Bevor wir uns aber mit diesem Konfliktpotential beschäftigen, müssen wir uns mit wissenschaftlichen Untersuchungen auseinander setzen, die auch der Frage nachgegangen sind, wie schön frau im Beruf sein darf.
Zunächst ist festzuhalten, dass die geschlechtstypischen Vorstellungen der Idealfiguren auch auf berufliche Qualifikationen umgemünzt werden. Sind Menschen groß, kräftig, breitschultrig und wirken robust, traut "man" ihnen – unabhängig vom Geschlecht – eher zu, dass sie in die selbstsichere Rolle der Geldverdienerin oder des Geldverdieners passen. Bei Frauen mit einer solchen Statur wird leichter geglaubt, dass sie die Fähigkeit haben, eine bisher traditionell männliche Beschäftigung auszuüben.
Zum Aspekt des gewinnenden Äußeren ergaben unterschiedliche Studien unter dem Strich: Gut aussehende Frauen haben es schwerer als ihre weniger "attraktiven" Mitbewerberinnen, in Führungspositionen aufzusteigen (Cash, Janda). So erhielten Personalberater Mappen mit den typischen

Bewerbungsunterlagen. Diese waren bis auf entsprechende weibliche bzw. männliche Vornamen und ausgesprochen attraktive bzw. nicht so attraktive Fotos identisch. Bei zu den vergebenden Stellen handelte es sich um zwei "typisch männliche", zwei "geschlechtsneutrale" und zwei "typisch weibliche". Die attraktiven Männer wurden bei allen drei Stellen bevorzugt. Die attraktiven Frauen jedoch hatten nur bei den traditionell weiblichen und bei den "geschlechtsneutralen" Stellen einen Vorteil. Ging es um Tätigkeiten außerhalb des Rollenklischees, wurden die attraktiven Frauen niedriger eingeschätzt. Andere Studien zeigen, dass für Frauen, die nach Männerpositionen streben, ein niedrigeres Gehalt empfohlen wurde, betont feminin aufgemachte Frauen wurden als weniger managerlike empfunden.

Ihnen wurde unterstellt, sie seien weniger an ihrer Arbeit interessiert, anderen Menschen gegenüber weniger überzeugend, unlogisch und zu gefühlsbetont bei kritischen Entscheidungsprozessen. Außerdem wurden noch folgende Einschätzungen gegeben: finanziell weniger verantwortungsbewusst, hilfloser und stärker vom Einfluss anderer abhängig, in sozialen Situationen erotischer und koketter, weniger selbstsicher und unabhängig. Dies alles liest sich für mich wie eine Ansammlung von Stereotypen aus dem Panoptikum. Sollen Frauen, die beruflichen Erfolg anstreben, nun tatsächlich mit konservativ-verdeckenden Hüllen, kurzem Haarschnitt und sparsamsten Make-up im Berufsleben agieren? Die soeben zitierten Autoren meinen, so traurig es auch sei, dass dies ein guter Rat ist. Ich habe da einige Bedenken. Denn ungeteilt positive Reaktionen auf unsere so managerinlike gestylte Erscheinung würden wir auch wieder nicht erhalten. So wurde z. B. einer zum Thema Frauenförderung gut argumentierenden Frau bei einer Managerversammlung – als auf der Sachebene nichts mehr zu holen war – ausgerechnet was vorgeworfen: ihr dezenter Hosenanzug!

Womit wir mal wieder bei dem Balanceakt zwischen den gängigen Stereotypen sind. "Feminine" Frauenerscheinungen sind erwünscht in frauentypischen und noch in "neutralen" Berufen. Nicht umsonst ist z. B. die Sekretärin die "Visitenkarte" usw. Für diese Arbeitsbereiche ist Sich-schön-Machen für die Frauen nicht nur erwünscht, sondern PFLICHT!

Bezeichnenderweise wurden bei einer weiteren Untersuchung gut aussehenden Sekretärinnen und weniger gut aussehenden Jungmanagerinnen eher Gehaltserhöhungen und Beförderungen zugebilligt als weniger attraktiven Sekretärinnen und attraktiven weiblichen Führungskräften (psychologie heute, 3/1986). Vielleicht geben uns all diese Untersuchungen endlich eine einleuchtende Antwort auf die Frage, warum es so wenig Frauen in gehobenen Positionen gibt: Vermutlich sind die entsprechenden Kandidatinnen alle viel zu schön!

Doch zurück zu den Gegenüberlegungen:

Die zitierten Studien arbeiteten mit Fotos, nicht mit realen Situationen. Es lassen sich sicherlich einige strategische Überlegungen für Bewerbungsfotos und die Kleidung beim Vorstellungsgespräch ableiten. Doch über die (männliche) Einschätzung einer attraktiven Frau, die selbstsicher auftritt und gut argumentiert, sagen diese Studien nichts aus.

Sie wird wahrscheinlich bei ihren Gesprächspartnern zunächst, ob bewusst oder unbewusst, einige Verwirrung hervorrufen, weil nicht sein kann, was nicht sein darf. Eine attraktive Unternehmerin z. B., die Industrieobjekte vermittelt und u. a. das Vorurteil widerlegte, dass Scheichs nicht mit Frauen verhandeln, ist mit ihrem Aussehen nicht immer so selbstbewusst umgegangen wie heute. Bei Verhandlungen in Deutschland holte sie vor der Tür zum Konferenzzimmer erst mal tief Luft und versuchte sich zu sammeln: "Ich wusste genau, was mich hinter der Tür erwartete. Die Herren lächelten erst einmal süffisant, wenn sie mich sahen. Gedacht haben sie wahrscheinlich: Blondchen, also dumm. Und dann noch Vertreterin eines Ölscheichs, na, mit dem hat sie doch was." (Stern 25, 26.2.85, S. 44).

Entscheidend, meint sie, die jetzt mit deutschem Know-how und arabischem Kapital mit China verhandelt, sei immer die Sachkompetenz. Und diese Sachkompetenz muss nicht zwangsläufig in die Uniform des grauen oder blauen Nadelstreifens gepresst werden. Bei dem ersten internationalen Kongress von Managerinnen im Frühjahr 1985 in Mailand wurde das Netzwerk der italienischen Managerinnen "Donne in carriera" bestaunt. Lernen von den Italienerinnen, die fachlich hoch qualifiziert, auslandserfahren und dazu *über alle Maßen attraktiv sind*, war ein Aspekt des Kongresses. Eine deutsche Teilnehmerin stutzte dann auch, als sie auf der Einladung unter anderem ein Abendessen mit dem Modeschöpfer Giorgio Armani fand. "Aber dann ist mir klar geworden: Warum eigentlich nicht? Professionalität hat doch nichts mit dem Verzicht auf unsere Weiblichkeit und schöne Dinge zu tun ... Wenn Männer nach der Konferenz einen trinken gehen, finden das doch auch alle in Ordnung, oder?" (Weltwoche Schweiz, 28.3.85)

Nun ist Mode ja für die meisten von uns Frauen nicht nur eine lästige

Pflicht. Hier steckt auch ein kreatives, spielerisches Potential, Spaß an Ästhetik, schönen Dingen, am Verwandeln und Entdecken, Freude daran, sich selber und anderen zu gefallen. Diese Aspekte, die sich auch in Mode ausdrücken, gehören zum weiblichen Lebenszusammenhang. Auf der Kehrseite der Medaille können zwanghafte Anpassungswünsche an hochgezüchtete Schönheitsideale stehen – der Vergleich mit jenen strahlenden Fotomodellen, der Minderwertigkeitskomplexe züchtet. Auf jeden Fall kostet das weibliche Schönheitsprogramm Zeit und Geld, evtl. Disziplin und – je nach beruflichem Umfeld – auch Mut und Selbstsicherheit.

Was kann es aber andererseits psychologisch "kosten", wenn Frauen sich den sachlichen und nüchternen Normen der "Anzugmänner" äußerlich anpassen? Für viele Frauen liegt darin sicherlich eine bewusste oder unbewusste Bedrohung ihrer Identität. Zu stark ist für viele von uns das Selbstwertgefühl mit der äußeren weiblichen Erscheinung verbunden.

Mit steigender Selbstsicherheit und Erfahrung lösen sich viele Frauen aus der anfänglichen Anpassungsphase an männlich-unauffällige Standards. So zeigt eine amerikanische Untersuchung, dass amerikanische Managerinnen nach einer Reihe von erfolgreichen Berufsjahren, in denen sie sich darum bemüht hatten, möglichst wenig wie eine Frau zu wirken, sich wandelten. Sie begannen auszutesten, ob es wirklich unmöglich war, etwas zu erreichen, ohne das weibliche Erscheinungsbild zu verstecken. (Die Untersuchung basiert hauptsächlich auf Material aus dem Jahr 1970, es handelt sich also überwiegend um Frauen, die "Pionierinnen" in einer stark maskulin geprägten Arbeitswelt waren.)

"Sie renovierten sich buchstäblich. Sie erklärten ausnahmslos, sie hätten neue, reizvolle Kleidungsstücke gekauft, und einige von ihnen gingen in teure Schönheitssalons – und verließen diese mit neuen Frisuren und Make-ups. Sie beschlossen, so auszusehen und zu handeln, wie sie waren – weiblich." (Hennig/Jardim, 126 f.) Eine Managerin berichtet, dass sie beinah vor Angst gestorben sei, mit ihren neuen Kleidern und der neuen Frisur ins Büro zu gehen. "Die ersten paar Tage wurde ich dauernd angestarrt und sogar verwechselt … Alle schienen mich auf eine neue Art zu betrachten und ich betrachtete mich ebenfalls auf eine neue Art, und es gefiel mir, so betrachtet zu werden. Ich glaube, ich begriff endlich, dass jene Blicke mit als Frau galten. Ich sehnte mich danach, auf diese Art von Männern bemerkt und bewundert zu werden. Glauben Sie bitte nicht, ich wüsste nicht, wie egozentrisch das klingt! Bedenken Sie, dass ich mich seit 15 Jahren völlig von diesem Bereich des Lebens abgeschnitten hatte. Ich hatte wieder Spaß daran ... In jener Zeit änderte ich mich für immer. Ich lernte einen anderen, sehr realen Teil meines Ichs zu verstehen und zu akzeptieren, sogar zu mögen und zu genießen ... Es machte mich zu einem neuen und stärkeren Menschen. Wenn ich mich jetzt reden höre, gefällt mir die Person, die ich früher war, nicht mehr so sehr und es klingt albern – was alles nötig war, um zu entdecken, dass ich ein Mensch mit einem eigenen Leben war und dass dieser Mensch mir gefiel und anderen auch." (Henning/Jardim, 128)

Welches Fazit lässt sich aus diesen teilweise widersprüchlichen wissenschaftlichen Untersuchungen, Fakten und persönlichen Erfahrungen ziehen? Welche konkreten Schlüsse könnten Sie, liebe Leserin, für sich daraus ziehen?

Generell lässt sich sagen, dass beruflich engagierte Frauen heute ihre Weiblichkeit im äußeren Erscheinungsbild nicht mehr in dem Maße zu verbergen brauchen, wie es die Pionierinnen der Nachkriegsgeneration mussten oder glaubten zu müssen.

Eine Gratwanderung, ein Balanceakt ist die Frage der angemessenen Kleidung allerdings noch immer. Nicht zu feminin, nicht zu weiblich-verspielt – dies gilt nach wie vor für die Frauen, die nicht in ausgesprochenen Frauenberufen wie Sekretärin oder Stewardess arbeiten. Dennoch muss es weder der strenge Hosenanzug noch das gedeckte Kostüm sein, die sich in Form und Farbe an der Männermode orientieren. Wichtig ist es, individuell zu analysieren, welcher der Stil in der eigenen Arbeitswelt ist. Mit wem haben Sie es innerhalb und außerhalb der Firma zu tun? Welches Bild machen sich andere von Ihnen? Was erwarten sie? Welches Bild haben Sie von sich? Welches Bild wollen Sie anderen vermitteln?

Wenn Sie sich mit diesen Fragen auseinander setzen, können Sie zu dem Ergebnis kommen, dass Sie sich auf der Linie schick, aber unauffällig und sehr dezent am wohlsten fühlen und – am sichersten. Diese Aspekte: sich selber wohl fühlen und sich selber sicher fühlen, sind meiner Meinung nach auch beim Thema Kleidung die wichtigsten. Denn auch bei sorgfältigen Vorüberlegungen können Sie bei unterschiedlichen Gesprächspartnern, die Sie im Laufe Ihres Arbeitstages treffen, nicht immer DEREN jeweilige Vorstellungen erfüllen.

Hanna, eine Trainerkollegin, Mitte 30, hatte zwei Besprechungstermine knapp hintereinander. Das erste Gespräch führte sie mit dem Beiratsvorsitzenden einer Akademie, für die sie einige Seminare durchführte. Ihr Gesprächspartner, ein Herr alter Schule, stutzte sichtlich, als er Hanna das erste Mal sah, und seine Begrüßung: "Guten Tag, gnädige Frau, wie schön Sie kennen zu lernen", fiel etwas stockend aus.

Hanna trug eine mittelblaue Wildlederhose, eine passende Seidenbluse und einen Strickblazer. Ihr Gesprächspartner hatte sie sich, wie sich im Laufe des Gespräches herausstellte, älter und damenhafter vorgestellt. Bei ihrem nächsten Gesprächspartner hingegen, einem sportlichen Trainerkollegen einer Autofirma, war ihr Erscheinungsbild absolut passend. Hanna führte beide Gespräche erfolgreich durch. Von der anfänglichen Irritation ihres Gesprächspartners hatte sie sich nicht verunsichern lassen – sie fühlte sich wohl und sicher in ihrer Kleidung. Allerdings meinte sie, dass sie wohl in ihren ersten Berufsjahren nicht so selbstsicher reagiert hätte – da habe sie sich insgesamt viel damenhafter gekleidet ...

Haben Sie das Gefühl, Ihre Berufsgarderobe ist wie eine Art Uniform? Ziehen Sie die Kleidung für den Beruf nicht gern an, fühlen sich nicht richtig wohl?

Renate, eine sehr erfolgreiche Managerin in einer Bank, wurde von den Teilnehmerinnen des Seminars auf ihre sehr schicke, sportlich-elegante Garderobe angesprochen. (Das Thema Kleidung wird auf fast jedem Frauenseminar diskutiert und ich habe viel dabei gelernt!) Renate lächelte und erzählte:

"Diesen Stil habe ich erst seit einiger Zeit. als ich von Hamburg nach Wiesbaden kam, trug ich den unauffälligen hanseatischen Stil: Faltenröcke, Blazer, Seidentücher, na ihr wisst schon. Nach einiger Zeit merkte ich, dass ich diese Sachen nicht mehr gern trug. Sie passten nicht mehr zu mir, nicht mehr zu der neuen Stadt. Für die Bank war es natürlich in Ordnung – es war halt ein insgesamt recht konservativer Stil. Mein Mann und ich gingen einkaufen und fanden nach einigem Suchen einen anderen Stil für mich. Modischer, auch mal mit kräftigen Farben. Ich kaufte auch das erste Mal Hosen mit eleganten langen Blusen oder Jacken dazu, die ich gut tragen kann, weil ich groß bin. So fühle ich mich wohl und in der Bank gewöhnten sich alle sehr schnell daran. Die Zeit zum Einkaufen schmerzt mich nicht mehr. Denn es gibt mir für den ganzen langen Arbeitstag ein gutes und sicheres Gefühl, dass ich mit meinem Erscheinungsbild zufrieden bin."

Am unbekümmertsten von allen Frauen, die ich kennen lernte, ging Monika, eine Psychologin aus der Weiterbildungsabteilung einer großen Gewerkschaft, mit der Kleiderfrage um. Sie vertrat die Ansicht, was immer sie anziehe, werde registriert und im Zweifelsfalle bekrittelt, Also trug sie,

was ihr gefiel – und dies waren meistens modische und extravagante Kleidungsstücke.
Sehr genau registriert wird in der Tat, was berufstätige Frauen tragen, wie sie sich zurechtmachen. So erklärten uns beiden einzigen Frauen bei meiner Trainerinnenausbildung einige Kollegen in einem sehr offenen Gespräch, dass unser äußeres Erscheinungsbild von ihnen tagtäglich sozusagen vom Kopf bis zu den Zehenspitzen genauestens registriert werde – und dass dies bei den wenigen Frauen, mit denen sie in ihren Firmen zusammenarbeiten, genauso sei …
Vielleicht geht es Ihnen wie mir, liebe Leserin, dass der hohe Stellenwert, der dem äußeren Erscheinungsbild bewusst oder unbewusst zugemessen wird, Sie schockiert, verblüfft, nachdenklich stimmt. Das Gefühl entsteht, tagtäglich auf einem unsichtbaren Prüfstand zu sein – registriert, bewertet zu werden.
Nun – es gibt verschiedene Möglichkeiten, mit diesen Erkenntnissen umzugehen. Wir können über diese offenbar tief greifende Rolle, die Äußerlichkeiten in unserer Gesellschaft spielen, verzweifelt den Kopf schütteln. Wir können daraus Zwangsvorstellungen über ein perfektes, durchgestyltes Erscheinungsbild ableiten. Wir können aber auch locker damit umgehen und uns aus der gestalterischen und kreativen Kehrseite der Medaille das herausnehmen, was jedem von uns individuell gefällt und Spaß macht!
Durch unser Auftreten können wir signalisieren, wie wir uns selber sehen und wie wir von anderen behandelt werden wollen. Kleidung kann Distanz oder Nähe vermitteln, beeinflusst unser eigenes Auftreten und die Reaktionen unserer Mitmenschen (s. noch einmal das einleitende Zitat von Virginia Woolf).
Ein letztes Beispiel: Vor einigen Jahren musste ich so kurzfristig Termine umstellen, dass ich nicht mehr Garderobe aus unserem Haus holen konnte, sondern eine Art "Notgarderobe" aus den wenigen Reservekleidungsstücken in unserem Büro zusammenstellen musste. So erschien ich das erste Mal zu einem Seminar für dieses Ministerium nicht damenhaft in Röcken, sondern sehr sportlich in Jeans. Der Kollege vom Ministerium mit dem ich auf der Fahrt zum Seminar darüber sprach, meinte: Mach dir keine Sorgen – vielleicht bist du ja auch einfach anders und lockerer. Lass dich nicht irritieren, selbst wenn die Herren durch die Bank im Anzug erscheinen! Sie erschienen. Aber bereits nachmittags kamen drei Viertel der Teilnehmer im Pullover in den Seminarraum. Und Zufall oder nicht –

es war das erste Seminar, bei dem die Teilnehmer es ohne Anlaufschwierigkeiten schafften, meinem Wunsch entsprechend, bei der gemeinsamen Arbeit meinen Doktortitel wegzulassen ...
Es lohnt sich, ein eigenes Erscheinungsbild zu finden, das die eigene Persönlichkeit unterstreicht, so dass Sie sich wohl fühlen, stimmig mit sich selbst sind. Dies gibt Ihnen Sicherheit, signalisiert Ihnen und anderen, dass Sie es sich wert sind, sich mit Sorgfalt zu behandeln.
Nicht zuletzt hat das äußere Erscheinungsbild etwas mit Strategie, mit "sich verkaufen" zu tun. Genau damit haben viele Frauen ihre Schwierigkeiten (s. Kap. Selbstsicherheit). Aber, dies zeigen ja auch einige der beschriebenen Beispiele, mit der äußeren Erscheinung können Sie vieles beeinflussen, Sie können vieles gewinnen und sich vieles verscherzen.

Meine praktischen Konsequenzen, die vielleicht auch für Sie hilfreich sind:
- eigener Stil zum Wohlfühlen, der Sicherheit gibt
- Spaß und Mut zum eigenen Stil
- sich gut beraten lassen
- "Stammgeschäfte" wählen, wo Sie bekannt sind und wirklich beraten werden
- Freundin oder Freund, Kollegin, Ehemann mitnehmen, die einen guten Blick für das haben, was Ihnen steht. Diesen Blick hat nicht immer der eigene (genervte) Partner ...
- auf gute Qualität achten
- auf Bequemlichkeit achten
  Es gibt z. B. Rockschnitte (eng, mit Schlitz), in denen es ein akrobatisches Kunststück ist, sicher und bequem zu sitzen. Achten Sie auch darauf, dass Kleidung Sie nirgends einengt. Eine Hose, die kneift und zwickt, kann einen Arbeitstag zur Marter werden lassen. Wahrscheinlich fühlen Sie sich unwohl und unsicher: "Ich muss unbedingt zwei Kilo abnehmen!" Außerdem schnüren Sie sich möglicherweise beim Sprechen systematisch die Luft ab.
- auf Verwendbarkeit für mehr als eine Saison achten
- Lieblingsfarben wählen und gut kombinierbare Grundgarderobe aufbauen
- bei großem Zeitmangel Versandhauskataloge nutzen (es gibt mittlerweile Firmen, die Brauchbares und Schickes für berufstätige Frauen in ihrem Angebot haben, z. T. gibt es Spezialkataloge)
- sich Schönes gönnen wie Kleidung, Besuch bei der Kosmetikerin (s.

Exkurs Auftanken), ohne in Perfektionismus und übertriebene Selbstansprüche zu verfallen

Sich gut "verkaufen" muss nicht heißen, sich selber untreu zu werden. Im Gegenteil, es kann Spaß machen. Probieren Sie es aus!

Zu guter Letzt: Wie tanken Sie auf?

Das schöne Schlagwort von der Doppelbelastung ist so selbstverständlich geworden, dass es sich um eine naturgegebene Bedingung des normalen Lebens einer berufstätigen Frau zu handeln scheint. (Damit werden zugleich die vielfältigen Belastungen einer im Haus arbeitenden Frau und Mutter heruntergespielt.)

Die Mehrheit der berufstätigen Frauen – egal ob verheiratet, mit Kindern oder nicht – ist in der Tat stark überlastet. Entweder muss Haushalt, Wäsche usw. sowieso allein bewältigt werden – oder bei den Verheirateten mit nur allergeringster Hilfe der Partner. Daran hat sich, wie Untersuchungen zeigen, in der Praxis wenig geändert.

Welche Frau kann spontan zu Kollegen sagen: "Wisst ihr was, kommt heute abend vorbei – ich rufe schnell meinen Mann an, damit er eben noch einkauft"?

Viele von uns erschöpfen Körper und Psyche bis an die Grenzen der Leistungsfähigkeit. Oft werden wir von der Vorstellung getrieben, allen Ansprüchen beruflich und privat gerecht werden zu wollen.

Aus eigener Erfahrung weiß ich, wie schwer es ist, in so ein voll gedrängtes Programm Ruhepunkte zu setzen. Hier können auch nur einige Überlegungen verfolgt werden – weitere Hinweise finden Sie z. B. bei Schenkel und Dickson.

Ein ganz wesentlicher Punkt kann sein, im Haushalt zu delegieren. Erstaunlich viele Frauen, die es sich finanziell leisten könnten, haben gar keine oder zu selten eine Haushaltshilfe, kämpfen sich durch Wäscheberge. Auch gesunde Ernährung, so es eine solche noch gibt, muss nicht von A bis Z selber zubereitet sein.

Außerordentlich wichtig ist es natürlich auch, nicht nur aus dem Vollen zu schöpfen, sondern wieder aufzutanken, neue Reserven zu sammeln. Dazu gehört ein tägliches kleines Fitness-Programm.

Sollten Sie wie ich zu den Leuten gehören, die sich schwer aufraffen, setzen Sie sich realistische kleine Ziele. Suchen Sie sich körperliche Bewegung, die Ihnen Spaß macht. Vielleicht verabreden Sie sich auch mit einer Freundin oder einem Freund – dies kann hilfreich sein, um sich nicht zu drücken …

Aus eigener Erfahrung empfehlen kann ich Ihnen autogenes Training. Sie sollten es unter fachlicher Anleitung lernen. Aber auch alles, was Ihnen hilft abzuschalten – von Meditation über Spazierengehen, Gartenarbeit, Sauna, Gesichtsbehandlung bei der Kosmetikerin bis hin zur Massage – sollten Sie sich regelmäßig gönnen.

Nach der Lektüre dieses Buches werden Sie, liebe Leserin, hoffentlich beschlossen haben, die eine oder andere Redesituation mit mehr Mut strukturiert anzugehen. Auch in diesem Fall steckt zugleich eine Möglichkeit aufzutanken, etwas für Ihr inneres Gleichgewicht zu tun. Immer wenn es darum geht, neue Verhaltensweisen einzuüben, sind Verstärker oder Belohnungen nützlich. Während es den meisten von uns einleuchtet, Kinder oder, wie wir gerade, einen kleinen Hund, damit zu motivieren, dass es bestimmte Belohnungen gibt, verabreichen wir uns selbst solche "Bonbons" oft viel zu wenig. Die Wichtigkeit solcher Verstärker ist wissenschaftlich belegt. So zeigte sich z. B. dass Frauen, die sich für aktives Verhalten in einer Gruppe Belohnungen gaben, mehr Aktivität zeigten als solche, die solche Verstärker nicht nutzten (Schenkel).

Mit Verstärkern zu arbeiten, um Stück für Stück Verhaltensveränderungen zu unterstützen, ist zugleich ein Lernerfolg für den positiven Umgang mit sich selbst. Wie wir gesehen haben, ist es ja gerade für viele Frauen wichtig, sich und ihre Leistungen wirklich anzuerkennen, diese nicht auf

"DIE SCHULTERKLOPF-MASCHINE"

Glück, Zufall usw. zurückzuführen. So können Sie durch Belohnungen gezielt die tief drinnen nagenden Zweifel an den eigenen Fähigkeiten abbauen. Denn nun nehmen Sie ja jeden (kleinen) Schritt, jede Leistung exakt zur Kenntnis und belohnen diese.

Nehmen Sie sich ein großes Blatt Papier, liebe Leserin, und schreiben Sie auf, was für Sie persönlich "Bonbons" sind. Dies können zunächst ganz unterschiedlich große Bonbons sein, sozusagen von der Salmiakpastille bis zum Riesenlolly. Die Auswahl ist riesengroß. Hier einige Beispiele:

– in Ruhe lesen, was Sie privat interessiert
– stricken
– in Ihr Lieblingsrestaurant gehen
– genüsslich in der Badewanne liegen
– reisen
– sich etwas Schönes kaufen
– Musik hören
– ins Theater gehen
– mit Freundinnen oder Freunden gemeinsam kochen
– gar nichts tun

Machen Sie sich eventuell ein richtiges System. Sie können Pluspunkte für große Belohnungen sammeln, etwa eine Reise oder einen Extratag frei, wo Sie ausschließlich machen, wozu Sie Lust haben. Sehr wichtig ist, wie im Kapitel Selbstsicherheit beschrieben, dass Sie sich für jeden Schritt, sei er noch so klein, erst einmal selber auf die Schulter klopfen. Dies hat auch den Vorteil, dass Sie sich damit sofort anerkennen, was auch wichtig ist. Denn Ihre Bonbons können Sie ja nicht immer umgehend genießen. Außerdem stärken Sie so Ihr Selbstwertgefühl, werden unabhängiger von der Anerkennung anderer, was für uns Frauen u. a. aufgrund unseres Sprechstiles wichtig ist.

Achten Sie darauf, dass Sie auf Ihrer Liste ausreichend kleinere Belohnungen haben, damit Sie sich immer wieder den Rücken stärken. Haben Sie z. B. bei einer großen Versammlung das Wort ergriffen, so anerkennen Sie sich zunächst selbst und gönnen Sie sich Ihren Bonbon möglichst noch am selben Tag.

Machen Sie sich ein eigenes kleines Programm für Ihr Auftanken – und handeln Sie danach!

Ausklang

Wenn dieses Buch, liebe Leserin, Ihnen Anregungen und Hinweise gegeben hat, Ihnen ein getreulicher Begleiter für Redesituationen sein wird, so freue ich mich. Sie werden eventuell je nach aktuellem Anlass das eine oder andere Kapitel nachlesen. Wenn Sie Interesse an einer Vertiefung von einzelnen Themen haben, gibt Ihnen das Literaturverzeichnis weitere Hinweise. Lesen Sie alles kritisch – aber prüfen Sie vor allem die allgemeine Literatur über Rhetorik und Gesprächsführung skeptisch daraufhin, ob sie für uns Frauen anwendbar ist. Da gilt es häufig, scheinbar Selbstverständliches gegen den Strich zu bürsten.
Vor allem hoffe ich, durch dieses Buch dazu beizutragen, dass für Frauen in Beruf und Alltag Schweigen weniger hold ist als bisher! Es soll Frauen Mut machen, in Gesprächen aktiver und selbstsicherer mitzumischen. Nur so lassen sich bestehende Strukturen nach und nach verändern, lässt sich der Männerbonus abbauen.
Erstrebenswert und dringend notwendig ist eine Entwicklung, die zu einer wirklich gemeinsamen Sprache und Sprechweise beider Geschlechter beiträgt, zu besserer Verständigung und zu optimaleren Problemlösungen führt. Wenn Sie, liebe Leserin, und mit Ihnen andere Frauen mehr als bisher Ihre Meinungen wirksam und nachdrücklich vertreten, so rückt dieses Ziel näher. Wichtig ist es aber auch, dass Männer beginnen, sich aktiv und kritisch mit der vorherrschenden Sprache wie dem Sprachverhalten auseinander zu setzen. Jeder Leser ist zu dieser gemeinsamen Aufgabe willkommen!
Von großem Interesse sind für mich, liebe Leserin, Ihre Meinung zu einzelnen Punkten, Ihre Erfahrungen, Verbesserungsvorschläge und Kritik. Zum Teil bewegen wir uns auf wenig erforschten Pfaden.
Ob wir voneinander hören oder nicht – meine guten Wünsche, liebe Leserin, begleiten Sie. Viele aufschlussreiche Erfahrungen und viel Spaß beim Spielen der weißen und der schwarzen Tasten des Klaviers nach dem Motto: "*Sie sprechen für sich!*"
wünscht Ihnen

Ihre
Barbara Schlüter

Auskunft über Seminare (z. B. Führungsverhalten, Kommunikation, Rhetorik, Verhandlungsführung) und Coaching – meist firmenintern – sowohl für gemischte Gruppen als auch speziell für Frauen gibt:

Dr. Barbara Schlüter
Institut für Kommunikation, Personalentwicklung
Training und Beratung
Kortumstr. 5
30171 Hannover
Telefon: 0511/8 56 48 78
Fax: 0511/8 56 48 79
E-Mail: dr.b.schlueter@t-online.de
Internet: www.dr.b-schlueter.de

Übung: Negativ besetzte Ausdrücke durch positive ersetzen

Vorschläge:
Einwand – Frage, Diskussionsbeitrag, Ergänzung
Nicht geschafft – begonnen, noch zu erledigen, auf dem Weg zum Ziel
Nicht gestattet – nur mit Erlaubnis, erlaubt für
Sich streiten – argumentieren, offen miteinander diskutieren, Meinungen vergleichen
Tricks – Vorschläge, Empfehlungen, Methoden, Möglichkeiten, Mittel
Belehren – informieren, empfehlen, hinweisen, erklären, Erfahrungen darstellen
wir müssen befürchten – wir können erwarten, wir können hoffen, wir können voraussehen
Konkurrenz – Mitanbieterinnen und -anbieter, Mitbewerberinnen und -bewerber, Kolleginnen und Kollegen
unfähig – falsch eingesetzt, glücklos, fähig in …
Schmiergelder – Zuwendungen, Unterstützungen, Auftragsbeschaffungskosten
durchtrieben – pfiffig, erfahren, clever, diplomatisch
nichts sagend – neutral, allgemein gehalten, vielfältig deutbar
scharf gewürzt – pikant, feurig, exotisch

Benutzte und weiterführende Literatur

Argyle Michael, Die Sprache der Augen. In: psychologie heute, 1/1980, S. 20 ff.

Beck-Gernsheim Elisabeth, Das halbierte Leben. Männerwelt Beruf, Frauenwelt Familie. Frankfurt/M. 1980.

Birkenbihl Vera F., Signale des Körpers und was sie aussagen. München 1998 (13).

Birkenbihl Vera F., Psycho-logisch richtig verhandeln. Landsberg am Lech 1997 (11).

Bloom Lyn Z., Coburn Karen, Pearlman Joan, Die selbstsichere Frau. Reinbeck bei Hamburg 1979.

Bock-Rosenthal Erika, Haase Christa, Streeck Sylvia, Wenn Frauen Karriere machen. Frankfurt/M., New York 1978.

Braem Harald, Die Macht der Farben. München 1985.

Cash Thomas F., Janda Louis H., Wie schön darf frau sein? In: psychologie heute, 4/1985, S. 32 ff.

Dickson Anne, Frau sein. Selbstfindung, Selbstvertrauen, Selbstbewusstsein. München 1982.

Dowling Colette, Der Cinderella-Komplex. Die heimliche Angst der Frauen vor der Unabhängigkeit. Frankfurt/M. 1982.

Edding Cornelia, Einbruch in den Herrenclub. Von den Erfahrungen, die Frauen auf Männerposten machen. Reinbek bei Hamburg 1983.

Frauenrollen, Kommunikation und Beruf. Mit Beiträgen von Lois Wladis Hoffmann u. a. – München, New York, London, Paris, 1983.

Friedel Howe, Heidrun, Zusammenarbeit von weiblichen und männlichen Fach- und Führungskräften. In: Michael Domsch u. Erika Regner, Wege zur Chancengleichheit. USW – Schriften für Führungskräfte Bd. 19. Stuttgart 1990, S. 16–33.

Gallese Liz Roman, Von den Folgen des Erfolges. Gespräche mit Spitzenmanagerinnen. Reinbek bei Hamburg 1986.

Gilligan Carol, Die andere Stimme. Lebenskonflikte und Moral der Frau. München 1985.

Gray, John, Männer sind anders, Frauen auch. Männer sind vom Mars, Frauen von der Venus. München 2001 de Groot Lidwi, ter Veld Elske, Mut zur Strategie. Wie Frauen in der Öffentlichkeit zielbewusst handeln können. München 1986.

Harvey Joan, Katz Cynthia, Das Hochstapler-Phänomen. Die Angst vor dem Erfolg. Landsberg am Lech 1986.

Henning Margaret, Jardim Anne, Frau und Karriere. Der Weg zur Spitze in einer männerbestimmten Arbeitswelt. Reinbek bei Hamburg 1978.

LaRouche Janice, Ryan Regina, Strategien für Frauen im Beruf. München 1985.

Lay Rupert, Dialektik für Manager. München 1973 (13. Auflage 1987).

Metzler Gabriele, Frauen, die es geschafft haben. Porträts erfolgreicher Karrieren. Düsseldorf, Wien 1985.

Mohler Alfred, Die 100 Gesetze erfolgreicher Verhandlung. München 1983.

Mohler Alfred, Die 100 Gesetze überzeugender Rhetorik. München 1985.

Molcho Samy, Körpersprache. München 1983.

Mühlen-Achs Brigitta, Körpersprache. Wie sich die Macht gebärdet. In: psychologie heute 8/1984, S. 60 ff.

Pease, Allan und Barbara, Warum Männer nicht zuhören und Frauen schlecht einparken. Ganz natürliche Erklärungen für eigentlich unerklärliche Schwächen, München 2001

Phelps Stanlee, Austin Nancy, Die selbstbewusste Frau. Bergisch Gladbach 1978.

Pusch Luise F., Das Deutsche als Männersprache. Aufsätze und Glossen zur feministischen Linguistik. Frankfurt/M. 1984 (suhrkamp TB).

Rüdenauer Manfred, Die Kunst der freien Rede. Kissing 1979.

Ruhleder Rolf H., Rhetorik, Kinesik, Dialektik. Bad Harzburg 1981.

Rosenfeld Uwe, Pfeiffer Doris, Ich lach mich tot. Zur Sprache des Lachens. In: psychologie heute, 4/1986, S. 21 ff.

Scheerer Harald, Wie Sie durch Ihr Sprechen gewinnen. München 1983 (1).

Scheerer Harald, Erfolgreich führen durch Überzeugungen. München 1985 (2).

Schenkel Susan, Mut zum Erfolg. Warum Frauen blockiert sind und was sie dagegen tun können. Frankfurt/M., New York 1986.

Schramm Hilde (Hrsgin) Frauensprache-Männersprache. Ein Arbeitsbuch zur geschlechtsspezifischen Sprachverwendung. Frankfurt/M. 1981.

Tannen, Deborah, Job-Talk, Wie Frauen und Männer am Arbeitsplatz miteinander reden. Hamburg 1995

Trömel-Plötz Senta, Frauensprache: Sprache der Veränderung, Frankfurt/M. 1982 (1).

Trömel-Plötz Senta (Hrsgin), Gewalt durch Sprache. Die Vergewaltigung von Frauen in Gesprächen. Frankfurt/M. 1984 (2).

Trömel-Plötz Senta, Männerbonus ist durch Kompetenz und Leistung nicht wettzumachen. FR 13.7.1985 (3).

Vester Frederic, Denken, Lernen und Vergessen. München 1978

Wagner Angelika C., Frasch Heidi, Lamberti Elke, Mann – Frau. Rollenklischees im Unterricht. München, Wien, Baltimore 1978 (1).

Wagner Angelika C., Der Männerbonus in Diskussionen. In: psychologie heute, 2/1984, S. 7 f. (2).

Watzlawick Paul, Menschliche Kommunikation. Formen, Störungen, Paradoxien. Stuttgart 1974.

Werner Fritjof, Gesprächsverhalten von Frauen und Männern. Frankfurt/M., Bern 1983.

Wex Marianne, "Weibliche" und "männliche" Körpersprache als Folge patriarchalischer Machtverhältnisse. Frankfurt/M. 1980.

Witkin-Lanoil Georgia, Die gestresste Frau. Wege zu einem entspannteren Leben. München, Luzern 1985.

Um einen aufgeblähten Anmerkungsapparat zu vermeiden, wurden nur bei wörtlichen Zitaten Autorin oder Autor mit Seitenzahl vermerkt, bei Verweisen lediglich der Name. Hinweise aus Zeitschriften, bei denen zum Teil keine Verfasserinnen- oder Verfasser-Hinweise da waren, erscheinen nur im laufenden Text, nicht im Literaturverzeichnis.
Sollte an der einen oder anderen Stelle ein Literaturhinweis fehlen, ist dies keine böse Absicht. In dieses Buch flossen zahlreiche Arbeitspapiere aus meinen Seminaren mit ein, die im Laufe der Jahre immer wieder überarbeitet wurden. Dazu kamen Anregungen von Teilnehmerinnen, Fotokopien ohne Literaturangaben, so dass einige Belegstellen nicht mehr nachzuvollziehen waren.

Stichwortverzeichnis

A
Ablenkungen 151
Abschießen 195
Abschlussphase 134
Abwerten 65
Alternativfrage 121
Analysefähigkeit 63
Anblick, perfekter 244
Andeuten 192
Anekdote 224
Anerkennung, mangelnde 63
Anfang einer Rede 230
Angriffe, persönliche 182
Angst 236
Ängste 97
Ansprache, namentliche 199
Antipathie 188
Anwärmphase 116
Appellieren 192
Arbeitsaufträge, klare 173
Ärger 36
Argumentation 103
- vollständige 105
Argumente, personenbezogene 112
Argumentekatalog 111
Argumentieren 69
Assoziationen 143
Ästhetik 248
Atemübungen 47
Atmosphäre
- des Gesprächs 128
- positive 124
Aufbau von Argumenten 103, 110
Aufnahmekapazität 116
Auftanken 257
Auftreten vor einer Gruppe 205
Augen 30
Ausblick 228
Ausdrucksweise, vorsichtige 52
Auseinandersetzungsstil, konstruktiver 171
Ausrufezeichen-Sätze 44
Ausrutscher, inhaltliche 231
Autogenes Training 255

B
Beeindrucken 189
Befangenheit 40
Beförderung 155
Begrüßungsrede 25
Beharrlichkeit 136
Beleidigen 197
Belohnungen 257
Bequemlichkeit 252
Bescheidenheit 92, 156
- weibliche 93
Beschwerdegespräch 181
Beschwerden 181
Bestätigung(s-)(en) 201
- frage 121, 200
Betrachtungen, psychologische 146
Betroffenheit 40
Bewertungen 60, 124, 144, 146
Bezahlung, ungleiche 153
Beziehungs-
- aspekt 64
- ebene 158
-- konstruktive 131
Blickkontakt 86
- üben 32
- freimütiger 34
- guter 31
- wenig 31

D
Dialekt 47
Dialogsituation 115
Diskussion(en) 105
- abschließende 236
- Strukturierung von 119

Distanz, Verringerung von 200
Dominanz-
-strategien 56
-verhalten, männliches 62
Doppelbelastung 255

E
Einfühlungsvermögen 174
Einstieg
- interessanter 224
- negativer 173, 226
Einwände vorwegnehmen 194
Eliminierung der Frau, sprachliche 76
Emotionalisieren 191
Entspannungsübungen 21
Erfolgserlebnisse 87
Erröten 41
Erscheinung(s-)
- äußere 243
-bild, durchgestyltes 251
Erziehung(s-) 170
-standards 25
Eskalation 240

F
Familienstand 162
Fischen nach Komplimenten 226
Fitness-Programm 255
Floskeln 230
Formulieren, konfliktfreies 124, 184
Formulierung(en) 184, 220
- destruktive 166
Fortschritte 88
Frage(-)
- aufschließende 120
- Formulierung der 118
- präzise 123
- rhetorische 193
- vertiefende 135
-technik, gute 118
-typen 120
Fragezeichen-Stimmführung 46
Frau, emanzipierte 67
Frauen-
-bewegung 79
-hass 70
-stimme, leise 42
Freundlichkeit 35
Frontalangriff 173
Furcht
- vor dem Versagen 95
- vor Erfolg 82

G
Garderobe, sportlich-elegante 250
Gedanken-
-brücken 234
-losigkeit 170
Geduld 151
Gefühle 91, 146, 150
Gegen-
-angriff 172
-argumente 111, 160f., 189
Gehalts-
-erhöhung 85
-verhandlungen 160
Geistesabwesenheit 86
Gelächter 37
Gesprächs-
-atmosphäre, konstruktive 129
-beiträge, männliche 54
-führung, unfaire 187
-inhalte, sachliche und gefühlsmäßige 150
-muster 72
-partnerinnen 99
-pausen 132
-runden 33
-situation 32
-- schwierige 181
-stil, weiblicher kooperativer 141
-verhalten, weibliches 62
-vorbereitung 114
-ziel 136
Gestik 19, 23, 26
Gestikulieren 219

Gleichberechtigung 71
Gleichgewicht, inneres 178, 256
Grundhaltung, offene 139

H
Haltung
- aggressive 90
- selbstsichere 90
Handschlag 199
Hauptziel 102
Heine, Heinrich 78
Herabsetzen 57, 66
Hierarchiefixierung 32
Hilflosigkeit 22
Honorarforderungen 156
Humor 162, 241

I
Ich-
-Ideal 89, 95
-Mitteilung 145
Idealfiguren 245
Imageberater 245
Imponiergehabe
- einfaches 189
- männliches 164
Informationen sammeln 100
Inhaltsaspekt 64
Instruktionen, positive 88
Interpretation(en) 144, 146
- unzulässige 145

J
Ja-Straße 201

K
Kampfstrategien 240
Karriereblock 244
Karteikarten 210, 217
Kernproblem 183
Kleidungsstandards, männliche 244
Kommentare 237
Kommunikation(s-) 13, 63
- positive 81
-abläufe 64
-ebene, gleichberechtigte 68
-modell 100
-verhalten, konstruktives 157
Kompliment 191
Konflikt-
-potential 174
-situationen 180
Kontrollfrage 121
Konzept, gemischtes 221
Kooperationsvermögen 61
Körper-
-ausdruck 18
-gefühl 16
-haltung 14, 28
-- im Sitzen 18
-sprache 13, 25f., 48
-- historische Entwicklung der 29
Kränkungen 178
Kritik(-) 36
- destruktive 165
- konstruktive 169
- kränkende 177
- ungerechtfertigte 177
- zutreffende 176
-gespräch 172
-- konstruktives 166
-situationen 180
Kurzsichtigkeit 170

L
Lächeln, verlegenes 35
Lachen 37, 65
Lächerlichmachen 57, 66
Lampenfieber 98
Länge einer Rede, optimale 215
Lautstärke, angemessene 43
Lebensentwürfe, unterschiedliche 142
Leistungen 159
- gute 166
Lernprozess 88
Lieblingsfarben 252

Lob 85, 166f.
Lohnvorstellungen 155
Lösungsmöglichkeiten 183

M
Machtverhältnisse 30
Manipulation(s-) 112, 187
-versuch 167, 198
Manipulierbarkeit 198
Manipulieren 191
Männer-
-bonus 54, 62
-haltung 17
-hasserin 70
-sprache 57
Menschenverstand, gesunder 196
Mikrofon 48
Mimik 51
Misserfolg(s-)(e) 82, 84
-erlebnisse 87
Miteinander, konstruktives 171
Mitleidsfalle 163
Motivation 168
Motto, einprägsames 228
Mut 150

N
Namen 131
Nebensächliches 126
Nebenziele 102
Nervosität(s-) 19, 40
-bewegungen 22
Neutralisierung, verbale 59
Notizen 132
Nutzargumentationen, personenorientierte 114
Nutzenargumentation 201

O
Offenheit 115

P
Pannen 235
Patriarchat 75
Pausen 46
Personalisieren 68, 190
Proberede 216
Problemlösungs-
-fähigkeiten von Frauen und Männern 61
-gliederung 110

Q
Qualifikation 153

R
Rangordnung 77
Reaktion(en)(s-) 131
- spontane 68
-möglichkeiten 161
Rede-
-abschlüsse, unzweckmäßige 229
-anfänge, unzweckmäßige 225
-angst 98
-beginn 225
-möglichkeit 53
-rechte 53
-stil, männlicher 55
-stockungen 233
-störungen 235
-wendungen
-- geistreiche 190
-- spöttische/ironische/ polemische 240
Regieanweisungen 220
Reizwörter 125, 140
Relativieren 194
Reserven, neue 255
Retourkutsche 195
Rollen-
-konflikt 43
-tausch 16
Rotwerden 40
Rückkoppelungsfrage 122, 144, 179
Rücksichtslosigkeit 170
Rückzugsziel 102, 159

Ruhepunkte 255

S
Satzkonstruktion, misslungene 233
Scheinalternativen 193
Schichtzugehörigkeit 52
Schluss 227
- einer Rede 230
-folgerung 228
Schönheitsideale 248
Schuld 69
Schwarzhaupt, Dr. Elisabeth 55
Selbst-
-bekehrung 194
-bewusstsein 162
-darstellung 126
-instruktion, positive 95
-kontrolle 91
-sicherheit 22, 83, 140
-vertrauen 93
-vorwürfe 176
-wertgefühl 84
-- instabiles 175
-zweifel 81, 84, 154
Sichtbarmachung der Frauen 79
Sich-Verkaufen 113
Sie-Formulierungen 127
Signale, körpersprachliche 27
Signalwörter 140
Situationsanalyse 158
Sitzen 15
Sitzhaltung 16
Spiegelungsfrage 122, 144
Spiel- und Festhaltemittel 24
Sprachebene, angemessene 207
Sprach-
-losigkeit 74
-verhalten, unterstützendes 73
Sprech(-)(en)
- im Stehen 20
- personenorientiertes 117
- verständlich 125
-repertoire 99
-training 97
-übungen 43, 47
-weise 44
Standpunktgliederung 107
Status 56
Steckenbleiben 232
Stellungnahme, schriftliche 105
Stereotypen, gängige 246
Stichwortkonzept 210
Stil 221
- eigener 252
- konservativer 250
- kooperativer 60
Stimme, sich überschlagende 42
Stimm-
-bänder 19
-führung 36
-- ausdrucksstarke 46
-- lebhafte 45
-- selbstsichere 48
Stoffsammlung 212
Störversuche 239
Stress(-) 45, 96, 98
-belastung 96
Stresssituationen 15, 33
Suggestivfragen 193
Superlative 124

T
Teil-
-entscheidungen 135
-ziel 137
Tempo 21
Thema einer Rede 207
Themenstellung, präzise 212

U
Überbrückungen 234
Überheblichkeit 169
Überstunden 156
Übertreiben 196
Überzeugungsreden 110
Umgang, positiver mit sich selbst 256

Unabhängigkeit 154
Unauffälligkeit 243
Unsicherheit 40, 86, 90, 141, 154
Unterbrechungen 72
Unterschiede, geschlechtsspezifische 28
Unverständlichkeit 75

V
Verbalisieren 179
Verhaltens-
-muster 92
-repertoire, sprachliches 72
Verhandlung(s-) 105
-ergebnis 134
-gespräch 163
-situation 32
Verkrampfung 24
Verletzlichkeit 22
Versagen, Furcht vor dem 95
Versprechen 231
Verständlichkeit 221
Verständnis(-) 146, 183
-fragen 237
Verteidigen 194
Verunsichern 197
Videoaufzeichnung 26
Vortragszeit, maximale 215
Vorurteile 142
Vorwürfe 178
Vorwurfscharakter 172

W
Wahrnehmung, selektive 143
Warmredephasen 23
Weinen 178
Wendungen, einschränkende 51
Werner, Fritjof 59
Wertsystem 83
Wesentliches 126
Widersprechen, Möglichkeiten zu 129
Wir-Formulierungen 131, 223
Witze 38
Würdigung 229
Wut 182, 188

Z
Zeit
- schinden 195
-plan 219
-punkt, strategisch günstiger 160
Ziel(e)(-) 137
- einer Rede 207
- des Gesprächs 101
-gruppenanalyse 208, 212
-vorstellungen, klare 101
Zitat 227
Zitieren 190
Zögern 85
Zorn 188
- angestauter 182
Zuhören, konzentriertes 139
Zuhörenden
- Erfahrungen der 208
- Erwartungen und Wünsche der 208
Zuhörverhalten 140
Zusammenfassung 227
Zusammenhänge, sachliche und gefühlsmäßige 150
Zustimmung, bedingte 128
Zwischenfragen
- gängige 237
- Motive für 239
Zwischenrufe, Reaktionen auf 241